AF377714

La cadena de suministro

Coordinación:

Federico Sabrià

Con la colaboración de:

Arturo T. De Zan, Aurelia Fernández, Juan Carlos Pascual

Basado en los trabajos originales de:

Pere Agell, Miguel Ángel Ariño, Jaume Ribera y Josep Riverola

Un estudio de 

Colección: Biblioteca de logística
Director: David Soler

La cadena de suministro
1.ª edición, 2004
2.ª edición, 2011
3.ª edición, 2016

© 2004, 2011, 2016, IESE-CIIL (Centro Internacional de Investigación Logística)
© de esta edición, incluido el diseño de la cubierta, ICG Marge, SL

Edita: Marge Books
Avda. Alcalde Moix, 28 - 08207 Sabadell (Barcelona)
Tel. 931 429 486 - marge@margebooks.com
www.margebooks.com

Gestión editorial: Hèctor Soler
Edición: Cristina Torres
Compaginación: Mercedes Lara
Impresión: Servicecom (Alcalá de Henares, Madrid)

ISBN: 978-84-86684-27-3
Depósito Legal: B 5563-2016

Índice

Agradecimientos

El punto de partida para la elaboración de este trabajo ha sido un conjunto de notas técnicas y documentos utilizados en el IESE, la Escuela de Dirección de Empresas de la Universidad de Navarra. Sus autores expresan en él muchos años de experiencia docente y de constante contacto con el mundo de la empresa, lo que ha dado como resultado un material muy valioso para la formación del personal directivo que participa en diferentes programas de formación del IESE. Se ha tomado gran parte de este material complementándolo con otros puntos de vista actuales sobre la misma temática, de modo que el lector pueda beneficiarse al menos de una doble manera: con conocimientos bien explicados y con casos reales de la vida diaria del mundo de los negocios.

Por las características de este trabajo no resulta fácil, pues, hacer referencia exacta a una única autoría del mismo. En su redacción y compilación hemos recogido gran parte de los textos mencionados combinándolos con elementos de otras fuentes. La mayor parte del material referido pertenece a los siguientes profesores del IESE (por orden alfabético):

Pere Agell
Miguel Ángel Ariño
Jaume Ribera
Josep Riverola

A los autores de los mismos y a sus equipos colaboradores, que nos permitieron disponer del material para adaptarlo a las necesidades de este trabajo, queremos expresar una gratitud muy especial. Entre charlas muy amenas y enriquecedoras, nos han ayudado a clarificar los contenidos y adecuarlos a los potenciales lectores del presente texto. Sin sus contribuciones, esta obra habría carecido de marco conceptual.

Y de forma también muy particular, queremos dar las gracias especialmente a la empresa Toolsgroup, que subvencionó el desarrollo de este trabajo: a José Presencia, cuyo inestimable consejo y sólida experiencia nos permitió dar un enfoque realista y hacer asequibles muchos aspectos de los temas abordados, y a Gustavo Tissera, con cuyo buen criterio hemos podido mejorar la presentación de los borradores preliminares, hasta su redacción final. A todos ellos, y a sus equipos de colaboradores, nuestra más sincera gratitud.

Prefacio

El vertiginoso aumento del comercio internacional, fruto de la globalización y la incorporación de nuevas economías al mercado mundial, ha desarrollado mercados cada vez más competitivos. Al mismo tiempo, éstos requieren nuevos recursos tecnológicos para que sus procesos alcancen mayores niveles de eficiencia.

En los últimos años, una de las áreas de desarrollo en la empresa que ha recibido especial atención ha sido la logística, favoreciéndose así el uso de herramientas ya no sólo de gestión sino de planificación y optimización. Con ello, el concepto de «cadena de suministro» o *supply chain management* (SCM) forma parte singular de este desarrollo. Muchas de las partes que componen la misma tienen un desarrollo relativamente novedoso, ya que su análisis en profundidad ha quedado un poco retrasado con respecto a otras áreas a las que tradicionalmente se ha dado mayor énfasis (calidad, procesos, administración, etc.). El propósito primordial de esta obra es situar un foco de atención en la cadena de suministro, analizar sus características básicas, plantear una serie de herramientas útiles para su gestión eficiente e ilustrar con casos reales algunas buenas prácticas llevadas a cabo en empresas.

Desde el Centro Internacional de Investigación Logística (CIIL) tenemos el propósito de comprometernos con la comunidad empresarial, aportando en cada momento los conocimientos y las tendencias más avanzados sobre la gestión de la logística integral. Con este trabajo, nuestra intención es contribuir a un mejor entendimiento de los elementos de la cadena de suministro y la importancia de considerarlos en toda su extensión y aplicación. De igual modo, pretendemos ayudar al personal directivo en su planificación estratégica, destacando la importancia de disponer de un determinado soporte teórico sobre las disciplinas estudiadas y la utilización de los sistemas informáticos de gestión. Nuestro punto de vista muestra sus bondades como herramientas de toma de decisiones estratégicas, en el contexto de la mejora continua de la cadena de suministro en particular y de la empresa en general.

En el primer capítulo se inicia el estudio mediante los conceptos fundamentales de la «planificación de la cadena de suministro», con una perspectiva actualizada sobre las partes que la componen y el modo en que se relacionan entre sí. Adquiere una especial significación la definición del contexto donde se desarrolla la previsión de la demanda, ya que la misma podrá ser dependiente (en cuanto a la empresa y su administración de recursos) o bien independiente (que es la que impone el mercado). Se incluye una visión de lo que ha sido la evolución logística actual, concluyendo con las características diferenciales de sectores de la economía desde la óptica de la gestión de stocks.

En el segundo capítulo, dedicado a la «planificación de las previsiones», se ofrecen las herramientas básicas para la comprensión y utilización de las dos grandes familias de métodos cuantitativos de modelaje: series temporales y modelo lineal de regresión. Se enuncian algunas técnicas de uso común para los casos en que sea posible identificar variables que permitan describir de forma sintética un sistema o un proceso de la realidad. Con ello se pretende ofrecer una serie de herramientas útiles que, cuanto menos, permitan: *a)* encontrar relaciones funcionales convenientes entre las variables; *b)* proponer modelos estadísticos convenientes para explicar de qué manera cambian ciertas variables en función de otras bajo control; y *c)* realizar previsiones de los valores que tomarían las variables de interés para ciertos cambios de escenario. Se detallan para ello los fundamentos básicos de los modelos más comunes de «series temporales» y los de los «modelos lineales de regresión», que constituyen un valioso recurso para tomar decisiones sobre variables económicas vinculadas en general con la empresa y, en particular, en las variables que tienen que ver con las «operaciones». Finalmente se define el concepto de «planificación de la demanda» concluyendo con ejemplos de la aplicación de las técnicas estudiadas en un programa informático de SCM en su módulo de análisis de demanda.

En el tercer capítulo se presentan los aspectos más importantes que el lector debe tener en cuenta en materia de «planificación del servicio». Hablar de nivel de servicio es hablar de tener el producto disponible en tiempo y forma respecto al pedido del cliente. Para ello se requiere tener stock, es decir, «planificar el servicio es planificar el *stock*». En este capítulo se ofrece una descripción de lo que significa el stock en la empresa, cómo se calcula teóricamente el *stock* de seguridad y cómo se relaciona en una curva *Stock-to-Service* (STS), que es el modelo utilizado para la planificación del servicio.

En el cuarto capítulo se cierra conceptualmente el proceso de la planificación y optimización de los datos de la demanda. En los capítulos anteriores se parte de una previsión de demanda, nos anticipamos a ella y la cubrimos para ofrecer un alto nivel de servicio por medio del stock de seguridad; esto se logra aprovisionando la red de distribución: la optimización de lotes por el EOQ (cantidad económica de pedido); luego, cómo se planifica la distribución, red y rutas; y, por fin, el reaprovisionamiento de la red con el concepto de túnel de reaprovisionamiento, del cual se ilustran, al final del capítulo, algunos ejemplos.

En el quinto capítulo se incluyen comentarios acerca de los sistemas informáticos que se utilizan actualmente en el mercado, tanto como sistemas modulares de análisis de demanda y planificación de previsiones, como de sistemas ERP o SCM con módulos de previsiones, servicio y reaprovisionamiento.

En el sexto capítulo se aborda el tema de la planificación de la producción. Este capítulo es una introducción a los temas clásicos que dan origen a la cadena de suministro y al proceso de desarrollo de la planificación en la producción. La planificación de producción agregada se explica con mayor detalle como ejemplo del proceso de planificación y optimización de los inventarios, temas de los siguientes capítulos en su relación con el nivel de servicio.

Y en el capítulo séptimo se presentan algunos casos de empresas que nos explican cómo han utilizado ellas estos conceptos y nos sirven como referencia para ver cómo se aplican en la realidad estos sistemas en sectores diversos, con enfoques específicos de su entorno. Éstos, sin lugar a dudas, están siendo utilizados en las empresas como herramientas de planificación, optimización y toma de decisiones estratégicas para enfrentarse a un entorno global cada vez más exigente y competitivo.

Concluye este texto con algunas consideraciones sobre los aspectos más sobresalientes de cuanto se ha comentado a lo largo de los mencionados capítulos. Se incluyen también unos apéndices, en los que se amplían diversos temas con algún contenido estadístico complementario, y se sugiere al lector una breve bibliografía con la que podrá profundizar en el estudio posterior de estos temas.

Y por último, es inevitable citar el sabio legado de la mayéutica socrática, que no por tener tantos años de rodar en las mentes de los pensadores debe quedar por ello olvidada. Aunque aquí se recoge un caudal de información de personas con largos años de experiencia en el proceso de analizar y aplicar estos conceptos, hay que dejar muy claro que los errores de este texto no son achacables a aquéllas sino a nosotros. Con seguridad, gracias a este espíritu y con nuestros mejores deseos de mejorar día tras día, podremos compartir con nuestros lectores la esencia fundamental de la «mejora continua», y todo ello nos servirá de inspiración para seguir evolucionando en la empresa, respecto a lo que debe ser su mayor y más valioso recurso: las personas.

FEDERICO SABRIÀ
ARTURO T. DE ZAN
AURELIA FERNÁNDEZ
JUAN CARLOS PASCUAL

Capítulo 1

Planificación en la cadena de suministro

Este capítulo es una introducción a las tareas más corrientes en materia de planificación de la cadena de suministro. Adquiere una especial atención la definición del contexto en donde se desarrolla la previsión de la demanda. Se incluye una visión de lo que ha sido la evolución logística actual y concluye con las características diferenciales de sectores de la economía desde la óptica de gestión de existencias.

1.1 Evolución de la logística

Para adentrarnos en los aspectos operativos de la cadena de suministro, es importante que podamos situar en el tiempo los hitos más importantes por los que ha atravesado la función logística en la empresa. Un breve vistazo sobre éstos nos hará comprender mejor cuáles son actualmente las cuestiones de mayor relevancia y nos ofrecerá una buena base para entender mejor los cambios que ocurrirán en el futuro.

La evolución de la logística como área funcional de las empresas ha estado ligada a los cambios ocurridos en la competencia entre empresas y en los mercados en los que éstas actúan.

Hasta la década de 1970, la competencia y el desarrollo de los mercados estaba basada principalmente en el mercado interno de cada país y en el crecimiento de empresas oligopólicas nacionales, y éste a su vez en las economías de escala generadas en relación con su tamaño. Contaban con un fuerte mercado local y mantenían una tendencia a la integración vertical. A partir de esos años se empezó a dar un notable crecimiento de los mercados de exportación, así como el hecho de buscar nuevos mercados para seguir aumentando en tamaño e influencia. En estos movimientos empresariales, se empiezan a dar las economías de elementos de producción «no tradicionales», es decir, se hace especial hincapié en la obtención de ventajas competitivas de mercados, en donde los recursos pueden conseguirse de manera más económica, tanto de materia prima como de mano de obra o de tecnología. En algunos mercados las regulaciones locales o los altos costos de transporte hacen necesario que las empresas fabriquen localmente. Por este motivo se vislumbran importantes flujos de inversión económica, con un crecimiento mucho mayor en cuanto al flujo de capitales entre mercados que en el flujo de mercancías, hasta el punto que aproximadamente un tercio del comercio de mercancías se realiza entre filiales de la misma empresa matriz.

La decisión vinculada con la expansión de las empresas en otros países viene de la mano de dos razones principales:

1. Por ventajas de *costo de la mano de obra*. Resulta evidente que al fabricar productos que requieren un nivel de mano de obra intensivo, habrá una clara ventaja competitiva cuanto menor sea este coste. Esto lleva a considerar el factor geográfico como un importante valor estratégico.
2. Para *cubrir las necesidades de mercados locales* o de sus zonas de influencia, especialmente en regiones con alto potencial de compra, como sucede en fábricas de Europa, Norteamérica y Asia. El caso más reciente es el gran flujo de inversiones, empresas y *joint-ventures* que se están dando en China, no sólo por el bajo costo de la mano de obra, sino también por el alto potencial de crecimiento de su mercado, el más grande del mundo.

Es así como en la actualidad estos movimientos hacia nuevos mercados van cambiando la forma y requerimientos de competencia de las empresas. El país donde ha predominado este movimiento ha sido Estados Unidos, que fue el que primero empezó su expansión y llegada a mercados potenciales.

De esta nueva forma de organización de la empresa pueden observarse las siguientes características:

a) A nivel microeconómico, la competencia en precios se transforma en *guerra de precios*. Ejemplo de ello son los supermercados, *retailers* varios, etc.

b) Las diferentes maneras de «diferenciación» adquieren una importancia muy especial. Por un lado está la *diferenciación por calidad,* indispensable para poder competir, que persigue un nivel de calidad aceptado entre clientes y proveedores. Por otra parte también está la *diferenciación por diversidad,* o la adecuación de productos o servicios a la medida de cada mercado. La *diferenciación en reactividad* pone énfasis en la competencia basada en mejores tiempos de reacción de los clientes frente a productos, en menores ciclos de vida de los mismos y en mayor velocidad de entrega. Y por último, también podemos mencionar la *diferenciación por innovación,* para la que es necesario tener una mayor flexibilidad anticipativa, relacionada con el desarrollo de nuevos productos.

c) El *control de la cadena de valor,* referido a eliminar actividades que no producen valor dentro de la cadena. Un aspecto vital es que conocer el costo es relativamente fácil: de ahí que lo importante no sea poseer la cadena, sino controlarla.

d) Los *paradigmas de la productividad* han variado: las productividades individuales no son independientes entre sí: esto es, que la suma de productividades por operación no es igual a la productividad total, sino que se multirrelaciona y es de compleja modelización. Hay factores de interacción de difícil cuantificación y control.

A nivel de la función logística, en los setenta se considera que la logística es una función aislada de transporte, almacén, recibo y procesamiento. El objetivo era una reducción del costo de la operación en sí misma, sin considerar que produjera valor añadido y limitado sólo al ámbito de la empresa.

En los ochenta, la mayor competencia y la creciente globalización de la economía en general, hace que las empresas comiencen a considerar segmentaciones del mercado a pequeña escala. Así, ofrecen no sólo una mayor variedad de productos, sino también una serie de valores añadidos a éste. Se empieza a trabajar más en sistemas de fabricación tipo *pull*, organizados para cubrir requerimientos diferenciados. Para ello se tiende a que los sistemas logísticos se anticipen a la demanda para de esta forma reducir los tiempos de entrega. En esta misma línea, los procesos operativos dejan de ser procesos de flujos materiales solamente, para considerar también los flujos de información y asimismo la coordinación de las diferentes áreas involucradas.

Debido a estos cambios –entre los más relevantes– la función logística dentro de la empresa va tomado una mayor importancia relativa frente a la que tenía en otros tiempos, de manera que la misma se hace responsable de actividades que en otros tiempos se llevaban a cabo de forma aislada. Así, la función logística actual comprende las funciones de reaprovisionamiento de materias primas, de control del nivel de inventario, de la velocidad de entrega y del servicio al cliente, y ha pasado de controlar el flujo de materiales dentro de la cadena de suministro a integrar el flujo de información que ello conlleva.

En cuanto a las funciones que tradicionalmente se daban en la cadena de suministro, las mismas adquieren actualmente una nueva y marcada dimensión. El sentido que se les da puede resumirse del siguiente modo:

- *Optimizar*. En el sentido de hacerlo con cada operación del negocio, considerada de forma individual.

- *Integrar*. Refiriéndose a considerar todas las diversas funciones dentro de la empresa.

- *Colaborar*. Extendiendo el espíritu de colaboración que debe vincular a clientes y proveedores con la misma empresa.

- *Sincronizar*. La sincronización cobra especial atención en la visión de la cadena de suministro como un todo en el que sus componentes son considerados como socios de un mismo proceso.

La figura 1.1 ilustra esta nueva visión de la logística.

Una modalidad relacionada y relativamente reciente, muy característica en la actualidad, ha sido el cambio en el control de la operación logística de transporte: comienzan a aparecer los llamados *third party logistics* (3PL), de modo que la gestión del transporte queda en manos de operadores logísticos externos o «terceras partes». La introducción de estos 3PL permite que la empresa centre su atención en aspectos de mayor valor estratégico, al tiempo que le supone un mejor control de costes y de existencias.

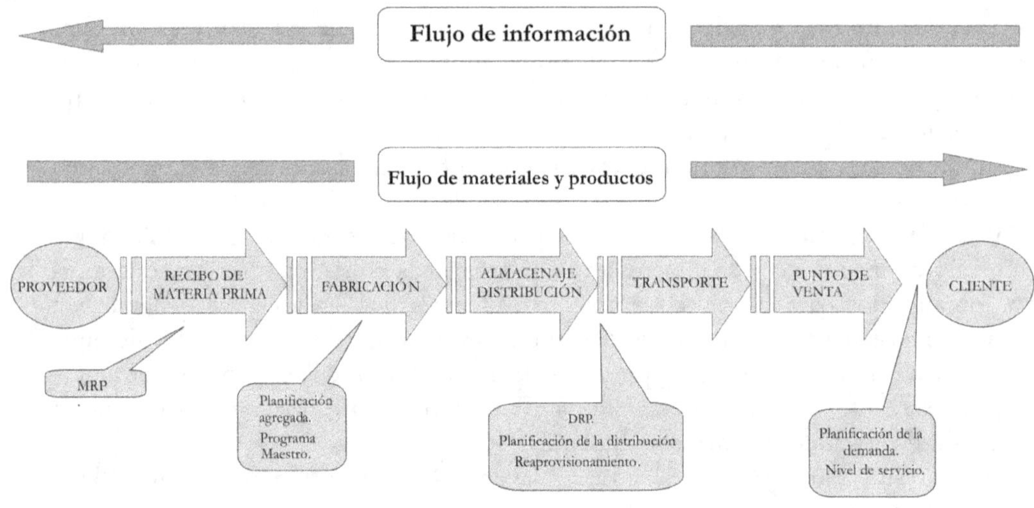

Figura 1.1.

1.2 Características sectoriales

Si bien la función logística –y su relación dentro de la cadena de suministro– tiene criterios comunes y de aplicación bastante generales, existen también ciertos aspectos característicos según los distintos sectores de la economía. Una posible clasificación de estos sectores –que no pretende ser exhaustiva– servirá para entender las características particulares a las que nos referimos:

a) Alimentación, farmacéutica y productos de consumo

Existen barreras a nuevos competidores por el tamaño que tienen las empresas, pero hay amenazas de nuevos canales de distribución y control de la cadena de distribución. Se busca la fidelización del cliente a la marca:

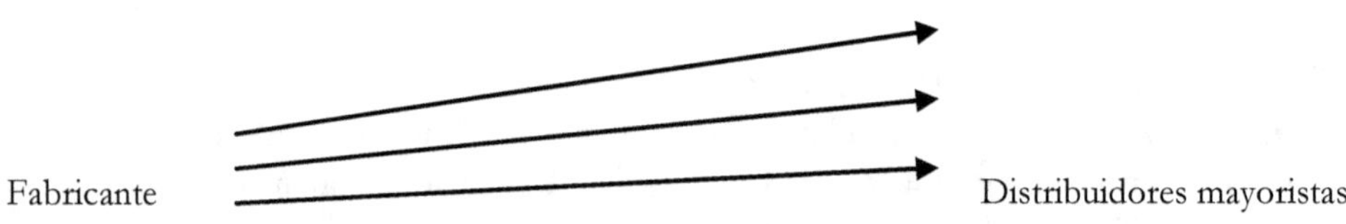

Figura 1.2.

b) Distribución

En los sectores de distribución, la relación es de control del canal, dado que existen muchos proveedores y muchos puntos de venta:

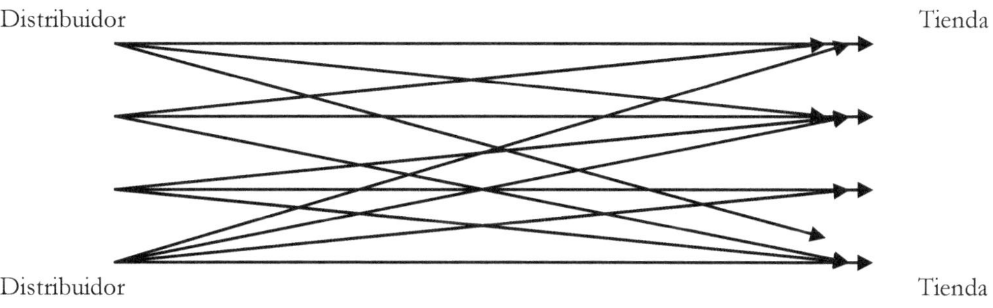

Figura 1.3.

c) Automoción

En el sector de la automoción, la relación es de un estricto control por parte del fabricante del canal de venta al cliente y del proveedor de elementos de ensamblaje:

$$\text{Proveedores} \;\rightarrow\; \text{Fábrica} \;\rightarrow\; \text{Concesionarios}$$

d) Nuevas tecnologías

Un esquema muy particular corresponde a la industria electrónica, en la que se han realizado alianzas en el canal debido a la alta tecnología que se maneja y a las inversiones que se requieren en nuevos productos:

$$\text{Suministrador de partes} \;\leftrightarrow\; \text{Fábrica} \;\leftrightarrow\; \text{Socio tecnológico}$$

La tabla 1.1 complementa la caracterización de los sectores en cuanto a la cadena de suministro (datos del año 1997).

1.3 Conceptos básicos de planificación

La cadena de suministro está formada por una serie de procesos que se pueden agrupar en los dos grandes grupos de la figura 1.4, según la escala temporal en la que se toman las decisiones.

Sector	*Otras características*
Fabricantes de componentes (automoción)	— Gran variedad de artículos (en el orden de millones de SKU[1] por centro de distribución) y muchos puntos de venta. — Alto nivel de servicio con un mínimo de existencias inmovilizadas, en donde conviven referencias de alta y de baja rotación.
Farmacéutico (laboratorios)	— Nivel de existencias en almacenes en fábrica: para 30 días, con 1,9 almacenes por fábrica. Para almacenes regionales: 2,1 almacenes por fábrica y 7,8 días de *stock*. — El 70 % de las ventas se hace con distribuidores, vía EDI, manejando entre 40.000 y 50.000 SKU. — El 70 % del consumo se fabrica en España.
Alimentación	— Nivel de existencias en almacenes en fábrica: 29,3 días de *stock*, con 3,5 almacenes por fábrica. — Almacenes regionales: alrededor de 12, con 17,2 días de *stock*. — El 92 % de las ventas se fabrica en España, manejando entre 30.000 y 40.000 SKU.
Productos de consumo	— Gran número de promociones. — Reducción del *stock-out*. — Marcas propias con gran influencia. — Lanzamiento frecuente de nuevos productos. — Consolidación en grupos de empresas.
Automoción (fabricantes de vehículos)	— Proceso de consolidación en grandes grupos. — Tendencia a la reducción de costes y al aumento de valor del vehículo fabricado. — Variedad de producto con pocas plataformas. — Tiempos de entrega cada vez más reducidos. — Tendencia a la fabricación contra pedido.
Distribución de material eléctrico	— Alto nivel de competencia. — Elevado número de referencias de diferente rotación. — Necesidad de altos niveles de existencias. — Múltiples almacenes.
Gran distribución	— Dedicado aprovisionamiento a tiendas, basado en niveles de servicio por referencia. — Incertidumbre de la demanda. — Reaprovisionamiento por pedido fijo.
Ferretería y bricolaje	— Gran número de referencias con alta y baja rotación y grandes tamaños de lotes de fabricación, muchas de ellas formando parte de kits. — Almacenes centralizados. — Puntos de venta con alto nivel de servicio y bajo inmovilizado.

Tabla 1.1.

---

[1] SKU: *Stock Keeping Unit* o referencias almacenadas.

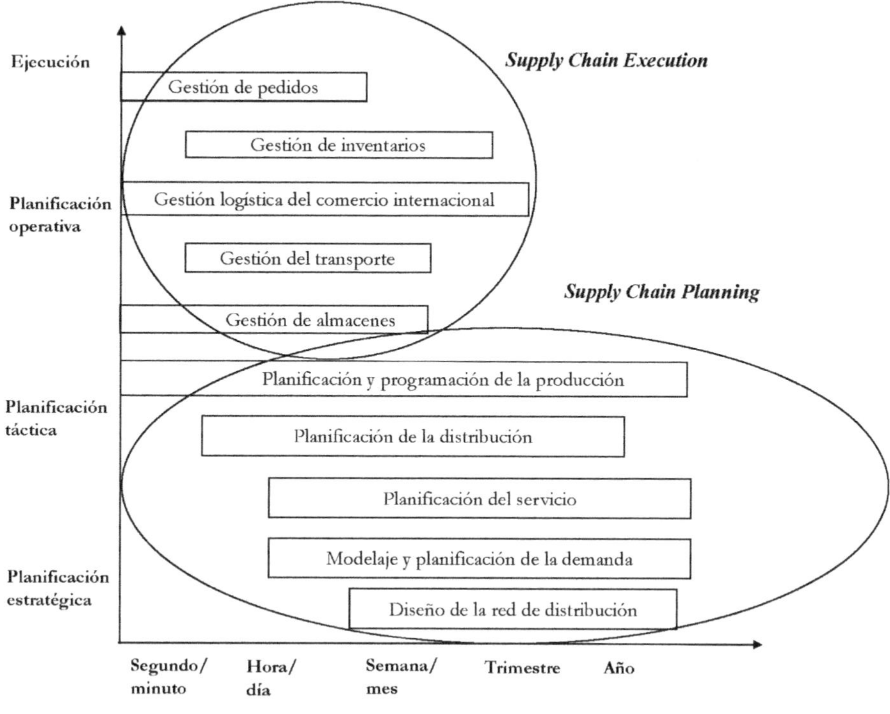

Figura 1.4.

a) Por una parte, los procesos de planificación tienen como objetivo focalizarse para definir qué debe hacerse y qué medios y recursos deberán para ello considerarse. El horizonte de adelanto de las decisiones oscila en el rango de semanas a años.

- **Planificación y programación de la producción**

  Resuelve qué, cuándo y cuánto se debe fabricar para abastecer la cadena de distribución. La diferencia entre «planificación» y «programación» reside en el nivel de detalle y en el horizonte temporal de las decisiones. La planificación considera el medio/largo plazo con un nivel agregado de detalle, mientras quela programación lo hace a corto/medio plazo, con un nivel detallado. Por otro lado, el proceso de planificación sitúa las necesidades en intervalos temporales suponiendo un escenario de «capacidad infinita» o, a lo sumo, realizando verificaciones simplificadas de capacidad. En contraposición, la programación genera las órdenes de producción tras verificar la disponibilidad de materiales, de recursos de máquina y de mano de obra directa.

  En este grupo se incluyen:

  - *Planificación de la distribución,* cuya finalidad principal es decidir qué, cuándo y cuánto se debe entregar a cada nivel inferior en la cadena de distribución.

– *Planificación del servicio,* que es el proceso en el que se resuelve el compromiso entre nivel de servicio y coste asociado para proporcionarlo. Como resultado, cada referencia en cada almacén (SKU) debe tener definido un nivel de servicio objetivo que puedan mantener los sistemas de ejecución.

– *Planificación y previsión de la demanda,* que se entiende como el proceso en que se deben generar previsiones de venta teniendo en cuenta tanto el comportamiento histórico (modelación de la demanda) como las variables externas (planificación de la demanda), tales como promociones, publicidad, etc.

– *Diseño de la red de distribución,* que es el proceso con un período de decisión más elevado. Como consecuencia de éste, en función de los escenarios de demanda que se consideren se debe decidir dónde y cuántos elementos de la red de distribución se deben ubicar (fábricas y almacenes) de manera que los costes globales de fabricación, almacenamiento y transporte sean mínimos.

b) Asimismo, se encuentran también los procesos de ejecución, cuya preocupación será la de llevar a cabo el trabajo previsto. Las decisiones se toman con un adelanto que oscila de horas a semanas. En este grupo se incluyen:

- La *gestión de pedidos,* con los procesos de captura, calificación, asignación de existencias, etc.

- La *gestión del inventario,* que tiene que ver con todos los procesos administrativos para asegurar que las existencias se encuentran en el nivel decidido en el proceso de planificación, todo ello de acuerdo con los parámetros logísticos de los proveedores y la política de compras definida.

- La *gestión logística del comercio internacional,* que debe gestionar la problemática logística y administrativa asociada al movimiento de mercancías entre países.

- La *gestión del transporte,* que debe asegurar que la flota realiza los transportes según la planificación de la distribución. En algunos casos la demanda es muy variable y la mercancía se debe entregar de inmediato. Se incluye en este proceso la generación dinámica de las rutas.

- La *gestión de almacenes,* que es el proceso que debe asegurar que la recepción, el almacenamiento y la expedición de la mercancía se realiza para satisfacer las necesidades planificadas.

Capítulo 2

Planificación de las previsiones

En este capítulo se explican los fundamentos básicos de los modelos más comunes de «series temporales» y los de los «modelos lineales de regresión», que constituyen un recurso valioso al tomar decisiones sobre variables económicas vinculadas en general con la empresa. Finalmente, se define el concepto «planificación de la demanda» y se concluye con ejemplos de la aplicación de las técnicas estudiadas en un programa informático de SCM en su módulo de análisis de la demanda.

En la exposición de temas de este capítulo se toman como punto de partida los trabajos de Agell (1987), Agell y Ariño (1998) y Ariño y Agell (1998a y 1998b).

2.1 Importancia y necesidad de las previsiones en la empresa

2.1.1 Introducción

En el desarrollo de su función, los directivos de empresa tienen que enfrentarse frecuentemente a cambios de tendencia y a fuertes estacionalidades en la demanda de los productos, a vaivenes de la economía, a consecuencias de posibles huelgas, a maniobras de la competencia, a rápidos cambios de la moda... En la mayor parte de sus decisiones, el directivo está obligado a considerar, explícita o implícitamente, algún tipo de previsión sobre la demanda de los artículos que produce o proyecta producir.

Para tratar de forma conveniente estas situaciones y poder tomar decisiones correctas, es necesario explicitar estas previsiones. Y para lograrlo de un modo razonable será siempre útil, por no decir imprescindible, conocer los principios, técnicas y modelos de previsión más convenientes en cada caso, así como sus posibilidades y limitaciones.

La creciente variedad y complejidad de los problemas de previsión han obligado al desarrollo de muchas y variadas técnicas y modelos. Para obtener los resultados apetecidos hay que tener mucho cuidado en elegir el modelo más conveniente para cada caso concreto. La selección del modelo dependerá fundamentalmente del grado de precisión necesario y de la disponibilidad de datos históricos correctos. Normalmente, para la toma de decisiones en la empresa no será necesaria una gran precisión en las previsiones, por lo que en general no se precisarán técnicas muy complicadas. Muchas veces bastará con decir que el crecimiento en ventas de la compañía para el próximo año se espera que sea del 15 %, y que cualquier tasa de crecimiento que se sitúe entre el 13 y el 17 % es una tasa razonable. Por lo general se produce el valor esperado de las ventas (o del crecimiento de las ventas) para el período siguiente, y un intervalo de ventas en que se supone que hay una probabilidad del 90 % de que las ventas futuras estén dentro de ese intervalo.

El directivo deberá utilizar el modelo que le permita sacar el máximo provecho de los datos de que dispone. Querer aplicar una técnica o modelo sofisticado, que daría una precisión o ajuste más fino del necesario, y que además quizás exija una información de la que no se dispone, demostrará como mínimo cierta bisoñez y mediocridad por parte del previsor. A lo largo de este capítulo expondremos los principios generales, que son de sentido común, que se deben seguir para realizar buenas previsiones, así como las técnicas de previsión más utilizadas en la empresa.

Hacer una buena previsión siempre consistirá en saber aplicar estos principios generales y en escoger en cada momento la técnica de previsión más conveniente. Una buena previsión requiere cierto equilibrio entre el ajuste de la previsión a la realidad y la complejidad del modelo que se debe utilizar. Reducir el problema de hacer previsiones en la empresa a aplicar unas técnicas o un programa estadístico informático, garantiza el fracaso de las previsiones. El factor más importante del que depende una buena previsión es el grado de conocimiento del negocio que tenga el responsable de realizar las previsiones. También es fundamental saber dónde se quiere y se puede ir; es decir, cuáles son los objetivos deseables y factibles. Sólo con un buen conocimiento del negocio se estará en condiciones de aplicar los principios generales de previsión que antes se citaban, para obtener el correspondiente provecho de ello.

Hacer buenas previsiones no significa acertar, sino exprimir toda la información que se tiene del presente y del pasado para inferir cómo será el futuro. Si el futuro previsto no llega a realizarse debido a un suceso imprevisible, esto no significa que se hayan hecho mal las previsiones. Hacer buenas previsiones no es adivinar el futuro. Las previsiones se habrán hecho mal cuando no se tuvo en cuenta la ocurrencia de sucesos futuros que eran previsibles.

En nuestro caso, la previsión del futuro de la demanda resulta incierta, imprecisa y provisional. Siempre que se toma una decisión se hace según unas previsiones explícitas o implícitas. Explicitar las previsiones es imprescindible para la correcta toma de decisiones, pues sólo la explicitación de las previsiones nos permitirá planificar, controlar, corregir y aprender.

2.1.2 Importancia del pasado y el presente en las previsiones

El futuro se debe considerar múltiple, previsible e influenciable:

a) Múltiple

Del conocimiento del pasado y el presente no se deduce un único futuro. A priori *debemos suponer que existen varios posibles estados futuros de la naturaleza.*

Existen varias alternativas futuras posibles. El número y grado de detalle con el que seamos capaces de describirlas dependerá, entre otras cosas, de nuestra imaginación, creatividad y experiencia en el caso concreto de que se trate.

b) **Previsible**

El futuro es una consecuencia del pasado y del presente, y aunque no poseamos todos los datos para determinarlo con precisión, de aquéllos –pasado y presente– no puede salir cualquier futuro.

La función de realizar previsiones en la empresa tendrá que acometer en primer lugar la tarea de plantear posibles futuros alternativos y, en segundo, la de asignarles probabilidades.

c) **Influenciable**

Con ello queremos decir varias cosas:

- Dado que el futuro es consecuencia del pasado y del presente, las decisiones que se toman día tras día van moldeando el futuro.

- Previendo las posibles alternativas, podremos poner los medios para provocar la realización de la alternativa más deseada.

- Suponiendo que las alternativas más probables nos sean desfavorables, podemos prepararnos para esquivar o paliar sus consecuencias. Las previsiones deben mostrarnos los peligros que debemos evitar y las oportunidades que deben ser aprovechadas.

Por ello, los objetivos deben plantearse no como deseos que confiamos que lleguen a cumplirse, sino como compromisos que, fundamentados en previsiones conscientes y razonables, tenderán a crear el futuro deseado.

El pasado y el presente no determinan el futuro, pero sí pueden ayudar a mostrarnos los futuros posibles e imposibles más probables. Sólo el conocimiento del pasado y el presente nos permitirá llegar a previsiones fiables y creíbles.

2.1.3 Previsiones razonables

Para hacer una previsión razonable deberemos tener presente:

- La zona del ciclo de vida del producto cuyas ventas quieren preverse. El modo de hacer previsiones es distinto dependiendo de si el producto se encuentra en su nacimiento, en crecimiento, si está llegando a su madurez o de si lleva muchos años de madurez.

— Información histórica sobre la empresa, la competencia, el mercado, etc.

— El mercado potencial y nuestra cuota de participación.

— Analogías con otros países.

— Las técnicas y modelos de previsión adecuados.

Cuando el producto cuya demanda deseamos prever todavía no ha llegado a su madurez, la demanda sigue creciendo y las previsiones se basarán en datos históricos de dentro de la empresa. Las ventas dependerán, en gran parte, de lo que la empresa esté dispuesta a hacer para capturar un mercado creciente.

Sin embargo, cuando el producto ha llegado a la madurez haremos las previsiones de nuestro sector apoyándonos en indicadores económicos, tales como la renta *per cápita,* el producto nacional bruto, la producción industrial, la construcción de viviendas, los índices de precios, etc. Seguramente poco o nada se podrá hacer para modificar los futuros valores de estos indicadores, pero del conocimiento del futuro del sector y el de nuestra empresa podremos inducir nuestros futuros posibles y poner también todos los medios necesarios para alcanzar el mejor o menos malo de ellos.

Cuando el producto esté en fase de nacimiento e introducción en el mercado será necesario hacer analogías con el comportamiento de ese mismo producto en otros países, el comportamiento de otros productos similares, las investigaciones de mercado, etc.

Cabe resaltar que para realizar una previsión correcta, además de conocer las correspondientes técnicas de previsión es necesario dominar el negocio y su entorno. Una buena previsión no es sólo el resultado obtenido con una adecuada técnica de previsión, con la precisión adecuada, sino que además se deberán tener muy presentes los objetivos y recursos de la empresa antes de considerar esa previsión como definitiva.

Una buena previsión no debe indicar sólo cómo será el futuro, sino si en la empresa y su entorno no se deben verificar cambios significativos. Y debe ser capaz de contemplar el efecto de los cambios de estrategia de la empresa y de la competencia.

Las previsiones se hacen para poder determinar los objetivos, y éstos, para cumplirlos. Sin una buena previsión de ventas será difícil dar objetivos creíbles y con posibilidad de ser cumplidos.

2.1.4 A quiénes interesan las previsiones

De manera general, podemos decir que las previsiones de la demanda interesarán a todos los ejecutivos de la empresa:

- Para la *dirección general* serán de interés las previsiones a largo plazo, los cambios de tendencia y el lanzamiento de nuevos productos. En los casos de crisis, le interesarán también las previsiones a medio y corto plazo. En cuanto al nivel de detalle de las referencias, la dirección general suele utilizar cifras agregadas por familias o regiones.

- A la *dirección financiera* pueden interesarle las previsiones a corto, medio y largo plazo, para confeccionar respectivamente los flujos de tesorería, presupuestos y políticas de financiación e inversión. La dirección financiera utiliza referencias de forma agregada generalmente por tipo o familia de producto o contribución.

- Las previsiones a corto y medio plazo pueden ser de interés para la *dirección de producción* con objeto de planificar la producción y gestión de inventarios. Para el área de logística o planificación es primordial el uso de referencias de forma detallada.

- Y a la *dirección comercial* le serán útiles los tipos de previsión anteriores para poder planificar, controlar, corregir y mejorar la acción comercial. De este modo, generalmente los comerciales utilizan los datos de referencias por familia.

2.1.5 Modelos y métodos más usados y avalados por la práctica

Los modelos pueden clasificarse en diversos tipos, dependiendo de los datos que se utilicen. Una primera clasificación es la siguiente:

a) Modelos que utilizan *datos endógenos* (interiores a la empresa), es decir, los datos de la demanda conseguida por la empresa en el pasado. En esta clase se encuentran los *modelos para series temporales*, entre los que podemos mencionar los siguientes:

   — De *descomposición clásica* de los datos históricos en tendencia, ciclos, estacionalidades y componente aleatoria.
   — Modelos *Arima* o *Box-Jenkins*.

b) Modelos que utilizan *datos exógenos* a la empresa (indicadores económicos). Son de gran interés por su carácter «causal» –si bien debe quedar claro que sólo a partir de ellos no es posible inferir causalidad– en los casos de productos en estado de madurez. Son los *modelos de regresión*.

c) Modelos para hacer previsiones en empresas con muchos *artículos de ciclo de vida corto*, confeccionados a partir de los mismos productos básicos, como podrían ser productos de vestir sujetos a la moda, en los que lo relevante suele ser la estacionalidad.

d) Modelos basados en *opiniones* de:

    — Vendedores, mayoristas, etc. (método OPR).

    — Expertos (método *Delphi*).

e)   Otros modelos, basados en:

    — Mercados de prueba, paneles, encuestas, etc.

A las técnicas citadas en los apartados *a)* y *b)* se les suele llamar *técnicas* o *métodos cuantitativos*, y *cualitativos* a los enunciados en los *c), d)* y *e)*.

La previsión final suele obtenerse con el apoyo de varios de los métodos precedentes, sin olvidar nunca las experiencias anteriores del decisor y demás miembros de la empresa. Es decir, toda previsión se obtendrá generalmente con el apoyo simultáneo de métodos cuantitativos y cualitativos. Las técnicas cualitativas transforman la información cualitativa –obtenida de los juicios subjetivos de los expertos– en estimaciones cuantitativas.

Los modelos *Arima* y de descomposición clásica suelen dar buenos resultados a corto plazo; a medio plazo, de regulares a buenos, y malos a largo plazo. La regresión suele proporcionar buenas previsiones a corto y medio plazo.

2.1.6 Cómo escoger el método de previsión más conveniente

En general, la elección del método de previsión depende de varios factores. Entre ellos se encuentran: la disponibilidad de datos históricos, la precisión que se busca, el plazo de tiempo que se debe cubrir con la previsión, la etapa del ciclo de vida en que se encuentra el producto, etc.

Ya que todos los modelos son representaciones aproximadas de la realidad, no es sensato buscar uno que la represente de forma exacta. La habilidad para buscar modelos adecuados simples es el sello de un buen previsor, y la utilización de modelos complejos –cuando modelos más simples nos proporcionan la precisión suficiente– suele ser signo de su mediocridad. No deben emplearse técnicas y modelos sofisticados que ofrezcan una precisión mayor, pero no necesaria, y que además exijan una información inexistente, difícil o cara de obtener.

En la búsqueda de un buen modelo la preocupación se debe centrar en obtener un equilibrio entre ajuste de la previsión a la realidad y complejidad del modelo.

Para poder utilizar los modelos *Arima* y de descomposición clásica será necesario tener varios años de datos. Además, en la descomposición clásica la existencia de ciclos puede dificultar la obtención de una buena previsión.

Los modelos «causales», como por ejemplo la regresión de la demanda sobre variables exógenas, son los más apropiados para predecir los cambios de tendencia y proporcionar previsiones a largo plazo.

Una técnica que se apoye en datos históricos no será útil para prever el futuro de productos de ciclo de vida corto o productos completamente nuevos. En el período de nacimiento de un producto debe distinguirse entre las ventas a innovadores –compradores interesados por las novedades– y las ventas a imitadores, aquellos que compran cuando el producto ya ha sido aceptado. El grupo de los imitadores es el que proporciona estabilidad a la demanda. El análisis de estos grupos quizás exigirá una investigación de mercado.

En el caso de la introducción de un producto nuevo en el mercado y que tenga un concepto poco definido, como el automóvil eléctrico, instrumentos de medición de la contaminación, etc., una gran empresa podrá acudir al método *Delphi,* que se basa en el juicio de las personas.[1]

Para los productos de consumo, la empresa fabricante puede controlar o influir bastante directamente en las ventas al consumidor. En los casos en que la empresa suministre componentes a otra empresa, lógicamente no tiene la misma influencia y control sobre las ventas al consumidor final. En uno y otro caso, las técnicas de previsión deberán ser diferentes, sobre todo por la dificultad en el segundo caso de obtener las ventas al consumidor final.

La tabla 2.1 resume un punto de vista que se debe considerar para la elección del método idóneo para la previsión de la demanda.

En toda previsión son necesarios –como mínimo– los siguientes pasos:

Parámetros de decisión	*Horizonte temporal*		
	Corto plazo (0 a 3 meses)	*Mediano plazo (3 meses a 1 año)*	*Largo plazo (más de 2 años)*
Variables que cabe predecir	— Productos o servicios individuales.	— Ventas totales. — Grupos o familias de productos o servicios.	— Ventas totales.
Área de decisión	— Gestión de inventarios. — Planificación del ensamblaje final. — Planificación de la fuerza de trabajo. — Plan maestro de producción.	— Planificación del *staff.* — Plan de producción. — Plan maestro de producción. — Compras. — Distribución.	— Localización de planta. — Planificación de la capacidad. — Gestión de los procesos.
Técnica de previsión	— Series temporales. — Métodos «causales». — Métodos basados en el juicio de las personas.	— Métodos «causales». — Métodos basados en el juicio de las personas.	— Métodos «causales». — Métodos basados en el juicio de las personas.

Fuente: Krajewski y Ritzman (2001).

Tabla 2.1.

---

[1] En ciertas ocasiones, cuando faltan datos o los mismos son muy inexactos, es muy conveniente tener en consideración los puntos de vista de los directivos, opiniones expertas, encuestas a clientes y otras formas de criterios basados en las opiniones o juicios de las personas. (Krajewski y Ritzman, [2001]).

- Recogida de datos.

- Reducción y filtrado de datos.

- Construcción del modelo.

- Contraste del modelo.

- Aplicación del modelo para la previsión.

Antes de decidirse por un determinado modelo, deberemos analizar las dificultades que podemos encontrarnos en cada uno de estos pasos.

2.1.7 Fiabilidad y calidad de las previsiones

La fiabilidad y calidad de las previsiones dependen fundamentalmente:

- Del conocimiento que tenga del negocio el responsable de hacer las previsiones.

- De la cantidad y calidad de la información.

- Del modelo de previsión escogido.

- De la zona del ciclo de vida en que se encuentre el producto.

- Del conocimiento del entorno y de la competencia.

- Del control y corrección de la planificación hecha con las previsiones.

- De las ganas y empeño que pongan los responsables de la empresa para que se cumplan las previsiones.

En lo que resta del capítulo se expondrán los fundamentos generales de los métodos cuantitativos utilizados para la determinación de previsiones, es decir, de las series temporales y de los modelos lineales de regresión.

2.2 Modelos para series temporales

2.2.1 Introducción

En el punto anterior se incluye un esquema de algunos modelos útiles en función del tipo de datos necesarios para elaborar la previsión. En éste se indica otra secuencia para explicar cómo se elabora un modelo de previsiones pero según las características de las llamadas «series temporales».

Una particularidad de esta clase de modelos es que los datos de los que disponemos se encuentran correlacionados entre sí. Es decir, en estos modelos el resultado que tome una variable en un determinado momento dependerá de los valores que haya tomado la misma en momentos anteriores. Por tanto, los valores que vaya tomando la variable no serán independientes entre sí para distintos períodos de tiempo.

Si bien este capítulo presenta un contenido relativamente denso por su dosis matemática, el lector no debe olvidar que para tener un buen modelo y un buen programa informático de previsiones, éste conlleva una alta sofisticación matemática para que automáticamente el programa elija los modelos que mejor se ajusten al sistema. Por tanto, y al menos de forma introductoria, presentamos los aspectos teóricos básicos del tema. En el apéndice A se incluyen unos temas teóricos complementarios para el lector interesado.

2.2.2 Objeto básico de las series temporales

Los métodos por series temporales se utilizan para hacer análisis detallados de los patrones de demanda en el pasado, a lo largo del tiempo y para proyectar estos patrones hacia el futuro. Para el análisis de series temporales, pueden seguirse los siguientes pasos:

— *Paso 1:* postular un modelo para los datos observados.

— *Paso 2:* estimar los parámetros del modelo.

— *Paso 3:* comprobar la adecuación del modelo.

— *Paso 4:* si el modelo resulta adecuado, formular previsiones; caso contrario volver al paso 1 y probar con otro modelo.

Se llama *serie temporal* o *cronológica* a toda sucesión de observaciones de una función $x(t)$, referida en general a variables económicas, en el tiempo. Así, constituye un ejemplo de serie temporal la sucesión de ventas anuales en pesetas de una empresa a lo largo de su vida.

Las observaciones o valores de la función económica $x(t)$ supondremos que se toman a intervalos de tiempo iguales o suficientemente iguales. Estos intervalos pueden ser días, meses, trimestres, cuatrimestres, años, etc.

En algunos casos puede ser conveniente tomar períodos de cuatro semanas (división del año en trece períodos iguales). Aun en estos casos, períodos análogos de años distintos pueden tener desigual número de días hábiles. Ello a veces puede motivar que se deban corregir las observaciones mediante factores adecuados. Si los valores:

$$x(1), x(2), ..., x(t), ...$$

de la función económica $x(t)$ constituyen una serie temporal, también lo serán los valores:

$$y(1), y(2), ..., y(t), ...$$

de la variable transformada:

$$y(t) = \frac{1}{x(t)}$$

o de:

$$y(t) = \log\big[x(t)\big]$$

o bien de:

$$y(t) = \big[x(t)\big]^k,$$

siendo k un número real. Dependiendo de los casos, para el análisis de $x(t)$ a veces puede ser más fácil el estudio de $y(t)$ o de alguna otra transformación conveniente.

Para comprender la evolución de $x(t)$ en el tiempo, es útil la representación cartesiana de los pares de puntos $\big[t, x(t)\big]$, como se observa en la figura 2.1.

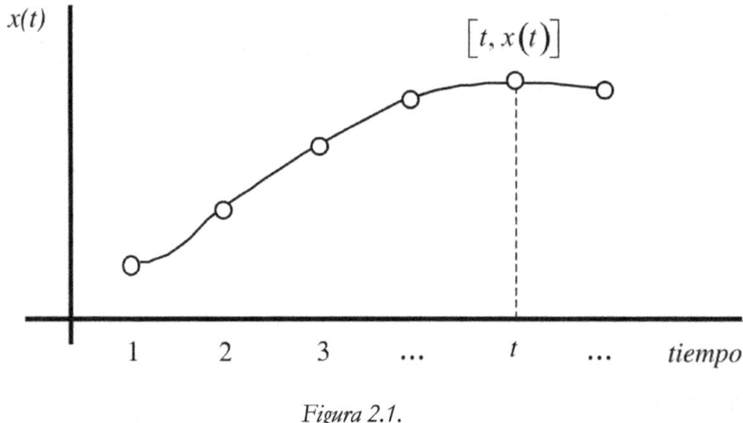

Figura 2.1.

Si $x(t)$, por ejemplo, es la demanda anual de un producto, la representación de los puntos $\big[t, x(t)\big]$ formará parte de la curva del ciclo de vida del producto. Por tanto, dicha presentación puede ayudarnos a descubrir en qué zona (introducción, crecimiento, madurez, declive) de su ciclo de vida se encuentra el producto y, en consecuencia, hacernos más fácil la previsión de la demanda de los próximos años.

Figuras parecidas a las 2.2, 2.3, 2.4, 2.5, 2.6 y 2.7 nos harán sospechar que posiblemente nos encontramos en las zonas siguientes:

—   Figura 2.2: nacimiento-crecimiento.

- Figura 2.3: crecimiento.
- Figura 2.4: crecimiento-madurez.
- Figura 2.5: madurez.
- Figura 2.6: declive.
- Figura 2.7: ciclo completo.

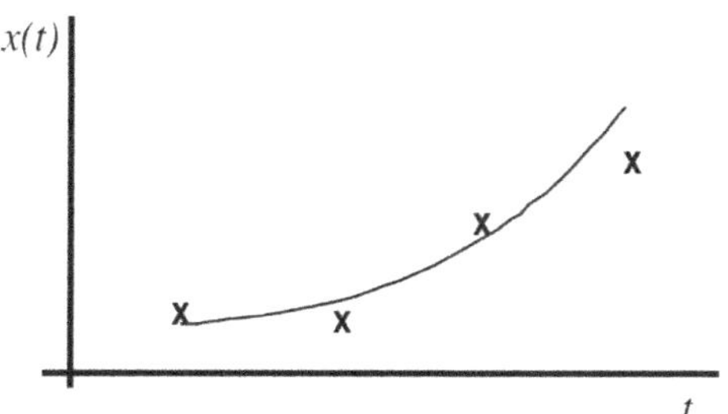

Figura 2.2.

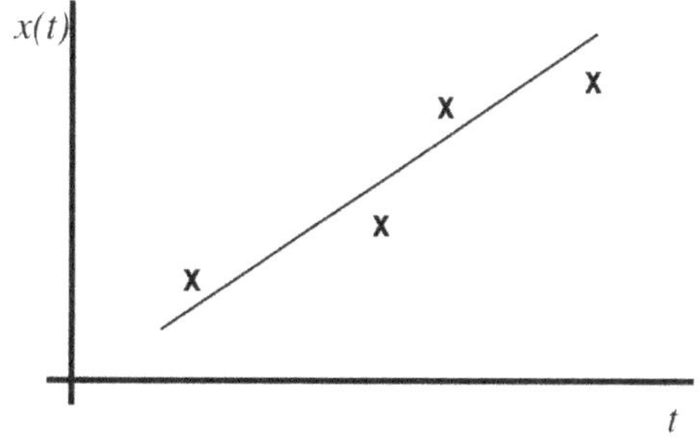

Figura 2.3.

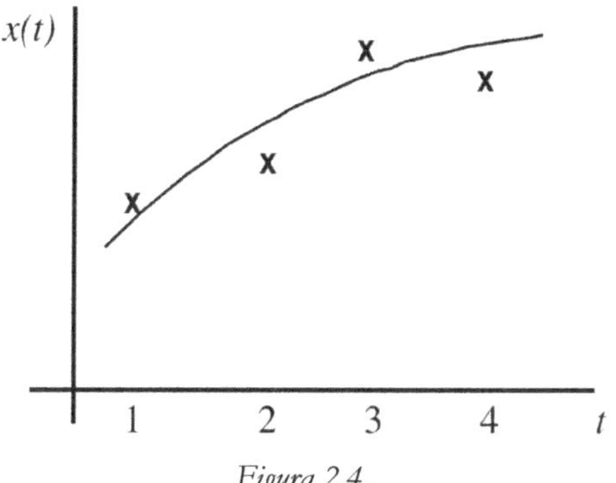

Figura 2.4.

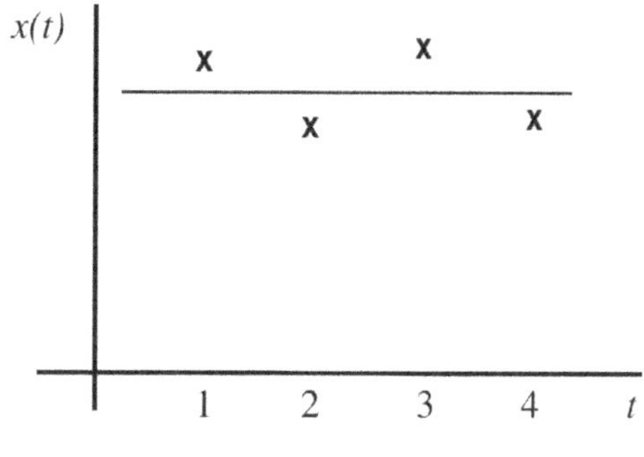

Figura 2.5.

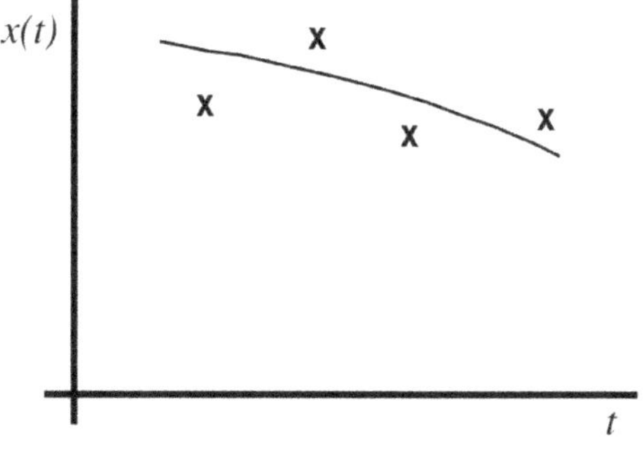

Figura 2.6.

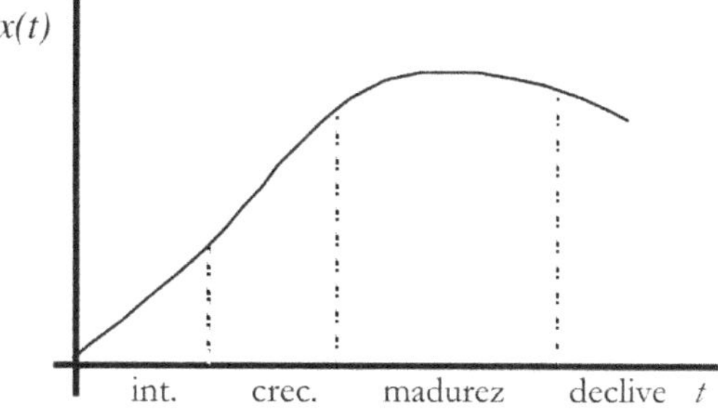

Figura 2.7.

Aunque el estudio que seguiremos puede considerarse general, nos referiremos fundamentalmente a series temporales de períodos inferiores o iguales a un año. Así, hablaremos de series mensuales, trimestrales, cuatrimestrales, semestrales, anuales, etc.

Si la serie temporal es de período inferior a un año, suele representarse la función $x(t)$ mediante dos índices, $x(i,j)$. El primer índice, i, será el indicador del año, y el segundo, j, del período dentro del año. Así, por ejemplo, $x(2,3)$, si se trata de una serie mensual, indicará el valor de la función económica $x(t)$ en el mes de marzo del segundo año considerado. Mediante $x(i)$ o x_i expresaremos, si no hay peligro de confusión, el total anual para el año i.

Obviamente, si $x(i,j)$ son las ventas del año i y trimestre j, las ventas totales del quinto año estarían representadas por $x_5 = x(5)$, es decir:

$$x_5 = x(5) = x(5,1) + x(5,2) + x(5,3) + x(5,4).$$

Para finalizar este apartado y reordenar ideas, se ofrece de forma sumamente esquemática, aunque no exhaustiva, una segunda clasificación razonable para los modelos para series temporales, con objeto de situarnos conceptualmente con mayor claridad. Para ello tomaremos una posición intermedia entre los enfoques propuestos en Otero (1993) y en Caridad (1998):

a) Por un lado, es muy frecuente hablar del llamado *análisis clásico de series temporales*. Las mismas tienen como característica que su enfoque es a corto plazo. Bajo este nombre, muchos autores incluyen los siguientes métodos de análisis:

  • *Métodos de descomposición clásica*, los cuales tienen su fundamento en considerar a la serie como aquella relación funcional formada por la superposición de uno o más de un conjunto de cuatro efectos: *a)* tendencia, *b)* estacionalidad, *c)* componente cíclica y *d)* componente aleatoria.

  • *Método de medias móviles*, que consiste en calcular las previsiones mediante un conjunto predefinido de valores anteriores de la serie.

  • *Método del alisado o suavizado exponencial*, similar al de medias móviles, pero realizando una ponderación numérica relativa del peso que tienen las observaciones anteriores de la serie.

b) Y por otra parte existe el llamado *análisis moderno de series temporales*, que utiliza unos métodos relativamente menos sencillos pero que resultan muy eficientes para encontrar modelos útiles de las series, como lo son los llamados *modelos ARMA* y *modelos ARIMA*.

En los puntos siguientes se indican los conceptos fundamentales de los modelos que siguen este esquema conceptual.

2.2.3 Análisis clásico de series (I): métodos de descomposición

En el intento de prever las observaciones futuras de los términos de una serie temporal, distinguiremos en ella una o más de las siguientes cuatro componentes clave: tendencia, estacionalidad, componente cíclica y componente aleatoria.

a) Componentes de una serie

- **Tendencia anual**

  Definida generalmente de una manera vaga e imprecisa mediante expresiones como: «la tendencia es una función de la variable tiempo que de forma simple expresa la evolución de la serie a largo plazo, y a la que se superponen las demás componentes». En los párrafos siguientes daremos una definición más precisa.

  El valor de la tendencia en el año i lo expresaremos de forma genérica mediante la notación $f(i)$.

- **Ciclos o componente cíclica**

  Son variaciones periódicas, de período superior a un año, íntimamente ligadas a fluctuaciones generales de la actividad económica.

  En un primer estudio prescindiremos de ellas o, lo que es lo mismo, quedarán incluidas dentro de las demás componentes. Los motivos principales para no considerarlas son los siguientes:

  — Normalmente no queda clara su existencia.

  — Aumentan la complejidad de la explicación de la serie temporal.

  — En general, se dispone de pocos datos para estudiarlas de forma eficaz.

  — Si es necesario llegar a su estudio, preferiremos estudiar la serie temporal por otros procedimientos.

- **Componente estacional**

  Son variaciones o fluctuaciones periódicas, con período inferior a un año, y que se reproducen regularmente de un año a otro.

  Las representaremos mediante:

  $$s(j), \text{ para: } j = 1, 2, \ldots, k$$

siendo k el número de períodos del año.

Son independientes de la tendencia y del año.

Para el caso de estacionalidad trimestral, los cuatro valores:

$$s(1), s(2), s(3) \text{ y } s(4)$$

representarán las componentes estacionales de cada trimestre.

- **Componente aleatoria**

  Son fluctuaciones imprevisibles que traducen el efecto de múltiples factores no permanentes y, en general, desconocidos.

  Vendrán representados por $e(i, j)$. No dependen de i ni de j.

b) Un ejemplo

El siguiente ejemplo[2] resultará útil para ilustrar el principio en el que se basa este método. Una empresa ha registrado sus ventas mensuales de su producto (en miles de pesetas) entre los años 1979 y 1984, obteniendo la tabla 2.2.

Denotando mediante y_t a las ventas mensuales, la representación gráfica de los datos, ordenados cronológicamente, conformarán la serie temporal de la variable «ventas», como se puede ver en la figura 2.8.

Meses	*Ventas mensuales* (en miles de pesetas)					
	1979	1980	1981	1982	1983	1984
Enero	89	100	115	124	136	152
Febrero	103	106	122	126	150	152
Marzo	117	103	143	127	166	147
Abril	135	82	157	110	179	126
Mayo	154	85	175	110	201	132
Junio	147	76	175	97	202	119
Julio	163	66	185	94	211	122
Agosto	142	68	164	89	194	111
Septiembre	155	85	178	110	201	134
Octubre	136	96	168	119	193	142
Noviembre	119	103	142	124	166	151
Diciembre	123	133	151	148	179	175

Tabla 2.2.

[2] Fuente: Martín Pliego (1994).

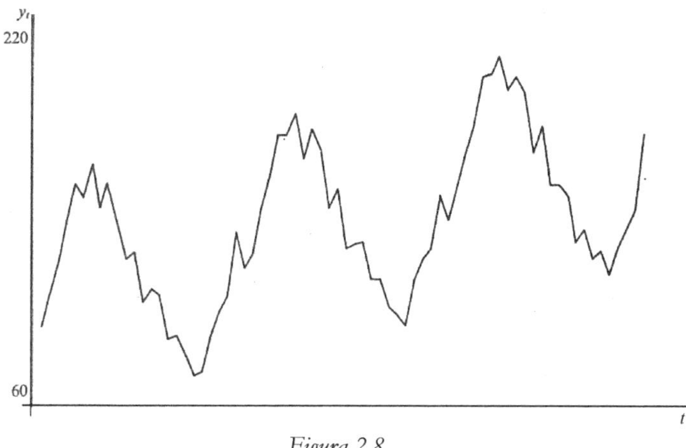

Figura 2.8.

De acuerdo con este método, se puede descomponer la serie descrita en sus cuatro componentes teóricas, indicadas en la siguiente figura con esta notación: Tendencia (T_{ik}), Estacionalidad (e_{ik}), Componente cíclica (c_{ik}) y Componente aleatoria (r_{ik})(véase la figura 2.9).

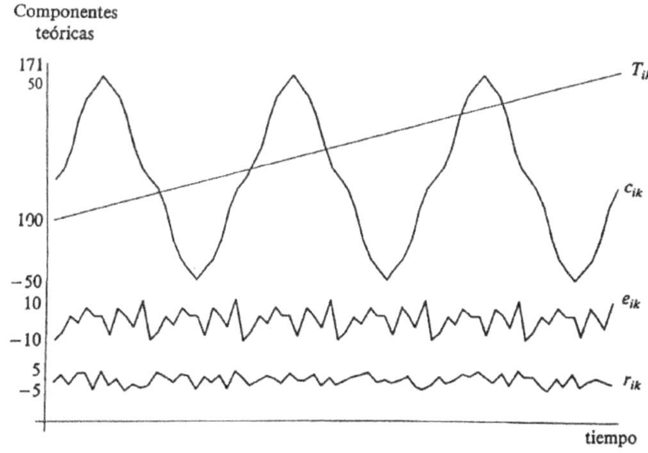

Figura 2.9.

Puede observarse que la figura original de la serie tiene un aspecto que no permite encontrar por sí sola un modelo claramente asequible. En cambio, utilizando la superposición de las cuatro componentes de la serie y analizándolas cada una por separado, mediante la ayuda de ciertas hipótesis, será posible modelar la serie de forma menos dificultosa. Si para cada instante de tiempo considerado, en la segunda figura se suman las cuatro funciones, el resultado será la función que aparece representada en la figura 2.8.

c) Modelos estadísticos

Un modelo de serie temporal pretende proporcionar una descripción muy aproximada del proceso que generó la muestra de observaciones que constituyen nuestros datos. Una vez determinado el modelo podremos, aunque no de forma determinista, prever los valores futuros de la función económica.

Pretendemos hallar un modelo que nos proporcione las tres componentes en que suponemos que se descompone nuestra serie temporal: componente de tendencia, de estacionalidad y aleatoria. De este modo, encontrar un modelo adecuado nos permitirá conocer con un error dado cuál fue el proceso que generó la muestra de observaciones que constituyen nuestros datos.

El primer problema consiste en saber descomponer la serie temporal en sus tres componentes. Los modelos básicos más corrientemente utilizados son: *a)* el modelo aditivo, y *b)* los modelos multiplicativos, de los que a continuación daremos sus líneas fundamentales.

• Modelo aditivo

Este modelo supone que el valor de la serie $x(i,j)$ se obtendrá como la suma de: 1) la tendencia $f(i)$ referida al mismo período –dividida por k = número de períodos por año–; 2) la componente estacional $s(j)$ referida al mismo período, y c) una componente aleatoria $e(i,j)$, de la que más adelante hablaremos. Asimismo, se impone una condición estructural en la que la suma de componentes estacionales a lo largo de todo el período de estudio tendrá que ser nula.

En resumen, un modelo aditivo quedará caracterizado básicamente por las dos ecuaciones siguientes:[3]

$$x(i,j) = \frac{f(i)}{k} + s(j) + e(i,j) \quad \text{y} \quad \sum_{j=1}^{k} s(j) = 0 \, .$$

• Modelos multiplicativos

Así como en el modelo aditivo supusimos que el valor de la serie $x(i,j)$

---

[3] En esta nomenclatura, $x(i,j)$, suele utilizarse el índice i para referirse al año y el j para un submúltiplo de éste, como, por ejemplo, semestres.

provenía de una suma, existen también modelos en los que dicho valor es obtenido como un determinado producto entre las componentes consideradas. En este tipo de modelos se utilizan con mucha frecuencia dos formas básicas, cuya explicación se deduce con igual lógica que en el modelo aditivo:

— Primera forma: $x(i,j) = f(i) \cdot s(j) + e(i,j)$ y $\sum_{j=1}^{k} s(j) = 1$.

— Segunda forma: $x(i,j) = f(i) \cdot s(j)[1 + e(i,j)]$ y $\sum_{j=1}^{k} s(j) = 1$

de donde:

$x(i,j)$ valor de la serie temporal correspondiente al año i y período j,

$f(i)$ tendencia correspondiente al año i,

$s(j)$ coeficiente de estacionalidad correspondiente al período j,

$e(i,j)$ componente aleatoria.

Para la determinación del modelo seguiremos los siguientes pasos:

— Elección de la tendencia.
— Cálculo de la tendencia.
— Elección del tipo de modelo.
— Cálculo de la estacionalidad.
— Cálculo de la desviación estándar de la componente aleatoria.

- **Paso 1: elección de la tendencia**

Dada una serie cronológica de término general $x(i,j)$ y una familia de funciones lisas y de pocos parámetros, llamaremos *tendencia* a la función $f(i)$ de aquella familia que cumple que:

$$\sum_{i=1}^{n} \left[x(i) - f(i) \right]^2 = \text{mínimo.}$$

Recordemos que $x(i)$ es el total anual, y observemos que $f(i)$ dependerá de i, pero no de j; la tendencia será, pues, en estos modelos, una característica anual y no del período.

Las familias de tendencias que más se utilizan nos las proporcionan las ecuaciones y figuras siguientes:

— Rectilíneas: $f(i) = a + bi$.

— Parabólicas: $f(i) = a + bi + ci^2$.

— Exponenciales: $f(i) = a + bc^i$.

— Logísticas: $f(i) = \dfrac{1}{a + bc^i}$.

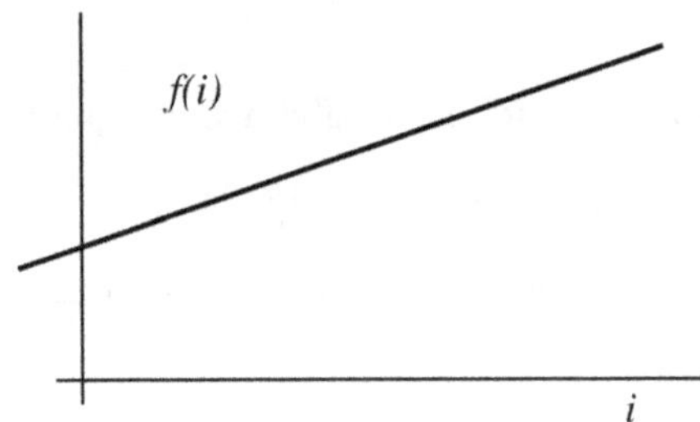

Figura 2.10. Tendencia rectilínea $f(i) = a + bi$.

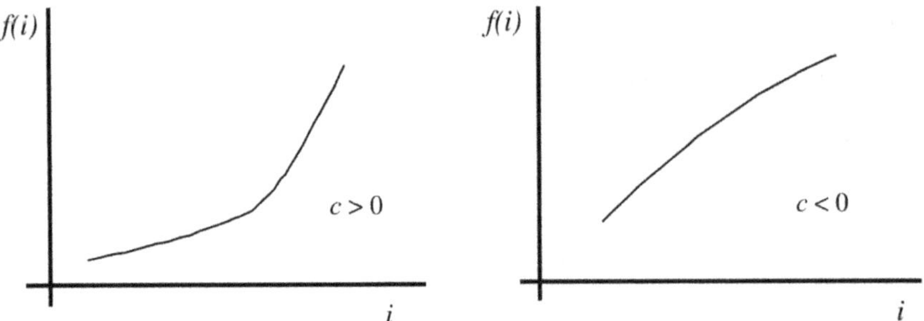

Figura 2.11. Tendencia parabólica $f(i) = a + bi + ci^2$.

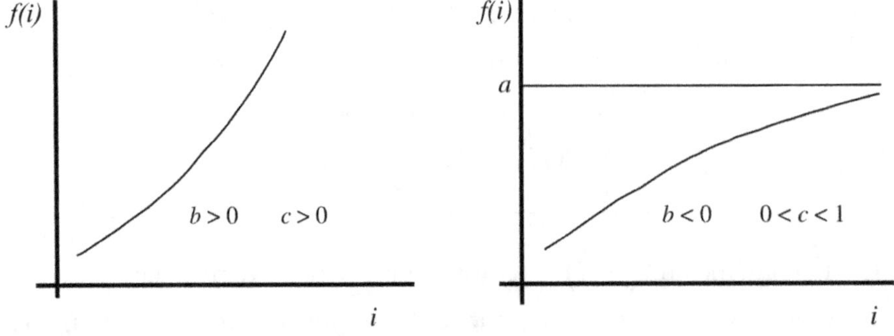

Figura 2.12. Tendencia exponencial $f(i) = a + bc^i$.

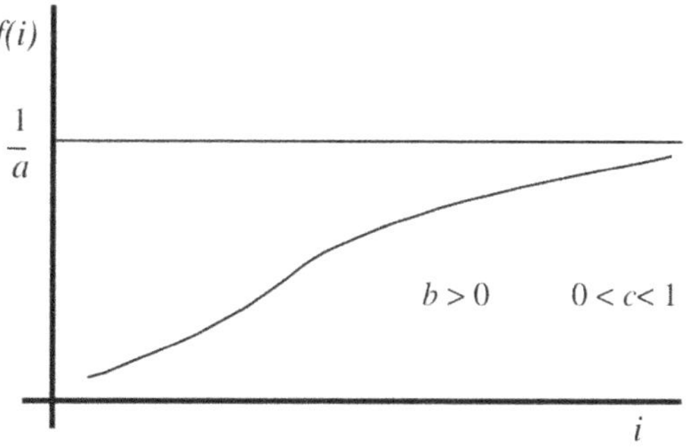

Figura 2.13. Tendencia logística $f\left(i\right)=\dfrac{1}{a+bc^{i}}$.

Para la elección de $f\left(i\right)$ seguiremos las siguientes normas:

— Se representarán los puntos $\left[i, x\left(i\right)\right]$; si su gráfica se parece a alguna de las anteriores, se procederá al cálculo de la correspondiente ecuación de tendencia $f\left(i\right)$.

— Aun en el supuesto de que la función de tendencia escogida parezca apropiada, es muy importante contrastar su adecuación. Para ello observaremos si la sucesión de errores $e\left(i\right)=x\left(i\right)-f\left(i\right)$ es aleatoria. De no ser así, la función tendencia no podrá considerarse correcta.

- **Paso 2: cálculo de la tendencia**

En los casos de las tendencias rectilínea y parabólica, que son las más usadas, determinaremos $f\left(i\right)$ imponiendo que se verifique la condición:

$$\sum_{i=1}^{n}\left[x\left(i\right)-f\left(i\right)\right]^{2} = \text{mínimo.}$$

Para los casos de tendencia exponencial y logística, dada la dificultad que presenta el cálculo de $f\left(i\right)$ por el procedimiento de ajuste anterior, utilizaremos criterios *ad hoc*, que describiremos en el apéndice A.1.1.

— *Tendencia rectilínea*
Si la tendencia buscada es $f\left(i\right)=a+bi$, sus coeficientes (desconocidos) a y b se pueden estimar mediante las fórmulas siguientes:

Primer procedimiento

$$b = \frac{n\sum_{i=1}^{n} i\, x(i) - \left[\sum_{i=1}^{n} x(i)\right]\left(\sum_{i=1}^{n} i\right)}{n\sum_{i=1}^{n} i^2 - \left(\sum_{i=1}^{n} i\right)^2} \qquad \text{y} \qquad a = \frac{\sum_{i=1}^{n} x(i) - b\sum_{i=1}^{n} i}{n}.$$

Segundo procedimiento

$$a = \frac{1}{M}\left[\sum_{i=1}^{n} a_i\, x(i)\right] = \frac{1}{M}\left[a_1\, x(1) + a_2\, x(2) + \cdots + a_n\, x(n)\right]$$

$$b = \frac{1}{M}\left[\sum_{i=1}^{n} b_i\, x(i)\right] = \frac{1}{M}\left[b_1\, x(1) + b_2\, x(2) + \cdots + b_n\, x(n)\right]$$

en donde los coeficientes $a_1, a_2, \ldots, a_n, b_1, b_2, \ldots, b_n$ y M nos los proporcionan las tablas del apéndice A.1.5.

— *Tendencia parabólica*

En este caso, los coeficientes a, b y c de la tendencia parabólica

$$f(i) = a + bi + ci^2$$

se cotejan por el siguiente grupo de ecuaciones:

$$a = \frac{1}{M}\left[\sum_{i=1}^{n} a_i\, x(i)\right] = \frac{1}{M}\left[a_1\, x(1) + a_2\, x(2) + \cdots + a_n\, x(n)\right]$$

$$b = \frac{1}{M}\left[\sum_{i=1}^{n} b_i\, x(i)\right] = \frac{1}{M}\left[b_1\, x(1) + b_2\, x(2) + \cdots + b_n\, x(n)\right]$$

$$c = \frac{1}{M}\left[\sum_{i=1}^{n} c_i\, x(i)\right] = \frac{1}{M}\left[c_1\, x(1) + c_2\, x(2) + \cdots + c_n\, x(n)\right]$$

en donde los coeficientes $a_1, a_2, \ldots, a_n, b_1, b_2, \ldots, b_n, c_1, c_2, \ldots, c_n$ y M nos los proporcionan las tablas de los apéndices A.1.6 y A.1.7. También pueden hallarse por regresión lineal de $x(i)$ sobre las variables i e i^2.

- **Paso 3: elección del tipo de modelo**

Para la elección de alguno de los dos modelos propuestos, primero representaremos gráficamente la serie temporal $\left[i, x(i)\right]$.

— Si las variaciones estacionales son estables, es decir, prácticamente independientes del tiempo, ensayaremos el *modelo aditivo* (véase la figura 2.14).

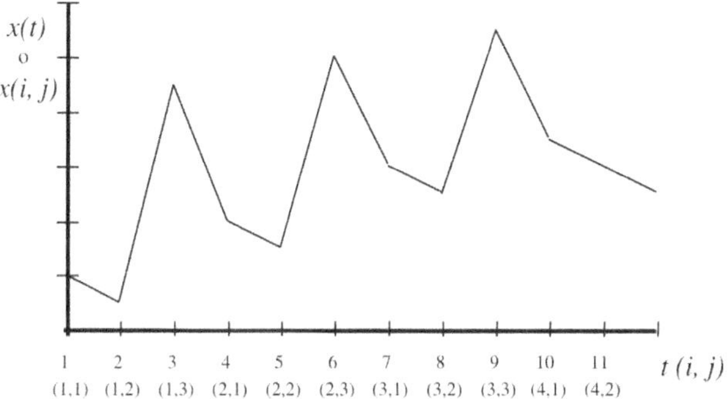

Figura 2.14. Modelo aditivo.

— Si, por el contrario, las variaciones estacionales se observa que son prácticamente proporcionales a la tendencia, escogeremos el *modelo multiplicativo* (véase la figura 2.15).

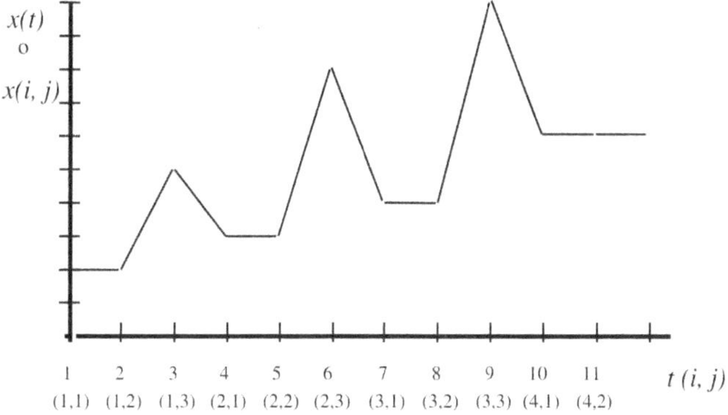

Figura 2.15. Modelo multiplicativo.

- **Pasos 4 y 5: estacionalidad y componentes aleatorias**

Si bien el mercado nos ofrece paquetes informáticos para obtener estas componentes en la mayoría de los modelos, en los apéndices A.1.2 y A.1.3 resu-
mimos las expresiones para el cálculo sencillo de las mismas dentro de los
modelos aditivo y multiplicativo.

2.2.4 Análisis clásico de series (II): método de las medias móviles[4]

Estadísticamente, la media aritmética o valor promedio de la serie comprende un contenido de información bastante grande. No obstante, cuando la serie se encuentra sometida a una tendencia y además sufre variaciones importantes en su evolución, la media global ya resulta insuficiente para describir el fenómeno. Cuando se hacen evidentes estas circunstancias, conviene introducir el criterio de media móvil para la serie que está bajo estudio.

Siguiendo a Uriel (1995), la media móvil es una media aritmética que se caracteriza porque toma un valor para cada momento del tiempo y porque en su cálculo no entran todas las observaciones disponibles de la muestra. Para la aplicación de este método es necesario establecer el número de observaciones que intervienen en el cálculo de cada media móvil, llamado *longitud*. Cuanto mayor sea la longitud, tanto mejor se eliminarán las irregularidades de la serie, compensándose sus fluctuaciones. Por el contrario, cuando la longitud es pequeña, la media móvil refleja con mayor rapidez los cambios que puedan producirse en la evolución de la serie. Por lo tanto, es de gran importancia sopesar estos factores al decidir la longitud de la media móvil. Mediante este método, la previsión de la demanda del próximo período equivale al promedio calculado al final del mismo período.

La expresión que permite calcular la previsión de la demanda mediante medias móviles en el instante $t+1$, es la siguiente:

$$F_{t+1} = \frac{D_t + D_{t-1} + D_{t-2} + \ldots + D_{t-n+1}}{n},$$

siendo:

D_t = demanda actual en el período t, conocida,

n = número total de períodos en el cálculo del promedio,

F_{t+1} = previsión para el período $t+1$.

- **Ejemplo sencillo[5]**

  Durante las tres primeras semanas de febrero se ha registrado la cantidad de pacientes que han solicitado consulta con el médico de cabecera. Los resultados fueron los siguientes:

Semana	Núm. pacientes
1	400
2	380
3	411
4	???

---

[4] Seguiremos, para la presentación de este tema, las pautas descritas en Uriel (1995) y en Krajewski y Ritzman (2001).

[5] Fuente: Krajewski y Ritzman (1999).

Tomando como base de cálculo estas tres semanas, debemos calcular la previsión del número de pacientes para la semana 4 mediante el método de medias móviles.

Si aplicamos la fórmula anterior, el número de pacientes previsto para la semana 4 será:

$$F_4 = \frac{D_3 + D_2 + D_1}{3} = \frac{411 + 380 + 400}{3} = 397.0 \text{ pacientes.}$$

Sabemos que el número de pacientes a finales de la semana 4 fue de 415; ¿cuál es la previsión para la semana 5?

Semana	*Núm. pacientes*
1	400
2	380
3	411
4	415
5	???

Si seguimos la forma de cálculo tomando como base una longitud igual a 3 semanas y considerando las últimas tres semanas conocidas:

$$F_5 = \frac{D_4 + D_3 + D_2}{3} = \frac{415 + 411 + 380}{3} = 402.0 \text{ pacientes.}$$

Por tanto, a finales de la semana 4 (cuando se ha conocido la cantidad de pacientes atendidos), se prevé que durante la semana 5 lleguen 402 pacientes para atenderse.

A finales de la semana 4, ¿cuál es la previsión para las semanas 6 y 7?

Semana	*Núm. pacientes*
1	400
2	380
3	411
4	415
5	???
6	???
7	???

Al terminar la semana 4, la demanda fue de 415 pacientes. Por lo tanto, este será el último dato conocido. Siguiendo con la base de cálculo de tres semanas, es fácil comprobar que la demanda prevista para los meses 5, 6, 7 y siguientes coincidirá con la prevista para la semana 5, es decir, 402 pacientes:

$$F_5 = F_6 = F_7 = F_{>7} = \frac{D_4 + D_3 + D_2}{3} = \frac{415 + 411 + 380}{3} = 402.0 \text{ pacientes.}$$

Como comentario final, en este ejemplo se utilizó una longitud igual a 3 semanas como base de cálculo de la media móvil, pero pueden aplicarse también otros valores. Se recomienda[6] utilizar grandes valores de n para series de demanda que resultan estables en el tiempo, y valores pequeños para aquellas que son sensibles a los cambios en la media.

2.2.5 Análisis clásico de series (III): método de suavizado exponencial

La utilización de este método tal vez pueda resultar un poco más elaborada que la de medias móviles, al calcular la media de la serie asignando a los valores más recientes de la demanda un «peso» o «factor de ponderación» mayor que los de valores menos recientes. Para calcular la previsión de la demanda mediante este método ya no será necesario conocer un intervalo de registros previos de demanda «grande» o «pequeño», sino que todo es más simple. Suponiendo que estemos en el período de tiempo t, con este método solamente será necesario conocer el valor de la demanda en ese mismo período, D_t, su valor previsto en el mismo período, F_t, y un coeficiente de ponderación, α, llamado «parámetro de suavizado», cuyos valores oscilarán entre 0 y 1.

Utilizando estos datos, para calcular el valor previsto de la demanda correspondiente al período $t+1$, se evalúa la siguiente fórmula:

$$F_{t+1} = \alpha \cdot D_t + (1-\alpha) \cdot F_t,$$

o, equivalentemente:

$$F_{t+1} = F_t + \alpha \cdot (D_t - F_t)$$

siendo:

D_t = valor de la demanda actual,

F_t = valor previsto de la demanda actual,

α = parámetro de suavizado, $0 \le \alpha \le 1$.

De la segunda fórmula, se observa que la previsión para el próximo período, es decir F_{t+1}, será igual a la previsión de la demanda para el período actual con una proporción adicional causada por la desviación de la demanda actual menos su valor previsto, es decir, $\alpha \cdot (D_t - F_t)$.

¿Y qué valor asignaremos al parámetro α de suavizado? De la última expresión, conocidas la demanda y la previsión para el período actual, el resultado de la previsión para el próximo período quedará determinado una vez que se le asigne un valor al parámetro α.

---

[6] *Op. cit.*

El criterio se deberá decidir a partir de una situación representativa de la realidad se-gún sus valores extremos: un valor del parámetro cercano a 1 estará indicando que los niveles recientes de la demanda resultan más representativos para el cálculo de las previsiones que otros anteriores, y valores cercanos a 0 consideran la demanda pasada de modo más uniforme, generando previsiones más estables.

- **Ejemplo sencillo (continuación)**

    Utilizando un coeficiente de suavizado α =0,10, calcúlese la previsión suavizada exponencialmente para la semana 4:

Semana	Núm. pacientes
1	400
2	380
3	411

    Solución: situados a finales de la semana 3, deseamos calcular la previsión para la semana 4:

$$F_{3+1} = F_4 = \alpha \cdot D_3 + (1-\alpha) \cdot F_3.$$

    Será necesario contar con una estimación de la demanda para el período 3, que puede calcularse como media aritmética de la demanda en períodos anteriores. Tomando por ejemplo los valores de las semanas 1 y 2, calculamos el promedio de las mismas y lo aplicamos como estimación inicial de la previsión:

$$\overline{D} = \frac{D_1 + D_2}{2} = \frac{400 + 380}{2} = 390 = F_3.$$

    Con este valor estimado de la previsión para el tercer período, calculamos la previsión del cuarto:

$$F_4 = 0.10 \cdot 411 + (1-0.10) \cdot 390 = 0.10 \cdot 411 + 0.90 \cdot 390 = 392.1$$

    Así, el valor previsto para la semana 4 calculado mediante el método de suavizado exponencial será de 392 pacientes, aproximadamente.

    Si ahora el valor de la demanda actual a finales de la semana 4 es de 415, utilizando este mismo método el valor previsto para la semana 5 será determinado utilizando el valor calculado antes, es decir, $F_4 = 392.1$:

$$F_{4+1} = F_5 = \alpha \cdot D_4 + (1-\alpha) \cdot F_4 = 0.10 \cdot 415 + 0.90 \cdot 392.1 = 394.4.$$

Como comentario final, cabe añadir que la utilización del suavizado exponencial como método para hacer previsiones tiene las ventajas de ser relativamente sencilla y de requerir poca cantidad de datos, y se utiliza bastante para hacer previsiones. Como desventaja, este método no es muy adecuado cuando la serie presenta un cambio en la media poco estable, como sucede en las series de demanda con componente de tendencia. En los casos en donde se presente esta situación, la utilización de valores de α cercanos a la unidad reducirá errores en las previsiones, aunque para valores de este parámetro mayores a 0.5, se recomienda considerar modelos más avanzados (véase, por ejemplo, Krajewski y Ritzman [1999] o Vollmann *et al.* [1997]).

2.2.6 Análisis moderno de series: modelos ARMA

a) Series temporales estacionarias

Una serie $z(t)$ es estacionaria si reúne las tres siguientes condiciones:

- La media de cualquier submuestra suficientemente grande de datos consecutivos de la serie tiene el mismo valor μ.

- La varianza de cualquier submuestra suficientemente grande de datos consecutivos de la serie tiene el mismo valor σ.

- Una tercera condición, compleja de enunciar y que en la práctica es difícil comprobar, tanto si la serie $z(t)$ la cumple como si no la cumple, y cuyo enunciado dejamos para el final de esta sección.

La figura 2.16 es un ejemplo de una serie estacionaria.

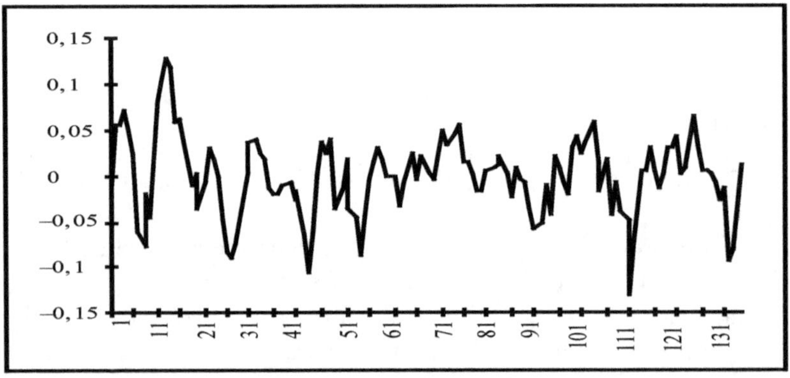

Figura 2.16. Serie estacionaria.

Las figuras siguientes son ejemplos de series no estacionarias. La figura 2.17 no lo es porque la media de la serie a largo plazo no es constante, y la serie de la figura 2.18 tampoco, por no tener varianza constante.

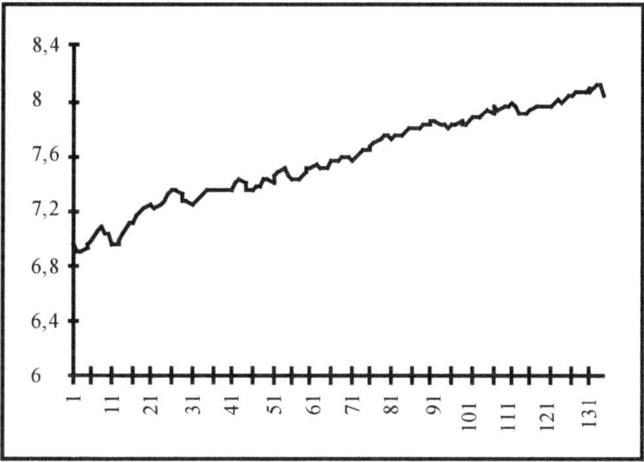

Figura 2.17. Serie no estacionaria (media no constante).

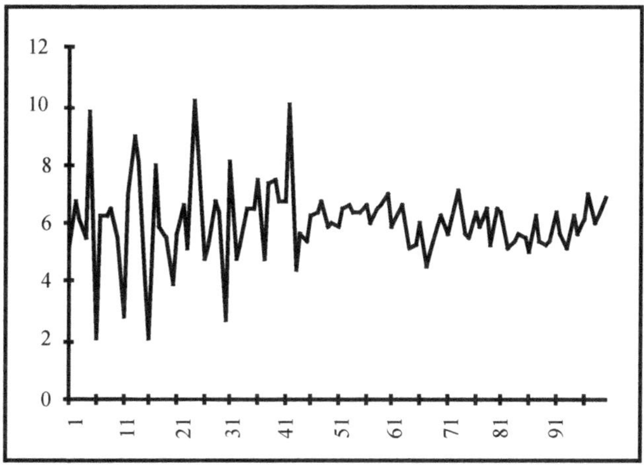

Figura 2.18. Serie no estacionaria (varianza no constante).

Si a una serie estacionaria se le resta su media tenemos una nueva serie estacionaria de media 0, por lo que en general podremos suponer, sin pérdida de generalidad, que toda serie estacionaria tiene media cero.

b) Modelos ARMA para series estacionarias

Entre los modelos más comunes de series estacionarias que encontramos en la práctica, podemos mencionar los siguientes tipos:

- **Serie aleatoria pura o «ruido blanco» *(white noise)***

Una serie aleatoria pura puede expresarse como:

$$z(t) = e(t).$$

O bien como: $z(t) = c + e(t)$, si es que $z(t)$ no tiene media cero.

- **Modelos autorregresivos o «modelos AR»**

  - *Modelo AR(1)*
    Una serie se dice que sigue un modelo AR(1) si se puede expresar mediante:

    $$z(t) = a_1\, z(t-1) + e(t).$$

    O bien como: $z(t) = a_0 + a_1\, z(t-1) + e(t)$, si es que $z(t)$ no tiene media cero, siendo $e(t)$ una serie aleatoria pura con media 0.

  - *Modelo AR(2)*
    Una serie se dice que sigue un modelo AR (2) si se puede expresar mediante:

    $$z(t) = a_1\, z(t-1) + a_2\, z(t-2) + e(t).$$

    O bien como: $z(t) = a_0 + a_1\, z(t-1) + a_2\, z(t-2) + e(t)$, si es que $z(t)$ no tiene media cero, siendo $e(t)$ una serie aleatoria pura con media 0.

  - *Modelo AR(3)*
    Una serie se dice que sigue un modelo AR (3) si se puede expresar mediante:

    $$z(t) = a_1\, z(t-1) + a_2\, z(t-2) + a_3\, z(t-3) + e(t).$$

    O bien como: $z(t) = a_0 + a_1\, z(t-1) + a_2\, z(t-2) + a_3\, z(t-3) + e(t)$, si es que $z(t)$ no tiene media cero, siendo $e(t)$ una serie aleatoria pura con media 0.
    Los modelos AR (p) se definen de modo similar.

- **Modelos de media móvil o «modelos MA»**

  - *Modelo MA(1)*
    Una serie se dice que sigue un modelo MA (1) si se puede expresar mediante:

    $$z(t) = e(t) - b_1\, e(t-1).$$

O bien como: $z(t) = e(t) + a_0 - b_1\, e(t-1)$ si es que $z(t)$ no tiene media cero, siendo $e(t)$ una serie aleatoria pura con media 0.

— *Modelo MA(2)*

Una serie se dice que sigue un modelo MA (2) si se puede expresar mediante:

$$z(t) = e(t) - b_1\, e(t-1) - b_2\, e(t-2).$$

O bien como: $z(t) = e(t) + a_0 - b_1\, e(t-1) - b_2\, e(t-2)$ si es que $z(t)$ no tiene media cero, siendo $e(t)$ una serie aleatoria pura con media 0.

Los modelos MA (q) se definen de modo similar.

- **Modelos mixtos o «modelos ARMA»**

  — *Modelo ARMA(1,1)*

  Una serie se dice que sigue un modelo ARMA (1,1) si se puede expresar mediante:

$$z(t) = a_1\, z(t-1) + e(t) - b_1\, e(t-1)$$

O bien como: $z(t) = a_0 + a_1\, z(t-1) + e(t) - b_1\, e(t-1)$, si z(t) no tiene media cero, siendo $e(t)$ una serie aleatoria pura con media 0.

Los modelos ARMA (2,1), ARMA (1,2) y, en general, los modelos ARMA (p,q), se definen de modo análogo.

Los modelos AR (1), AR (2), etc., también se denotan por ARMA (1,0), ARMA (2,0), etc., y los modelos MA (q) por ARMA (0,q).

c) **Utilidad de los modelos ARMA**

A continuación se indica cuándo son útiles estos modelos ARMA al hacer previsiones.

- En primer lugar, estos modelos podrán utilizarse cuando hagamos previsiones de productos que ya están en la madurez de su ciclo de vida, pues en este caso los datos históricos seguramente formarán una serie estacionaria.

- Si la serie de datos de que se dispone no es estacionaria, porque el producto cuyas ventas se pretenden prever está en etapa de crecimiento, o por cualquier otra razón, puede llegarse a una serie estacionaria después de establecer diferencias y/o diferencias estacionales y de aplicar la metodología para modelos ARMA (también conocida como «Metodología *Box-Jenkins»)* a la serie de las diferencias.

* Muchas veces se supone que los restos de un modelo de ajuste de tendencia o de un modelo de regresión son aleatorios. Con frecuencia sucede, sin embargo, que estos restos no lo son, pero sí que son estacionarios. Modelizando con la metodología *Box-Jenkins* los restos de estos modelos, se pueden hacer previsiones de los mismos (con sus correspondientes intervalos de previsión), obteniéndose una mejor previsión de la serie original. Cuando esto sucede, significa que todavía se puede extraer información de los restos del modelo de ajuste de tendencia o de regresión.

d) Caracterización de los modelos ARMA

La identificación de los modelos ARMA para series temporales se suele realizar mediante aplicaciones informáticas generales (tipo hoja de cálculo) o bien mediante *software* especializado (paquetes estadísticos, paquetes para estudios de mercado, etc.). Para el lector interesado en profundizar en estos temas, recomendamos la lectura del material básico del apéndice A, o bien que consulte en la bibliografía del final de este libro.

2.2.7 Algunos modelos para series no estacionarias

Cuando la serie temporal que es objeto de nuestro estudio presenta una tendencia lineal, el modelo estacionario no conduce a resultados satisfactorios; por ello debemos introducir un término de corrección: la pendiente.

a) Método de la media móvil para tendencias lineales

Si suponemos que la tendencia tiene naturaleza lineal, podemos expresarlo mediante una ecuación del tipo:

$$D_t = K + b \cdot t + e_t .$$

En este caso la serie, además de tener una componente estacionaria, que indicamos como K, introduce un parámetro nuevo, b, que representa la pendiente de la serie. El último término, e_t, vuelve a ser la componente aleatoria.

Para realizar estimaciones de series con tendencia lineal puede utilizarse la expresión:

$$F_t^* = F_t + b_t \cdot \left(\frac{T+1}{2} \right)$$

en donde :

F_t^* = es la previsión total de la serie,

F_t = es la previsión sin tener en cuenta el efecto de la tendencia. Se utilizará la expresión típica de la media móvil, con período o longitud igual a T ,

b_t = es la estimación de la pendiente, también por media móvil con período T, calculada como:

$$b_t = \frac{b_{t-1} + b_{t-2} + \dots + b_{t-T}}{T} \ .$$

b) Método del suavizado exponencial para tendencias lineales

Para realizar estimaciones de una serie con tendencia lineal aplicando el método del suavizado exponencial, obtendremos la siguiente expresión:

$$F_t^* = F_t + F\left(b_t\right) \cdot \left(1 + \frac{1-\alpha}{\alpha} \right)$$

en donde :

F_t^* = es la previsión total de la serie,

F_t = es la previsión de la serie sin tener en cuenta el efecto de la tendencia. Se utilizará la expresión típica del suavizado exponencial.

$F\left(b_t\right)$ = es la previsión de la pendiente.

Luego, para realizar previsiones de series con tendencia por suavizado exponencial se recomienda seguir los siguientes pasos:

— Realizar previsiones de la serie: $F_t = F_{t-1} + \alpha \cdot \left(D_{t-1} - F_{t-1} \right)$.

— Calcular la pendiente de la serie: $b = D_t - D_{t-1}$.

— Realizar previsiones de b : $F\left(b_t\right) = F\left(b_{t-1}\right) + \alpha \left[b_{t-1} - F\left(b_{t-1}\right) \right]$.

— Aplicar la fórmula descrita para obtener la previsión total, F_t^* .

El método de suavizado exponencial ya citado utiliza sólo un parámetro (α) y se conoce con el nombre de «filtro exponencial de primer orden».

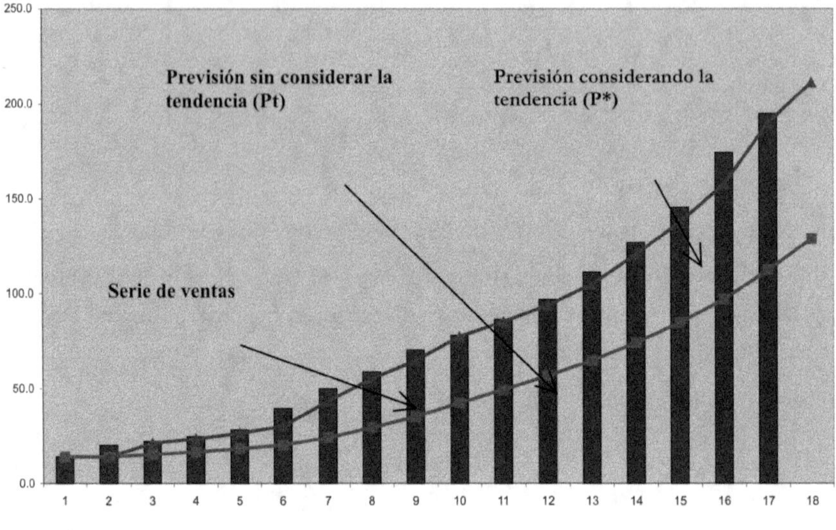

Figura 2.19.

Es muy importante determinar el valor de α que provoca menos errores al hacer las previsiones. Los valores usuales para α se encuentran entre 0.1 y 0.3 (véase la figura 2.19).

Como conclusión, después de señalar los métodos para realizar previsiones en series con tendencia lineal, cabe añadir que los mismos son especialmente útiles cuando se presenta este tipo de tendencia. El problema nos lo encontramos cuando una serie deja de crecer (o decrecer) y se estabiliza pasando a comportarse como si fuera estacionaria, ya que estos métodos nos darán previsiones demasiado desajustadas durante unos períodos determinados; el peor de los casos es el de la media móvil.

Media móvil con tendencia lineal

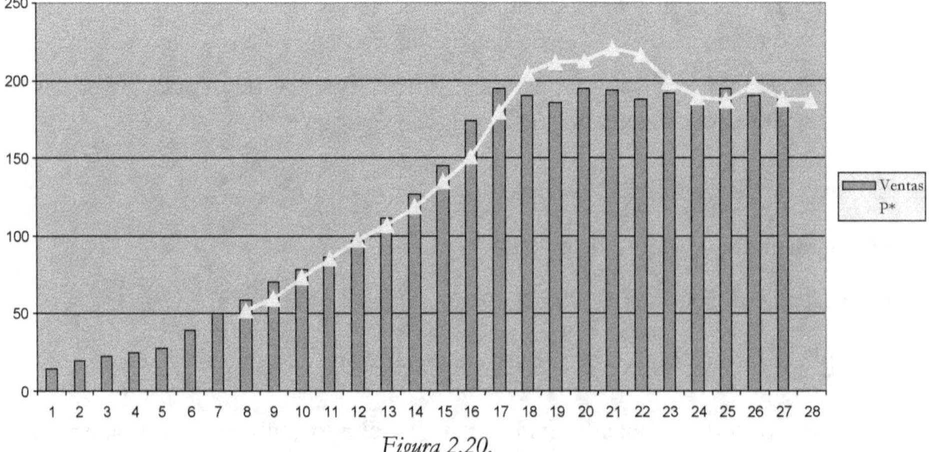

Figura 2.20.
(En este caso se ha tomado $T = 6$.)

Por ejemplo, hemos tomado el caso usado en la media móvil y el suavizado exponencial de primer orden añadiendo más valores, de manera que se produce el efecto comentado en el párrafo anterior (la serie se estabiliza alrededor de un valor constante). En las figuras 2.20 y 2.21 lo señalamos con valores equivalentes de T y α, para apreciar mejor la diferencia.

Tendencia lineal con suavizado exponencial

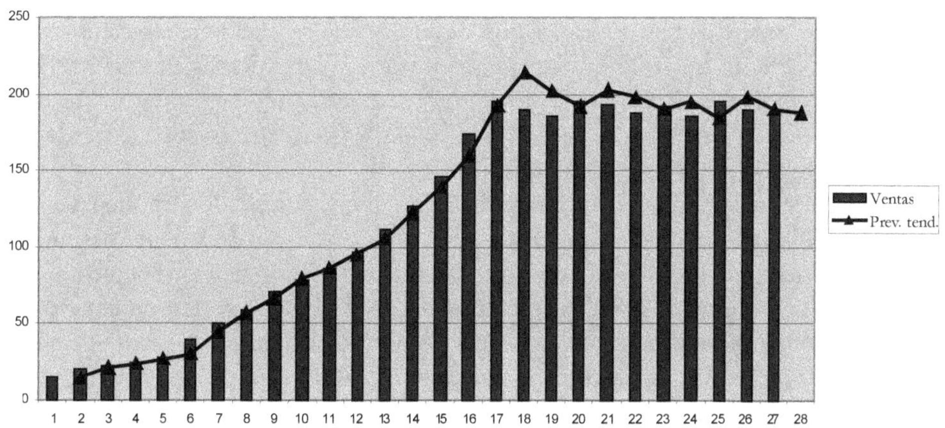

Figura 2.21.
(En este caso se ha tomado $\alpha = 0.3$.)

El período que se utiliza para el método de la media móvil afecta tanto a la media de la serie original como a la media de la pendiente. Si tomamos un período relativamente «alto», esto redundará en la estabilización de la pendiente (hecho que tendríamos que reflexionar si realmente nos interesa, ya que una serie creciente no tiene por qué crecer siempre con la misma pendiente). Por otra parte, esto provoca que en caso de que la serie llevara unos cuantos períodos creciendo, en el momento en que la serie se estabilice y dejen de crecer las previsiones, éstas serían demasiado «optimistas» durante unos cuantos (quizá demasiados) períodos. Este hecho lo vemos reflejado en la figura 2.20.

Ahora nos centraremos en el segundo caso, que trata de la misma serie que se estabiliza con el filtro exponencial de primer orden. Vemos que su comportamiento es relativamente «mejor» que con el uso del método de la media móvil. La suma de errores que da es mucho menor, y está realizado con valores equivalentes de T y α. Observando ambos gráficos, notamos cuánto tarda cada caso en dar una previsión razonable después de la estabilización. Por suavizado exponencial el tercer período ya se acerca mucho; en cambio la media móvil tarda seis períodos en dar una previsión «decente».

Puede comprobarse que sólo si utilizamos $T = 2$ podemos conseguir «buenos» resultados al cabo de tres períodos. El problema es que con $T = 2$ el modelo es muy inestable y cualquier valor anormal hará que nos equivoquemos mucho en la previsión posterior. También puede comprobarse, mediante la ayuda de una hoja de cálculo, que si se continúa aumentando el valor de T lo único que hacemos es incrementar los errores, tanto en el global como en el tramo de subida, y en la estabilización. Concluimos pues, que sólo nos sirve el valor de T relativamente grande cuando el comportamiento de la tendencia es muy estable.

Por lo que respecta al suavizado exponencial, vemos que suele dar mejores resultados que la media móvil en el caso de que haya cambios en la tendencia de la serie. Esto, finalmente, es lo que nos interesa, ya que para el planificador es más importante no equivocarse de mucho que ajustar demasiado las previsiones durante unos pocos períodos. No se debe caer en la tentación de buscar el error cero, ya que la demanda es un fenómeno aleatorio que no se puede predecir con precisión y debe tratarse como tal.

Para concluir, debemos tener en cuenta que el suavizado exponencial sólo es un método matemático de tratar los datos. No está específicamente pensado para el fenómeno «demanda» y puede provocar errores que no son lógicos si pensamos en cómo es éste. Por ejemplo, lo visto en el punto anterior, en el caso de bajada fuerte, nos podría predecir ventas negativas, cosa absolutamente impensable para el fenómeno que estamos estudiando. No está de más, sin embargo, recordar finalmente que lo que acabamos de señalar es indicado para las series sin estacionalidad, o series desestacionalizadas. Para asegurarse de que una serie sin desestacionalizar no presenta patrones de estacionalidad, se hará tanto visualmente como recurriendo al estudio de los coeficientes de estacionalidad, para comprobar si son real y significativamente diferentes de 1.

c)   **Método del suavizado exponencial para series con estacionalidad**

Las series estacionales se repiten con una frecuencia determinada a lo largo del tiempo. Por ejemplo, las ventas de refrescos se producen durante todo el año de una manera más o menos constante, hasta que llega el verano y se multiplican. Podemos indicar que las ventas tienen una componente estacional que responde a la siguiente expresión:

$$V_t = \left(k + bt \right) \cdot S_t$$

en donde S_t = factor de estacionalidad. Dicho factor cumple que:

$$S_t = S_{t-k} \, ,$$

siendo k el ciclo de estacionalidad, y en donde:

$$S_t = \frac{Valor\ Real}{Valor\ Suavizado} \, .$$

Parece claro que si desestacionalizamos los valores de la variable, pueden aplicarse los modelos desarrollados más arriba, con lo que las previsiones se efectuarán aplicando las expresiones siguientes, en el caso de que corresponda:

I. $F_t = F_{t-1} + \alpha \left(D_{t-1} - F_{t-1} \right)$

II. $F_t^* = F_t + F\left(b_t\right) \cdot \left(1 + \dfrac{1-\alpha}{\alpha} \right)$

III. $F_t^{**} = F_t^* \cdot S_t$

en las cuales:

F_t es la previsión de la serie desestacionalizada (suavizado exponencial),

F_t^* es la previsión de la serie sin estacionalidad (en este caso es una serie con tendencia),

F_t^{**} es la previsión de la serie estacional (estacionalización).

Hay diferentes maneras de estimar los índices de estacionalidad: por el método de suavizado exponencial o, sencillamente, hallando la media de los índices de estacionalidad de todo el historial que poseamos (es recomendable disponer como mínimo de tres ciclos). Existen numerosas alternativas de *software* para realizar este tipo de cálculos sin mayor dificultad y de forma automática.

2.3 Modelos de regresión lineal simple

2.3.1 Introducción

El modelo lineal de regresión (ya sea simple o múltiple) es una herramienta muy útil y versátil, de aplicación muy general en una gran cantidad de situaciones, y hay excelentes referencias de consulta disponibles en el mercado. En la bibliografía final se sugieren algunos autores al lector interesado.

El *modelo lineal simple de regresión* o, abreviadamente, *regresión lineal simple*, es un método estadístico muy utilizado para hacer previsiones, que permite analizar la relación entre dos variables y facilita conocer cómo se va a comportar una variable en la que estamos interesados, si sabemos cómo se comportará otra variable con la que está relacionada. Un par de ejemplos nos ayudarán a entenderlo mejor.

Ejemplo: supongamos que Y es el volumen de ventas de una compañía en una provincia de un país, y que X es la variable población de las provincias de ese país. Supongamos que la situación de nuestro negocio es tal que las ventas en cualquier zona determinada dependen de la población de esa zona. Conocer en este caso el número de habitantes de la provincia permite predecir con mayor precisión las ventas de la compañía en la misma. A la variable «ventas en una provincia» se le llama variable dependiente o que se debe explicar, y se designa con la letra Y. A la variable «población de una provincia» se le llama variable independiente o explicativa, y se denota con la letra X.

2.3.2 Relación entre dos variables

Cuando a una población con distintos elementos (personas, compañías, provincias, etc.) le hemos medido dos variables (por ejemplo, la altura y el peso si se trata de personas; el volumen de ventas y los beneficios netos, o el número de empleados y el salario medio si se trata de compañías; o si se trata de provincias, el número de teléfonos y el de estudiantes universitarios que residen en la provincia), a ambas variables, tomada una X como explicativa y la otra Y para explicar, les puede suceder una de estas tres cosas:

- Conocer el valor X no da ninguna información sobre el valor Y. En este caso, se dice que Y es independiente de X. Es la situación descrita en la figura 2.22.

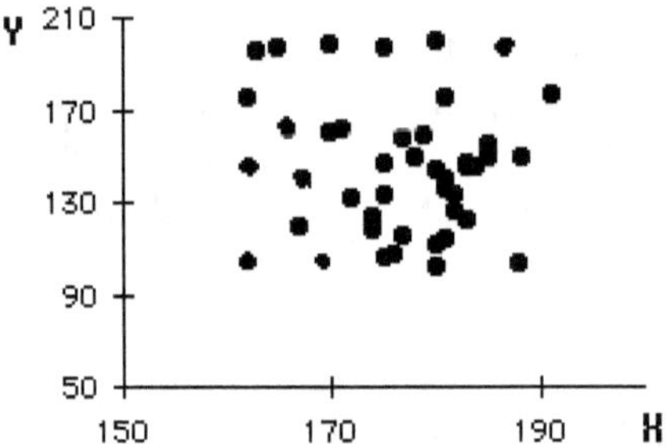

Figura 2.22. Ejemplo de variables independientes.

- Que Y esté relacionada con X de tal manera que el hecho de conocer un valor de X determina totalmente el valor correspondiente a la Y. En este caso diremos que Y es función de X. La figura 2.23 ilustra esta situación.

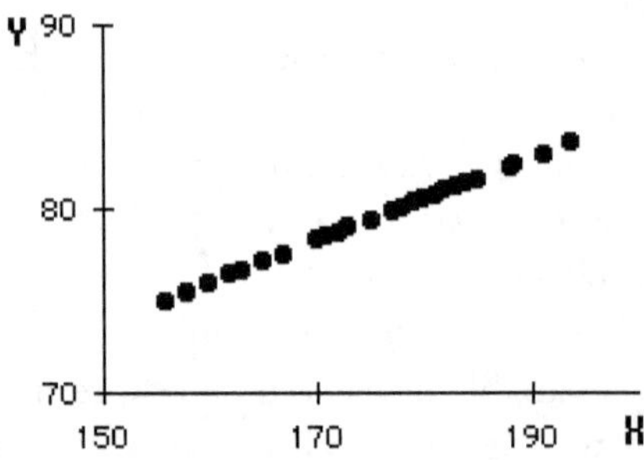

Figura 2.23. Ejemplo de variables funcionalmente dependientes.

- Entre estos dos casos límite está la situación más habitual: que entre las variables exista cierta relación (no son independientes), pero que la relación entre Y e X no es funcional: el conocimiento de un valor de X (variable explicativa) determina en parte el valor de la Y (variable que se debe explicar), pero todavía deja cierto margen de incertidumbre. Es la situación descrita en la figura 2.24. De estas situaciones intermedias se ocupa la teoría de la regresión que se explica en esta sección.

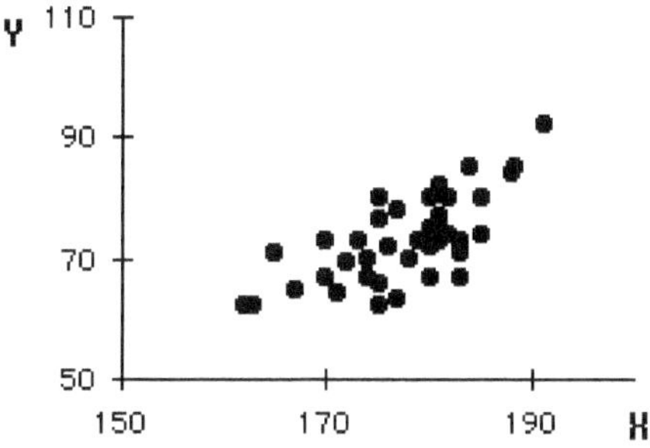

Figura 2.24. Ejemplo de variables linealmente relacionadas.

2.3.3 Curva de regresión mínimo-cuadrática

Los elementos de una población los determinan los puntos que pueden ser representados en un gráfico. Si se dispone de un conjunto de N pares de puntos (x_i, y_i), $i = 1, 2, \ldots, N$, de cierta población, se llama curva de regresión mínimo-cuadrática de Y sobre X a la curva que satisface que la suma de los cuadrados de la distancia vertical de los puntos del gráfico a ella es mínima entre todas las posibles curvas. Es decir, es aquella curva $y = g(x)$ que cumple que:

$$\sum_{i=1}^{N}\left[y_i - g(x_i)\right]^2 = \text{mínimo.}$$

La idea intuitiva que hay detrás de esta definición es que la curva de regresión mínimo-cuadrática es aquella que pasa más cerca del conjunto de los puntos del gráfico.

2.3.4 Estimación de un modelo de regresión a partir de una muestra

Normalmente, cuando queremos encontrar la curva de regresión de una variable Y sobre una variable X, no conocemos los valores que toman estas dos variables en todos los individuos de la población. No sabemos el peso y la altura de los 26 millones de españoles adultos actuales, sólo sabemos el peso y la altura de una muestra, normalmente pequeña, de españoles adultos. El problema que abordamos ahora es el de estimar la curva de regresión a partir de esta muestra.

Lo que haremos en este caso es calcular la curva de regresión mínimo-cuadrática de Y sobre X : calcularemos la curva $y = g(x)$ que satisfaga que:

$$\sum_{i=1}^{n}\left[y_i - g\left(x_i\right)\right]^2 = \text{mínimo}$$

siendo n el número de elementos de la muestra y (x_i, y_i) los valores que toman las variables X e Y en el elemento i-ésimo de la muestra.

Supongamos, pues, que la función de regresión Y sobre X es lineal. El modelo que, dado un valor x de X proporcionará toda la información posible sobre sus correspondientes y de Y , será:

$$y = \alpha + \beta x + \varepsilon ,$$

en donde α y β son dos coeficientes desconocidos y ε es la componente aleatoria del modelo. Sin embargo, al disponer sólo de una muestra, no podremos hallar los verdaderos valores α y β y sí sus estimaciones $\hat{\alpha} = a$ y $\hat{\beta} = b$ al imponer sobre la muestra que la suma de los cuadrados de los errores sea mínima. Habitualmente, hay paquetes informáticos que permiten calcular de forma automática las estimaciones de estos coeficientes una vez que les hemos ingresado los datos.

2.3.5 Previsiones con modelos de regresión

Estimada la recta de regresión entre dos variables a partir de una muestra, $(x_i, y_i), i = 1, 2, \ldots, n$, estamos en condiciones de hacer previsiones con este modelo. En el apéndice A daremos algunas directrices fundamentales para realizar este tipo de previsiones. Es importante tener mucha precaución al extrapolar valores futuros mediante estos modelos.[7]

2.3.6 Resumen

En este apartado se han presentado algunos aspectos fundamentales del modelo de regresión lineal simple. Este modelo se utiliza para obtener información de una variable si tenemos información sobre otra variable con la que está relacionada la primera. Cuando queremos aplicar el modelo a una situación real no se dispone de todos los datos, sino de una muestra de la población. En este caso hemos de estar seguros de que la información

---

[7] A tal efecto, el lector interesado encontrará material aclaratorio muy valioso por ejemplo en Box *et al.* (1988) o en Draper y Smith (1998).

que nos proporciona la muestra puede extrapolarse a toda la población. Para eso se analizan los estadísticos t y F del modelo, cuyos detalles, por ser comunes a la mayoría de los textos de estadística, dejamos a cargo del lector.

2.4 Modelos de regresión lineal múltiple

2.4.1 Introducción

La regresión lineal múltiple es una extensión natural de la regresión simple estudiada y por tanto se incluirá solamente una idea general, dejando los detalles y sus explicaciones como material complementario que se ofrecerá en el apéndice A.

El modelo de regresión lineal simple hace que una variable que se debe explicar, Y, dependa de una sola variable explicativa, X. Nada impide que Y pueda depender de modo lineal de varias variables explicativas $X_1, X_2, \ldots, X_m$, en lugar de una sola, dando lugar a un modelo del tipo:

$$Y = \beta_0 + \beta_1 X_1 + \beta_1 X_1 + \cdots + \beta_m X_m + \varepsilon = \beta_0 + \sum_{j=1}^{m} \beta_j X_j + \varepsilon .$$

Una vez determinada la variable Y que queremos estudiar, debemos escoger todas las variables disponibles que pensamos que pueden tener alguna influencia en el valor de Y. A estas variables las denotamos por $X_1, X_2, \ldots, X_k$. Entre ellas están las variables que escogeremos para construir el modelo.

El paso siguiente es representar en un gráfico la variable Y con cada una de las variables X_i, para ver si hay una relación lineal entre ellas o si alguna precisa de determinada transformación. Estos mismos gráficos nos permitirán detectar los puntos anómalos, que se retirarán de la muestra.

Una vez determinadas las posibles variables que intervendrán en el modelo, debemos escoger la que más alta correlación guarda con la variable dependiente Y. Si hubiera varias variables con similar alta correlación con Y, podemos utilizar otros criterios para escoger una de ellas. Elegiríamos la que intuitivamente nos pareciera que guarda más relación con Y, o la que resultara más fácil de predecir su valor (no olvidemos que el modelo de regresión requiere que los valores de las variables independientes sean conocidos. Esto no siempre es así, y a veces hay que prever los valores que van a tomar). Cuando se ha seleccionado la primera variable que se va a introducir en el modelo, deberemos descartar todas aquellas variables que estén muy correlacionadas con la variable seleccionada. Un criterio razonable, aunque debe aplicarse con flexibilidad, es el de descartar todas las variables X que tengan una correlación superior a 0,7 con la variable seleccionada. Entre las variables que queden para escoger, elegiremos aquella que tenga una correlación más alta con Y, y volveremos a descartar todas las que, al no haber sido descartadas antes tengan una correlación con la variable seleccionada superior a 0,7. Este proceso continúa hasta que todas las variables hayan sido seleccionadas o descartadas.

Una vez se han escogido unas variables y se han descartado otras, se pasa a estimar los parámetros y los estadísticos que sirven para detectar si el modelo es bueno.

Normalmente, después de seguir el proceso descrito, dependiendo de qué variables se han seleccionado y cuáles se han descartado, se puede llegar a varios modelos. Deben estimarse todos ellos y quedarse con el que incluya las variables que más creamos que deban entrar en el modelo y que tenga buenos estadísticos en términos de robustez y coeficiente F. El valor de R^2 también puede ayudar a escoger el modelo. De todas formas, si los modelos escogidos no son malos, todos deben dar previsiones similares.

Una vez seleccionado un modelo, se harán previsiones de un modo análogo al de los modelos de regresión lineal simple.

2.5 Introducción al análisis de las previsiones

En las secciones anteriores se ha ofrecido un panorama introductorio sobre las formas más usuales de modelar la dependencia entre variables. Cuando éstas se encuentran correlacionadas en el tiempo, lo más natural es utilizar las series temporales, mientras que cuando disponemos de otras variables explicativas y éstas resultan independientes entre sí, podemos utilizar el modelo lineal de regresión, si pensamos que la relación que guardan entre sí es lineal.

Cuando hemos encontrado un modelo aceptable, el paso natural siguiente es el de evaluar comportamientos en el futuro de la variable que está bajo estudio, de manera que tengamos en cuenta la información contenida en el pasado, que nos ha sido de utilidad para ajustar el o los modelos evaluados.

En esta sección se incluyen algunas nociones básicas para tener en cuenta al realizar previsiones sobre la base de información acumulada.

2.5.1 Planificación de la demanda

Con los métodos cuantitativos anteriores, a partir de series históricas se pueden construir modelos con los cuales realizar previsiones de demanda futura.

Se denomina *planificación de la demanda* al conjunto de técnicas matemáticas que permiten conocer relaciones funcionales entre ciertas variables que actúan sobre el mercado y su influencia sobre las ventas. De este modo, podemos utilizar los modelos para «planificar» cierto tipo de acciones que presumiblemente lleven la demanda a valores más cercanos a los deseados.[8]

---

[8] El sólo conocimiento de modelos estadísticos no significa que los mismos sean modelos del tipo causa-efecto. Para hacerlo, hará falta considerar otro tipo de conocimiento complementario, que podrá ser tanto formal como no formal. El lector interesado en aclarar estos conceptos puede hacerlo

Las variables que actúan sobre la demanda se llaman *variables explicativas*, y, sin perdida de generalidad, pueden ser fundamentalmente de dos tipos diferentes:

a) Variables que actúan sobre el mercado en todo momento, tanto en el pasado como en el futuro, por ejemplo:

- La densidad de población en un área geográfica.
- El nivel de renta *per cápita*.
- La evolución de la «riqueza» medida como PIB, etc.

b) Variables que sólo actúan en determinados intervalos temporales, en el pasado y en el futuro. Ejemplo de las mismas son:

- Promociones de productos en los puntos de venta.
- Descuentos al canal de venta.
- Publicidad en medios, etc.

Una forma de analizar estadísticamente estas variables es la siguiente:

I. Se identifica la variable que se debe considerar y la población sobre la que va a actuar. Por ejemplo, la variable es la publicidad en medios, y actúa solamente sobre una familia de productos.

II. Se mide el valor de la variable de estudio en cada uno de los períodos en que existe historia de la demanda. A esta serie de valores la llamamos $x(t)$.

III. Se mide el error que se tiene en el pasado generado por el sistema de predicción que usemos. Así obtenemos una serie temporal de valores, que llamamos $y(t)$.

IV. Se encuentra la correlación que existe entre $y(t)$ y $x(t)$. Una regla de decisión que puede seguirse es que si su valor resultara mayor que, digamos, 0.5, es decir, $R^2 > 0.5$, entonces aceptaremos la correlación.

V. Se reconstruye la historia pasada eliminando la parte del error que equivale al valor de $x(t)$ en cada intervalo, según la correlación encontrada.

---

consultando por ejemplo: Box, G.E.P.; Hunter, W.S. y Hunter, J.S. (1988), *Estadística para Investigadores*, Editorial Reverté; Cox, D.R., «Causality: Some Statistical Aspects», *Journal of the Royal Statistical Society*, series A (Statistics in Society), 1992, vol. 155, n.º 2, págs. 291-301; Kleinmbaum, David; Kupper, Lawrence; Muller, Keith y Nizati, Azahar (1997) *Applied regression analysis and other multivariable methods*, 3ª ed, Brooks Cole y Pearl, Judea (2001), *Causality*, Cambridge University Press.

VI. Se aplica el algoritmo de previsión a esta historia reconstruida sin el error que se explica por el conjunto de valores $x(t)$.

VII. Cuando en el futuro decidamos qué valores van a tener $x(t)$, por ejemplo: cuánto vamos a invertir en publicidad en cada período, se usa la correlación encontrada para calcular $y(t)$ y se añade al valor previsto por el algoritmo de previsión usado.

Hasta este momento hemos hablado de los diferentes modelos para prever la demanda futura según los datos históricos de ventas de la empresa. Sin embargo una buena previsión lo será en función de la calidad de los datos utilizados y de la buena preparación que se les dé. Así, el proceso de preparación de datos, su manejo y análisis son partes fundamentales para una buena previsión y constituyen el núcleo de una buena planificación de la demanda o *demand planning*.

- **Preparación de datos**

  Una vez que contamos con datos históricos de ventas, ya sea por finanzas vía facturas, pedidos de clientes o por almacén vía salidas de almacén, hay varias actividades que se deberán realizar o que el programa informático debe tener la capacidad de ejecutar en el proceso de preparación de datos para la planificación de demanda. A este efecto, también será necesario tener en consideración:

  — *Corrección de datos perdidos o que faltan:* habrá que corregir los datos que no se tengan entre períodos o, lo que es más importante, ventas no realizadas, pérdidas por falta de existencias y que no se suministraron posteriormente, pero que generaron una demanda en el período.

  — *Corrección de la serie:* se refiere a datos que no son representativos de la demanda habitual y que se deben a eventos únicos, como fenómenos naturales y sociales, nuevas aperturas de tiendas, solicitud de material para eventos extraordinarios, etc. Aquí los datos deberán ser eliminados o corregidos a su nivel normal.

  — *Identificación de las tendencias, ciclos y estacionalidad:* mediante técnicas relativas a series temporales, como por ejemplo la diferenciación, es posible desestacionalizar la serie. Como se expuso en puntos anteriores, una vez identificada la forma que tiene la tendencia, ésta también podrá ser eliminada.

  — *Identificación de los períodos de promoción:* esto permite a la empresa poder planificar mejor las futuras promociones, como también comparar sus efectos y utilizarlas en otros productos similares.

— *Identificación de productos correlacionados:* productos que dependen de la venta de otros o que están muy relacionados, como son las salsas, aliños o aderezos para ensaladas.

— *Identificación de la elasticidad de precios:* es importante que dentro del programa se pueda medir la elasticidad de un producto al nivel de precios, lo que será muy útil en promociones de descuento tipo «2 × 1».

- **Análisis de datos**

Una vez se tenga la seguridad de disponer de una buena información de datos históricos, se procede a la evaluación específica de los datos y a su uso según conocimiento del mercado y del producto. A este proceso también se le conoce como «inteligencia de mercado». En particular se analizan:

— *Nuevos productos:* que no tendrán historia, por lo que será necesario manejar métodos en que se usen datos históricos de productos similares o un análisis de atributos, en que se identifican los principales atributos del nuevo producto y se buscan otros productos que se traslapan con el producto nuevo, de modo que se crea una serie histórica para la previsión. Otra forma de modelarlos consiste en la utilización de técnicas de redes neuronales, que son modelos que aprenden de sí mismos y ajustan dinámicamente la curva de demanda en respuesta a la información temprana de los puntos de venta.

— *Dinámica de la demanda:* actualmente los movimientos de mercados y cambios de tecnología hacen que se requiera de técnicas en que podamos adecuar diferentes métodos en distintos períodos de la demanda y adaptarnos a los ciclos de vida cada vez más cortos de los productos. Este tipo de análisis se conoce como «análisis adaptativo».

— *Seguimiento de tendencias tempranas:* un factor que puede ser estratégico en productos de reciente introducción es la capacidad de reconocer de manera temprana nuevas tendencias en el mercado o señales de dirección de tendencias, de forma que se puedan hacer correcciones en la estrategia comercial y en la previsión de demanda. Para ello es frecuente la utilización de las llamadas técnicas bayesianas. También se usan técnicas de redes neuronales.

— *Agrupamiento:* debe ser posible realizar y es recomendable hacerlo por diferentes combinaciones, como por ejemplo: situación geográfica, familias de productos, períodos de tiempo, tipología de cliente, tipo de canal de distribución, etc.

— *Control de eventos y promociones:* un evento es una condición de característica y ocurrencia externa, como Navidad, que afecta sensiblemente a las ventas. Por contraste, una promoción ocurre con mayor frecuencia y es controlable por la empresa, por lo que son acciones planificadas anticipadamente por el área de marketing, de la cual se esperan resultados de incremento en venta, para los que la demanda interna conviene que sea corregida y anticipada. Aquí las técnicas de regresión son muy utilizadas, así como los procesos de simulación y análisis. Un caso adicional es poder manejar promociones simultáneas en un mismo producto y descomponer sus efectos sobre la demanda. También hay referencias al uso de técnicas de redes neuronales.

En resumen, *modelar la demanda* es el tratamiento matemático de los datos históricos desarrollado de manera automática por los diferentes métodos y paquetes informáticos. Pero un buen módulo de planificación de demanda debe ser al menos capaz de: *a)* realizar todas las funciones enumeradas de forma que puedan planificarse acciones para activar la demanda en la dirección deseada; *b)* explicar los errores residuales que se obtienen; y *c)* poder hacer un análisis del comportamiento del mercado.

Planificar la demanda consiste en poder realizar acciones para activarla o incrementarla, explicar las desviaciones y el error residual, hacer análisis del comportamiento y por último explicar los cambios en la demanda. En síntesis, es una más entre las acciones de planificación de la empresa y de la interacción con el mercado y la cadena de valor.

2.5.2 Ejemplos de aplicaciones

La aplicación de las previsiones o *forecast* es un elemento de relación entre el mercado y los clientes con la fábrica y los proveedores; hoy en día es una función clave dentro de la logística de una empresa y de gran impacto en su funcionamiento. Los sistemas de gestión como ERP, SCM, CRM, entre otros, se basan en gran medida en los resultados obtenidos por el análisis de previsiones para planificación de producción, estrategia de abastecimiento, estrategia de distribución y de servicio a clientes.

Por medio de los datos históricos de ventas de la empresa, se aplicarán los diversos métodos matemáticos para elaborar la previsión. De esta forma, si bien no se eliminará toda la incertidumbre global, sí se obtendrá una base objetiva con fundamento estadístico, que será más sólida que la simple consideración de «opiniones» o de «pronósticos subjetivos» dentro de la empresa.

Como ya se ha dicho, el conocimiento histórico de varios años (digamos, más de tres) permite apreciar, en la representación gráfica de la serie temporal de ventas, ciertas características de la demanda, como por ejemplo la ciclicidad, la tendencia o la estacionalidad. Por este motivo es primordial el uso de un buen modelo, correctamente validado y que analice e incluya los patrones de ciclo, tendencia y estacionalidad de forma clara (véase la figura 2.25).

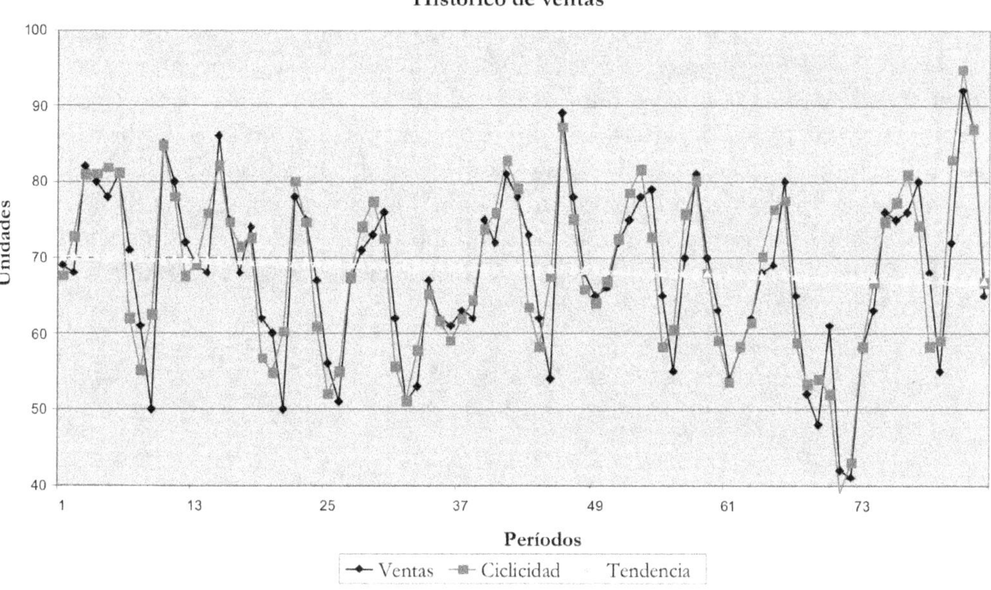

Figura 2.25.

Para la verificación del modelo se han usado técnicas de agregación de señales rápidas de demanda, como son los saltos bruscos, el crecimiento acelerado o las señales de picos de demanda. Luego interesará ver cómo responde el modelo al seguimiento de dicha demanda. Pero la calidad del modelo se medirá fundamentalmente en función del estudio de los errores residuales, es decir, de la diferencia entre los datos de demanda y la curva generada por el modelo para cada valor de la tabla de observaciones. Mediante el análisis de estos errores residuales es posible apreciar si el modelo presenta irregularidades (picos o desviaciones marcadas), producidas por acciones específicas de promociones que faltan o de condiciones accidentales externas. Estos análisis enriquecen el conocimiento o inteligencia de mercado que la empresa posee sobre sus productos y sobre su mercado.

También es posible cuantificar el efecto de las acciones de venta en la evolución de la serie temporal y su tendencia y mantenimiento de la misma como resultado del aumento de participación de mercado de corto o largo plazo. De esta forma es posible reproducir en las previsiones futuras este tipo de comportamientos y sus efectos respecto a la estrategia logística de la empresa.

Ya que una serie de datos temporales posee un componente de variabilidad aleatoria, entonces la previsión generada no debe ser un dato único sino una región probabilística. Por ello, y según el análisis residual de errores, es posible calcular un desviación estándar para la previsión generada y obtener un área de confianza alrededor de la curva de previsión de: *a)* un 68,3 % de confianza, si se considera una banda de una desviación tipo por encima y por debajo de la curva; *b)* 95,5 % de confianza, si se consideran dos desviaciones; y *c)* 99,7 %, si se consideran tres desviaciones.

El uso de estas características no es siempre apreciado en las empresas y así se pierde una información muy valiosa que permite realizar proyecciones en rangos optimistas o pesimistas para su planificación estratégica. Este tipo de análisis se complementa con la planificación de la demanda que permite realizar distintas proyecciones para diferentes variaciones generadas por el departamento de mercadotecnia, por un lado, y por el otro con las proyecciones realizadas en conjunto con un equipo que incluya a los departamentos de producción, ventas, logística y dirección. De este modo, se trata de llegar a consensos en cuanto a la estrategia comercial que cabe seguir y del nivel de servicio que ofrecerá la empresa basada en previsiones de demanda bien realizadas y comprendidas por cada uno de los departamentos involucrados.

Forecast

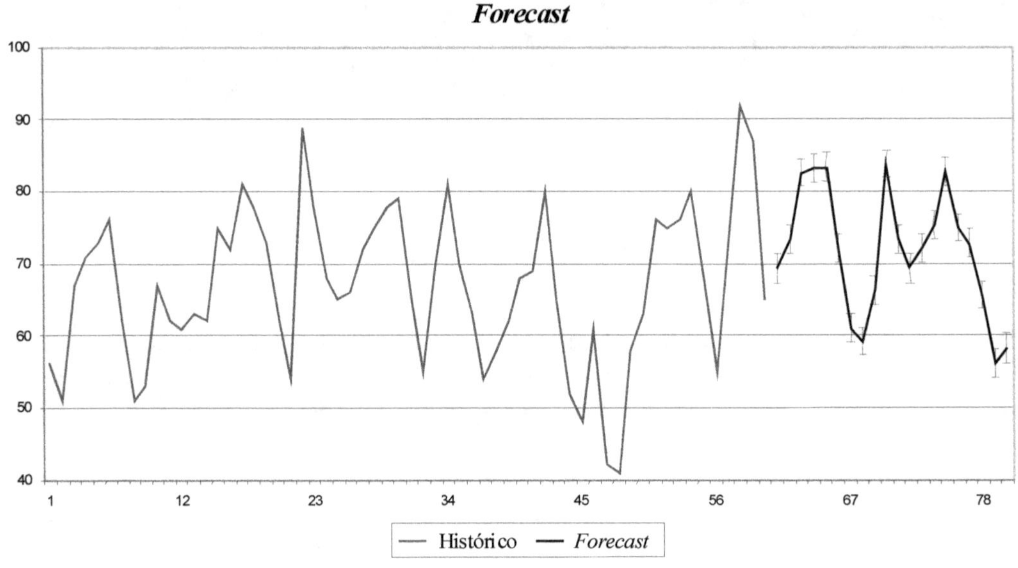

Figura 2.26.

Otro de los elementos que se deben observar en la aplicación de las previsiones es la consideración del error. Éste depende del horizonte de planificación de la demanda: a mayor tiempo de previsión, mayor error y viceversa. El error también es mayor a mayor detalle de las SKU, y menor a medida que se agregan más productos. Por ejemplo, podemos hablar de rangos del 25 % de error para SKU a un mes 33 % a cuatro meses y del 18 % si son productos agregados.

Para mejorar la exactitud de las previsiones, es clave que éstas se realicen de forma interdisciplinaria entre diferentes departamentos, como marketing, producción, finanzas y ventas, en equipos de trabajo expresamente reunidos a tal efecto. Será también de gran importancia su seguimiento y revisión de resultados, documentando los cambios y modificaciones que se deben realizar al tomar decisiones a partir de los datos.

Al desarrollar la previsión nos encontramos con patrones de demanda muy característicos, de los que a continuación mostraremos ejemplos de casos reales y que nos servirán en el análisis y planificación de acciones en la demanda y su previsión. Hay que notar que estos gráficos son generados por un buen sistema de previsiones y que, por tanto, incluyen el uso de regiones probabilísticas de error en su presentación.

En primer lugar, veamos el comportamiento de un producto con una fuerte tendencia y cómo la previsión sigue esa tendencia observada (véase la figura 2.27).

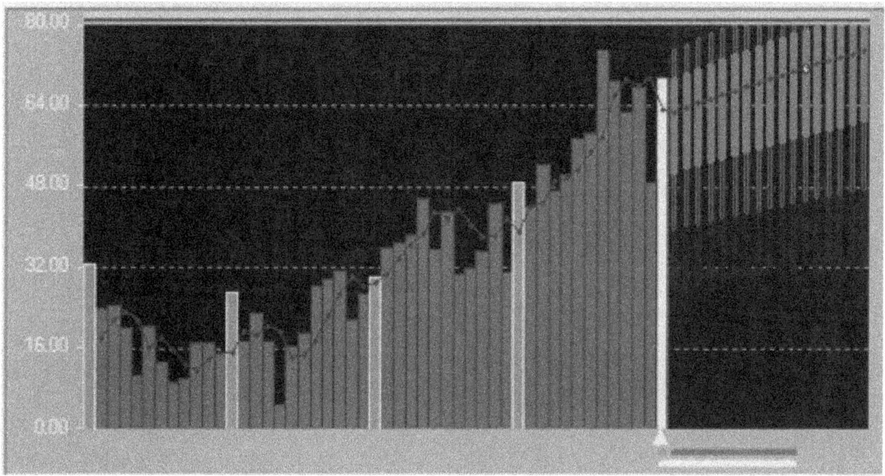

Figura 2.27.

Otro elemento típico de la demanda histórica es la presencia de estacionalidad. Veamos cómo un modelo de previsión sigue dicho comportamiento (véase la figura 2.28).

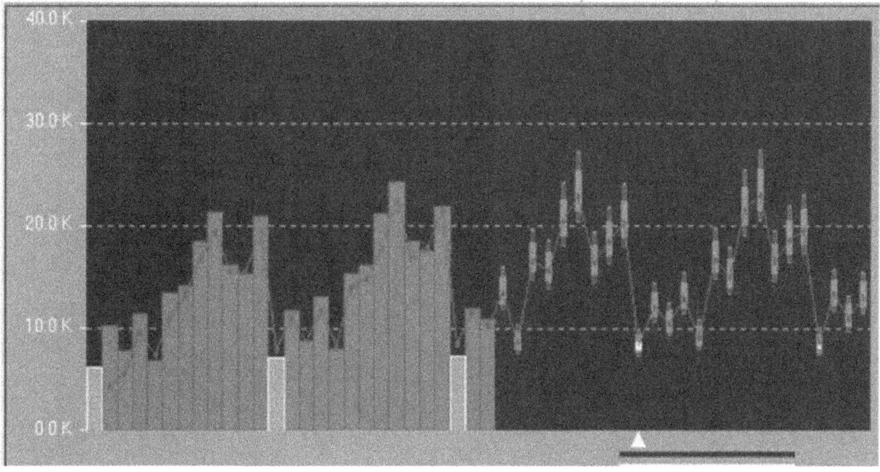

Figura 2.28.

Dado que omitir esta componente significaría eliminar un factor importante de variabilidad que afectaría de manera perniciosa a las previsiones, un modelo en el que no sea considerada la estacionalidad no resulta recomendable desde ningún punto de vista, ya que estaríamos omitiendo información muy valiosa contenida en la serie. Si el modelo realizara simplemente una previsión de promedios, el resultado sería el de la figura 2.29.

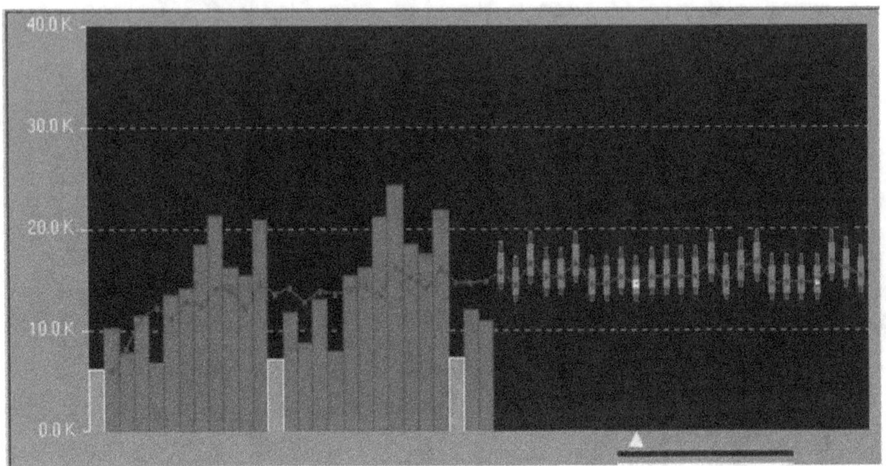

Figura 2.29.

En cuanto a la rotación de un producto, su efecto se ve claramente en el grado de error que se puede producir. Al tener una alta rotación y demanda continua, el grado de error en la previsión y su seguimiento de características es mucho más claro y exacto (véase la figura 2.30).

Pero con rotaciones bajas, el error aumenta considerablemente y, con él, la calidad de la previsión (véase la figura 2.31).

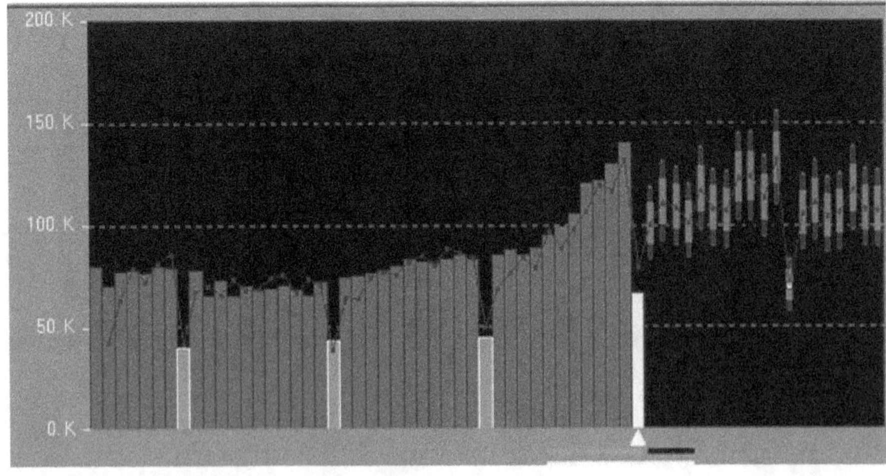

Figura 2.30.

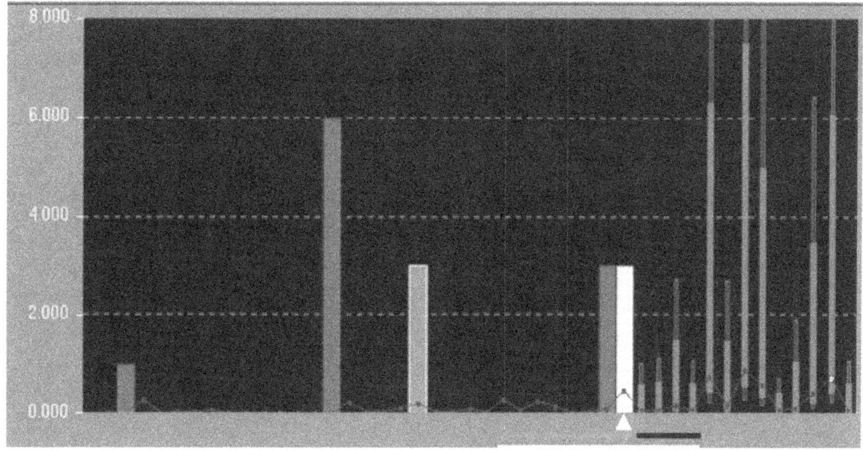

Figura 2.31.

En cuanto a la planificación de la demanda, hemos indicado la existencia de varias acciones que cabe tomar en cuenta para modelar la demanda y efectuar una mejor previsión. Empecemos por el manejo de la promoción: con ella tendremos un interés por

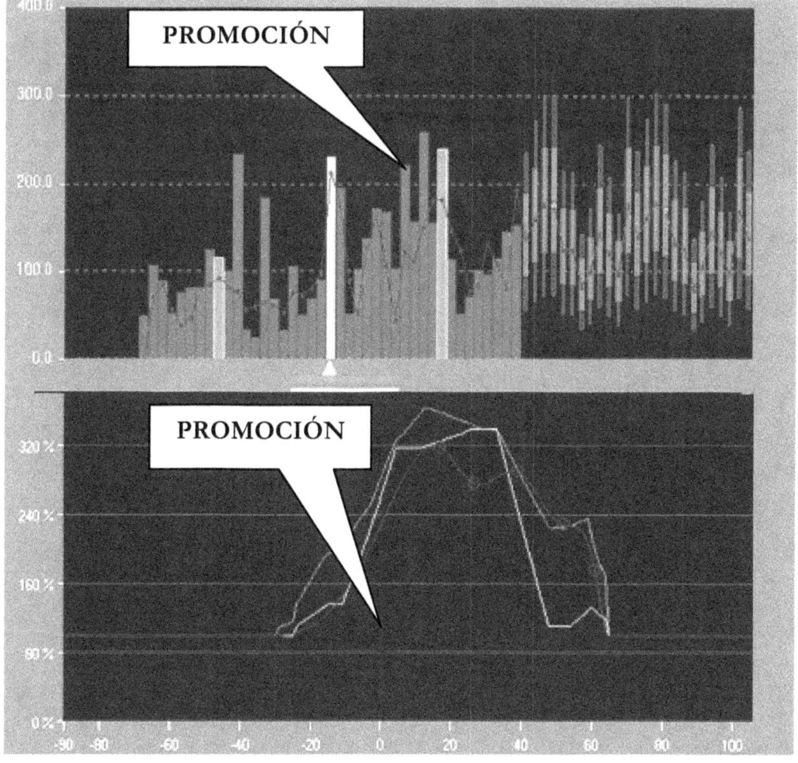

Figura 2.32.

aumentar la demanda en un período dado. El efecto en las gráficas será el aumento de la demanda durante el período de la promoción para regresar a continuación a su nivel normal. De este modo, así se puede «cuantificar el éxito» y el efecto de la promoción de ese artículo en ese período, como también utilizar ésta para planificar mejor las campañas promocionales futuras (véase la figura 2.32).

Otra acción que requiere planificación y buen análisis del patrón de demanda es el lanzamiento de un nuevo producto, en el que no contamos con historia de demanda y cuyo comportamiento inicial puede ser parecido al de una promoción. Lo que se utiliza aquí es un análisis de productos similares en sus características, como también la consideración de lanzamientos anteriores de productos que se puedan conceptuar como un patrón de la historia, para así desarrollar su propio patrón de demanda, como puede observarse en la figura 2.33.

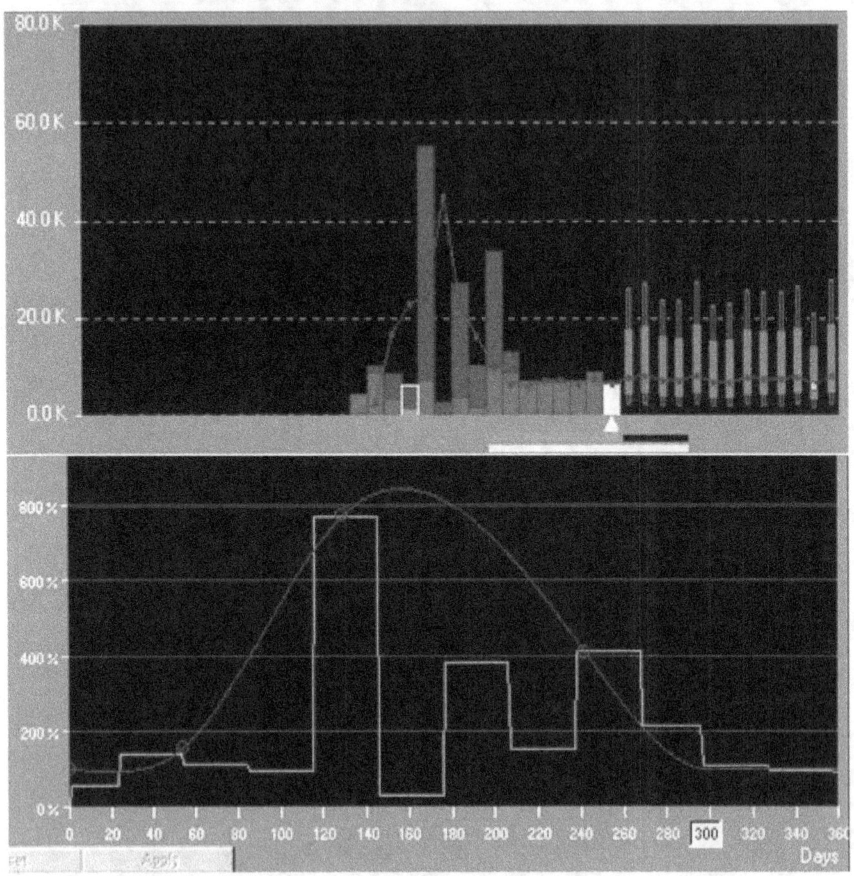

Figura 2.33.

Dentro del comportamiento de la demanda, existen eventos excepcionales que la disparan. En el momento de hacer la planificación, este tipo de eventos debe ser filtrado del cálculo de la previsión de forma conveniente, para así evitar distorsiones en la misma.

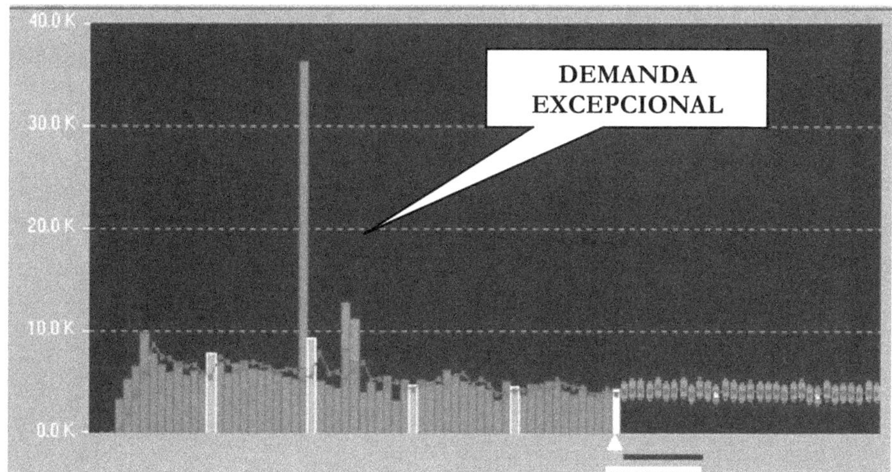

Figura 2.34.

Finalmente, el modelo que se seleccione nos dará un resultado de previsión esperado y basado en el comportamiento histórico y característico del producto, pero aún debemos tener la capacidad y el conocimiento del mercado y del entorno para poder ajustar el resultado de la previsión, ya sea a la baja o a la alza y utilizarlo como referencia para ensayar otros modelos más avanzados (por ejemplo, modelos de simulación). El sistema que se utilice debe permitirnos –cuanto menos– realizar este tipo de modificaciones (véase la figura 2.35).

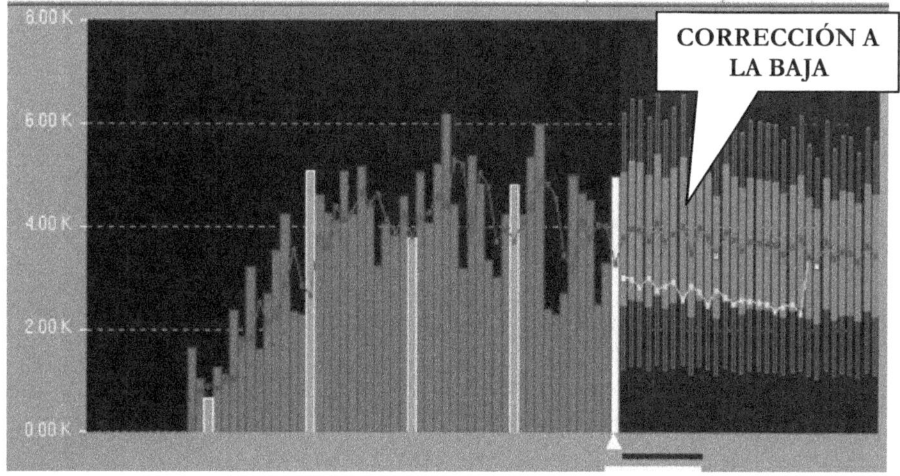

Figura 2.35.

Como comentario final, es pertinente indicar que los programas actuales utilizan no sólo uno sino un conjunto de combinaciones de modelos de previsión. Para ello eligen de forma automática o semiautomática el modelo con menores coeficientes de error. Si bien este resultado es automático, siempre será una nueva serie futura de demanda la que se deberá tratar por medio de un proceso de planificación adecuado dentro de la empresa, haciendo uso de todos los recursos y capacidades internas, como así también del estudio del mercado disponible para obtener realmente una información de utilidad práctica o de uso estratégico que permita añadir valor al negocio.

Capítulo 3

Planificación del servicio

Hablar de nivel de servicio es hablar de tener el producto disponible en tiempo y forma al pedido del cliente. Para ello se necesita tener existencias, es decir que: «Planificar el servicio es planificar las existencias». En este capítulo se ofrece una descripción de lo que significan las existencias en la empresa, cómo se calcula teóricamente el stock de seguridad y cómo se relaciona en una curva stock-to-service (STS), que es el modelo utilizado para la planificación del servicio.

En la exposición de temas de este capítulo se toma como punto de partida el trabajo de Ribera y Grasas (2002a), que se ilustra con una simulación realizada con programas informáticos de SCM.

3.1 El concepto de *stock*

3.1.1 Introducción

Las existencias han sido las presuntas «culpables» de muchos de los males de las empresas, y se han emprendido acciones para su eliminación. Pero no todo stock es malo, por lo que en primer lugar hay que distinguir entre lo que podemos llamar *«stock* activo», que es el que sirve para «algo», y *«stock* pasivo», que es el que no sirve para nada, fruto en la mayoría de los casos de ineficiencias en muchos puntos, y que es el que hay que eliminar.

El *stock* activo, como se ha dicho, sirve para algo bien concreto. ¿Por qué se necesita mantener un cierto nivel de existencias? De hecho, hay muchas razones, entre las que podemos citar las siguientes:

a) *Para oponerse a la incertidumbre de la demanda:* si estamos en un mercado en el que la demanda es incierta, deberemos mantener un cierto nivel de existencias para oponernos a esa incertidumbre y suministrar un nivel de servicio aceptable para el mercado. En ese sentido, muchas veces las existencias son una inversión alternativa a otras de mayor coste. Veamos algunos ejemplos:

- Consideremos una empresa de fabricación que cubre dos grandes áreas geográficas de consumo. ¿Qué es más barato, tener un almacén con stock para cubrir la demanda de una de las áreas geográficas y centralizar la producción en una sola fábrica o, por contra, tener dos fábricas pequeñas, cubriendo las necesidades de las dos áreas geográficas? En muchos casos la respuesta a esta pregunta sería que es mucho más costoso mantener dos centros productivos.

- Veamos ahora una empresa de distribución que importa productos de electrónica de consumo desde Japón y los distribuye por su geografía nacional. ¿Se puede pensar que se trabaje contra pedido, sin mantener unas existencias que garanticen la presencia del producto en el punto de venta, según las oscilaciones de la demanda? La respuesta parece muy obvia: no conviene.

b) *Para obtener economías de escala,* derivadas de mayores volúmenes de compra o de mayores volúmenes de fabricación. Por ejemplo, fabricar 1.000 unidades de un producto cuesta la misma mano de obra directa y la misma energía que fabricar 200, por lo que se decide hacer lotes de 1.000 y guardar el resto como *stock.*

c) *Para equilibrar la oferta y la demanda:* por ejemplo, en un mercado con fuerte estacionalidad (bebidas refrescantes, cerveza, etc., con ventas en verano más de dos veces superiores que en invierno), es necesario anticipar la producción los meses anteriores al verano, para de esta forma asegurar que con la capacidad existente se puede suministrar el producto al mercado en los meses punta.

Como resumen diremos que el *stock* activo es el que tiene una determinada función que cumplir y que, como todo recurso en la empresa, debe ser planificado y controlado de manera eficiente y eficaz.

3.1.2 La visión del *stock* en las empresas

La visión que se tiene de las existencias en las empresas muchas veces se circunscribe a la perspectiva funcional de la persona que lo analiza. Veamos algunas de ellas:

a) Desde los departamentos de ventas y mercadotecnia se suele pretender que el nivel de existencias sea lo más alto posible, para evitar rupturas y proporcionar un nivel de servicio «del cien por cien» al mercado.

b) Los responsables de gestión del inventario suelen pretender que las existencias se mantengan en los niveles más bajos posibles debido al coste de inmovilizado (y otros costes) que ello conlleva.

c) El departamento de compras a menudo está evaluado por el coste de compra unitario, lo cual hace que se busque reducir este coste mediante el incremento del tamaño del lote de compra, y esto significa incrementar las existencias.

d) Desde las fábricas se prefieren tamaños de lote de fabricación grandes, con lo cual se reducen las improductividades derivadas de los cambios de formatos, limpiezas, etc., pero se aumentan las existencias.

e) Los responsables del transporte a menudo están evaluados por el coste de tonelada/kilómetro, de manera que tienden a cargar al máximo los vehículos para reducir este índice, lo cual muchas veces conlleva mantener niveles de existencias más altos de lo que sería necesario.

Queda claro que la consideración individual de cada una de estas visiones no es suficiente para determinar cómo obtener una posición ventajosa para la globalidad de la compañía. Este conflicto de intereses entre los responsables de la planificación del *stock* y el resto de departamentos hace que se deban reconciliar los intereses de todos en función del interés global de la empresa.

Como conclusión, se puede afirmar que la planificación del *stock* y del servicio debe ser un proceso que integre todos los intereses, a veces contrapuestos, de las diferentes funciones que intervienen en la generación de valor para el cliente.

3.1.3 El *stock* en función de las estrategias de fabricación

La manera con que la industria aborda la fabricación y distribución de los productos se mueve claramente en función de muchas variables: mercado, producto, tecnología, etc. Así, no es lo mismo la manera como se fabrica y distribuye un bien de consumo empaquetado (yogur, agua mineral, cerveza, detergente, etc.) que como se aborda la construcción naval, los combustibles de automoción, la fabricación de máquinas-herramientas, etc. Existen, pues, diferentes *estrategias industriales* según el sector.

Esas principales estrategias industriales son las siguientes:

a) **Fabricación contra diseño** *(design-to-order)*

- En esta modalidad se comienza a diseñar el producto cuando existe un pedido del cliente. Es el caso de la fabricación naval: cuando existe un pedido se comienza a diseñar cómo será el producto acabado según las especificaciones del cliente.

- En este caso no hay existencias de materia prima (se compra cuando existe el pedido) ni de elementos semielaborados ni de producto acabado. No se produce, pues, el problema de planificar los *stocks*.

b) **Fabricación contra pedido** *(make-to-order)*

- No hay existencias de producto acabado, ya que éste se comienza a fabricar cuando llega un pedido del cliente. En este caso el producto ya está diseñado.

- El plazo de entrega al cliente será el de fabricación si ya se tienen todas las materias primas (MP) compradas, o el de fabricación más el del proveedor si no se dispone de éstas.

- En la mayoría de los mercados se opta por realizar previsiones de venta de producto acabado para aprovisionarse de las materias primas (o al menos de las más críticas) de manera que se pueda reaccionar rápidamente frente a los pedidos de los clientes. Para los productos que responden a esta estrategia, la problemática de planificación del *stock* se refiere a la MP, que se debe planificar con la misma lógica de planificación del producto acabado (PA) que se verá a continuación.

c) Ensamblaje contra pedido *(assembly-to-order)*

- Según esta estrategia, se comienza a fabricar el producto hasta llevarlo a una fase intermedia en la que se almacena. Esta estrategia se suele usar cuando las primeras fases de producción son muy costosas, mientras que el acabado final es relativamente sencillo.

- La lógica de planificación en estos casos es la siguiente: se fabrica y almacenan productos semielaborados (SE) con la misma lógica de planificación del producto acabado (PA) que se verá en el punto *d)*, pero se acaba la confección del PA solamente cuando llega el pedido del cliente final.

d) Fabricación contra *stock (make-to-stock)*

- En este caso, las existencias de producto acabado sirven para desacoplar la dinámica del mercado de la dinámica de fabricación. Es lo que ocurre en la gran mayoría de bienes de consumo, donde se requiere disponibilidad del producto cuando el consumidor lo va comprar al punto de venta.

- Aquí la lógica de planificación es la de reposición de producto acabado al almacén, que se explica en la sección siguiente.

3.2 El *stock* de seguridad

3.2.1 Determinación del *stock* de seguridad

Cuando existe incertidumbre acerca del comportamiento de los inventarios –variación aleatoria de la demanda, dificultad para predecir los tiempos de entrega, posibilidad de avería de las máquinas, etc.– podemos protegernos de esta situación manteniendo inventarios adicionales.

La figura 3.1 muestra la evolución de un inventario bajo dos supuestos. La línea continua representa una demanda exactamente igual a 100 unidades por período. La línea punteada muestra una de las muchas realizaciones posibles, suponiendo que la demanda de cada período oscile alrededor de la misma media de 100 unidades. En ambos casos, compramos 1.000 artículos cada diez períodos.

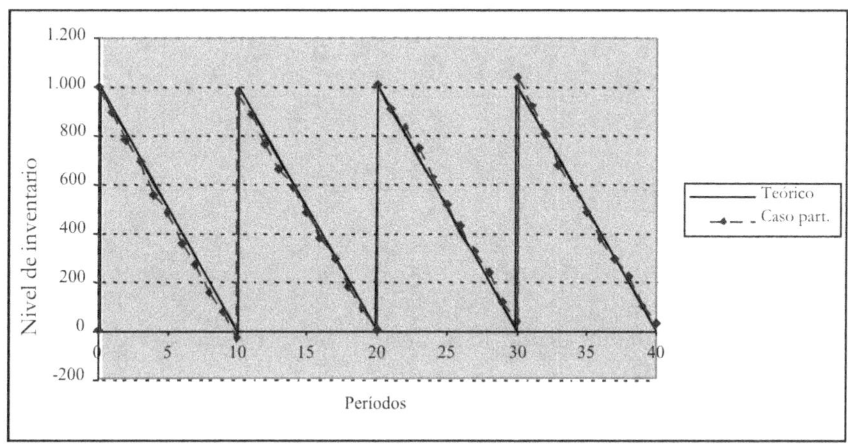

Figura 3.1.

En la figura 3.1 el lector observará que en algunos períodos el nivel de inventario cae ligeramente por debajo de cero. Esto significa que, en dichos casos, el producto no podría entregarse a tiempo, por lo que se produciría lo que se conoce como «ruptura de *stock*». Para evitar esto, deberíamos haber incluido un *stock* adicional o de seguridad. En la siguiente sección se estudiará el efecto que se produce al añadir un inventario adicional.

3.2.2 Compensar la variación de la demanda con *stock* de seguridad

Establezcamos un nivel de *stock* de seguridad de 150 unidades para una demanda dada y evaluemos la situación de evolución de las existencias que se representa en la figura 3.2.

El buen sentido nos indica que cuanto mayor sea el nivel de existencias de seguridad, menos probable será que el nivel de inventario alcance valores negativos.

La primera tarea para determinar el *stock* de seguridad consiste en definir y medir la incertidumbre. Sólo consideraremos la incertidumbre en la demanda, y supondremos que los tiempos son constantes y conocidos. También supondremos que la demanda sigue una distribución normal, con media μ y una desviación estándar σ. Éste es el caso más sencillo y fácil de manejar.

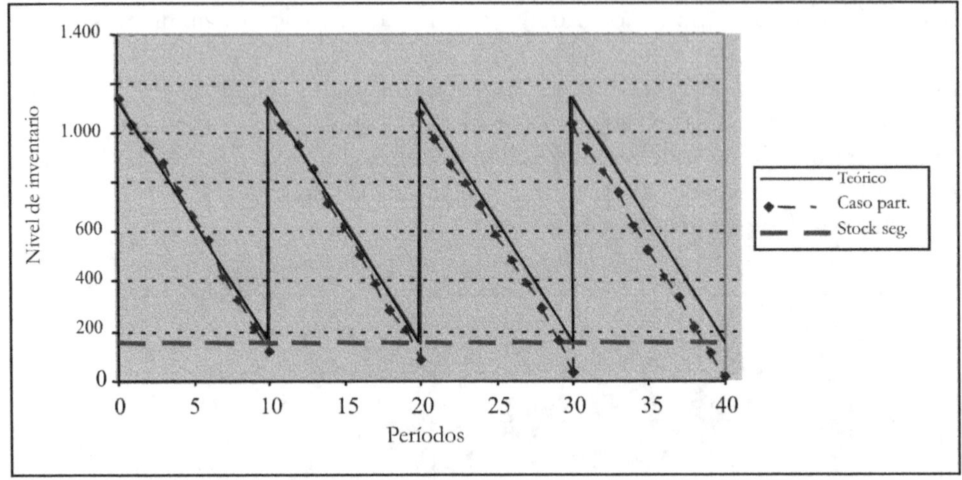

Figura 3.2.

3.2.3 ¿Es la distribución normal una buena aproximación a nuestra demanda?

Como ya se expuso, éste es el caso más típico, puesto que la demanda en un lugar determinado es, a menudo, la demanda acumulada de muchos puntos de venta independientes, o bien las decisiones de venta acumuladas de muchos agentes de compra independientes. El llamado Teorema central del límite[1] muestra que, bajo estas circunstancias, se puede realizar una aproximación de la demanda mediante una distribución normal.

Además de comprobar la «normalidad» de la función demanda, también es conveniente tener en consideración lo que hemos visto en el capítulo anterior mediante la preparación de un *gráfico de series temporales* de los datos históricos de la demanda. Esto permitirá explorar rápidamente los patrones habituales en los datos[2] y, por consiguiente, intentar encontrar modelos y, con ellos, mejorar la previsión. Si dicha previsión es más acertada, dará como resultado variaciones inexplicadas más pequeñas, es decir, la incertidumbre será menor y el *stock* de seguridad necesario para compensarla también.

Las figuras 3.3 y 3.4 muestran dos series temporales distintas. Observándolas, da la sensación de que la de la derecha estuviera sujeta a algún tipo de estacionalidad. Si se puede averiguar los factores que la explican, esta serie será capaz de predecir mejor la demanda en el futuro. La de la izquierda corresponde a las series que no siguen patrones aparentes.

Una vez eliminados los patrones obvios de las series temporales, ya estamos preparados para estudiar la función de distribución de la demanda.

---

[1] El lector interesado encontrará una explicación bastante clara de este teorema en las referencias que indicamos en la bibliografía, como por ejemplo Box *et al.* (1988) o Montgomery y Runger (2002), entre otras.

[2] Es decir, como hemos visto en el capítulo 2, se trata de los cuatro efectos de la descomposición clásica de las series: tendencia, estacionalidad, ciclos y componentes aleatorias.

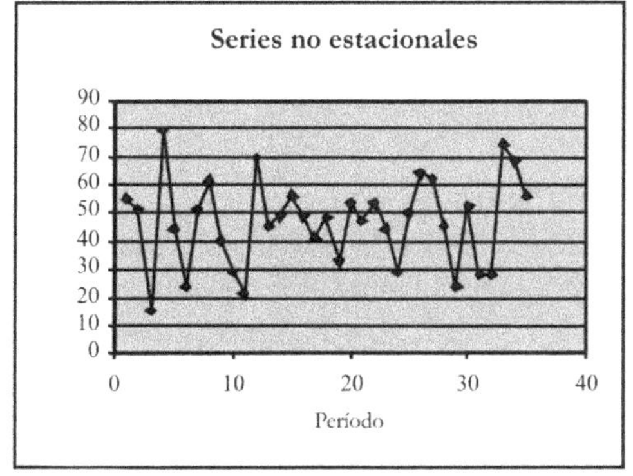

Figura 3.3.

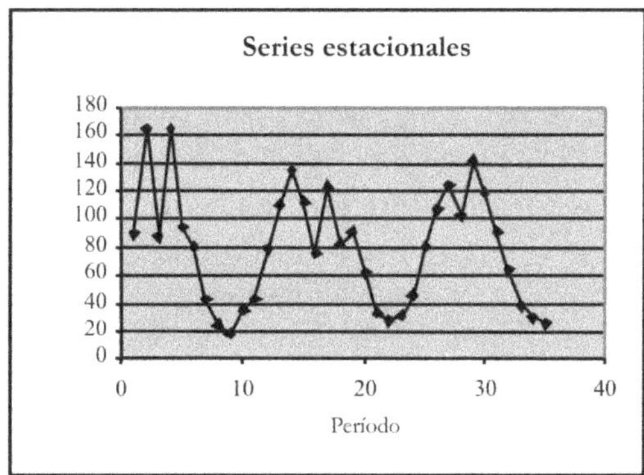

Figura 3.4.

Para comprender esa función crearemos un histograma de distribución de frecuencia de la misma. Si el histograma toma forma de campana, podemos suponer que la demanda sigue una distribución normal y haremos una aproximación de la misma como tal. Existen distintas pruebas estadísticas para comprobar la probabilidad de que un determinado conjunto de observaciones de muestra provenga de una distribución normal, pero no entrarían en los objetivos de este capítulo.[3]

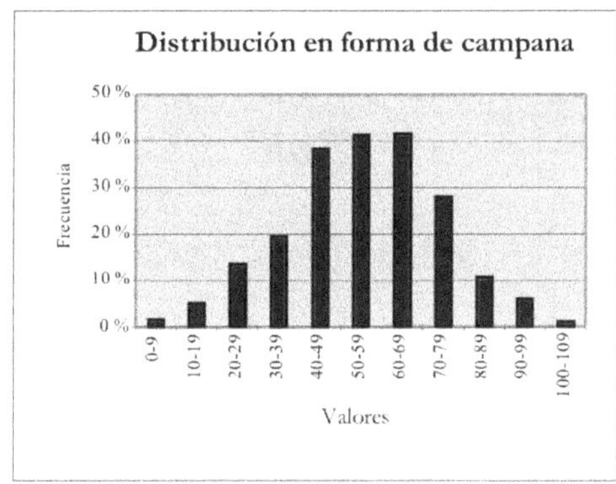

Figura 3.5.

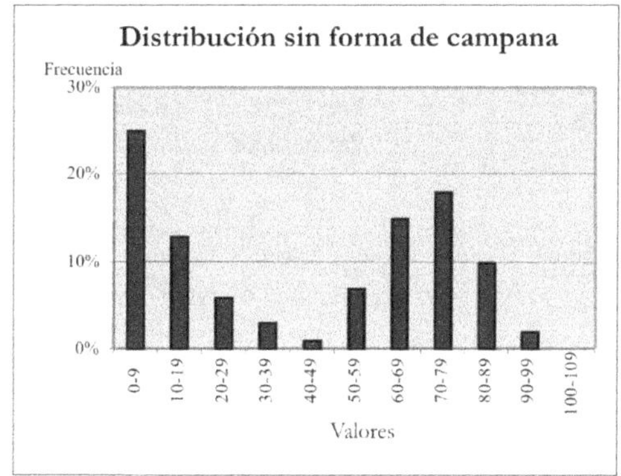

Figura 3.6.

El histograma de la izquierda (véase la figura 3.5) tiene el aspecto de ser «más gaussiano» (otro término que significa que la distribución es normal) que el de la derecha (véase la figura 3.6). Si se cree que la demanda efectivamente no sigue una distribución normal, o bien se tienen dudas de ello, entonces se tendrá que definir un nuevo modelo y, en ese caso, sería recomendable contar con la ayuda de algún experto en temas de estadística.

Todas las distribuciones normales tienen una forma similar; la diferencia entre ellas varía de acuerdo con los valores que tomen sus dos parámetros: *a)* en su medida de po-

---

[3] Entre otras pruebas está la de Kolmogorov-Smirnov, que también puede consultarse por ejemplo en Prat *et al.* (1997) o en Montgomery y Runger (2002), entre otros autores.

sición, que es la media μ, identificada como el punto de la escala horizontal en donde está centrada la distribución; y *b)* en su medida de dispersión, que es su desviación estándar σ, una de las formas de conocer cuán centrados se encuentran los datos alrededor de la media. Por tanto, una distribución normal se caracteriza por estos dos valores: μ y σ. Hay más detalles sobre esta familia de distribuciones, por ejemplo, en Evans *et al.* (2000).

Cuando se dispone de una muestra de datos, estos dos valores (llamados «estadísticos de posición y de dispersión», respectivamente) se pueden calcular fácilmente utilizando funciones integradas en la hoja de cálculo MS Excel: AVERAGE() y STDEV(), respectivamente. La figura 3.7 es una muestra de ello.

Ejemplo: calcular la media y la desviación estándar de la siguiente muestra de datos utilizando una hoja de cálculo.

Solución: de acuerdo con la figura 3.7, los valores pedidos resultan ser iguales a 144 y 22,22, respectivamente.[4]

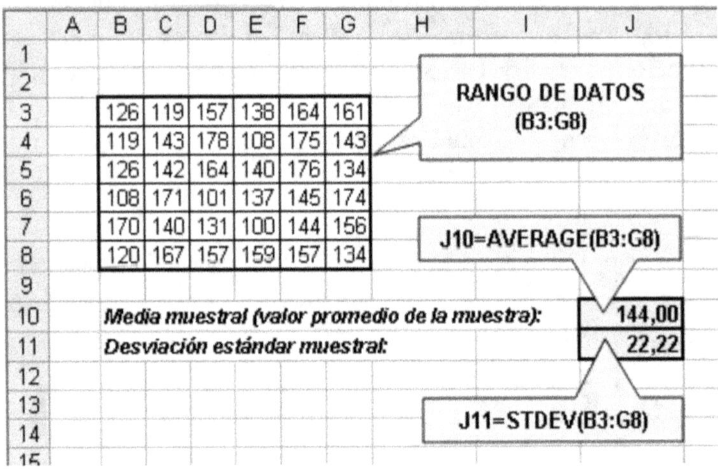

Figura 3.7.

Una vez que conocemos la media y la desviación estándar de una muestra (que supondremos que tiene distribución normal), podemos utilizar tablas estadísticas para conseguir abundante información útil sobre ellas. Por ejemplo, la figura 3.8[5] muestra tanto las observaciones reales provenientes de la muestra como la distribución normal teórica con la misma media y desviación estándar.

---

[4] Si tenemos suficiente certeza de que los datos provienen de una distribución normal, diremos que la representación gráfica de su *función de densidad* produce una campana, centrada en 144 unidades y con una desviación estándar que vale 22,22 unidades. Queda claro que esto tiene mucho sentido, al menos visualmente, al comparar las gráficas de distintas funciones de distribución normales.

[5] Dicha figura representa la llamada *función de densidad,* en este caso de la distribución normal. Remitimos al lector a la bibliografía, como por ejemplo Box *et al.* (1988), Prat *et al.* (1997) o Montgomery y Runger (2002), entre otros.

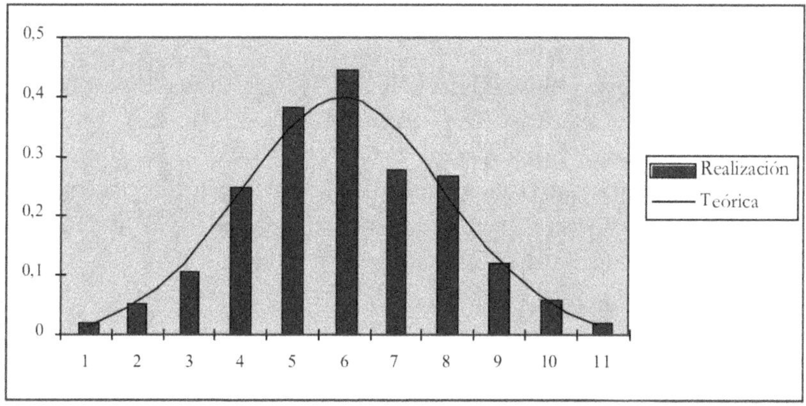

Figura 3.8.

La distribución para una muestra concreta de observaciones y para otra teórica, son distintas por diferentes razones:

a) *A priori,* no puede asegurarse que los datos provengan de una distribución normal.

b) El tamaño de la muestra es «relativamente pequeño». Cuanto mayor sea el tamaño de la misma, tanto más tenderán los datos a distribuirse normalmente.

c) Siempre se producirá una variación aleatoria, inherente a la variabilidad natural de los datos.

Puesto que las distintas distribuciones muestrales que puedan extraerse variarán en torno a la distribución teórica, utilizaremos ésta para calcular los parámetros relevantes de nuestra demanda. La distribución normal estándar, que se caracteriza porque sus dos parámetros toman los valores $\mu = 0$ y $\sigma = 1$, se muestra en la figura 3.9 mediante dos funciones: la de densidad (con forma de campana) y la de distribución acumulada (con forma «sigmoide»).

3.2.4 Cálculo del *stock* de seguridad

He aquí un ejemplo para comprender de forma más práctica la aplicación de lo antedicho. Alentamos al lector para que revise previamente los apéndices B.1 y B.2.

- **Ejemplo 1**

  Suponga que la demanda para un producto determinado se distribuye normalmente con una media de 25 unidades por día y una desviación estándar de 6 unidades. El encargado de planificación decide llamar al doctor Herbert West para que resuelva el problema. Si al comienzo del día el inventario es de 31 unidades, ¿cuál es la probabilidad de que se agoten las existencias?

Tenga en cuenta que el inventario inicial (31) es la demanda esperada de un día (25) más el *stock* de seguridad de 6 unidades que, en este caso, corresponde a una desviación estándar.[6] Entrando en la tabla de forma análoga a la explicada más arriba, encontramos que la probabilidad de obtener un valor menor o igual a una desviación estándar con respecto a la media es 0,1587. En otras palabras, el área que queda a la derecha del valor original $y = 31$ (o bien de su valor estandarizado $z = 1$), será igual a 0,1587.

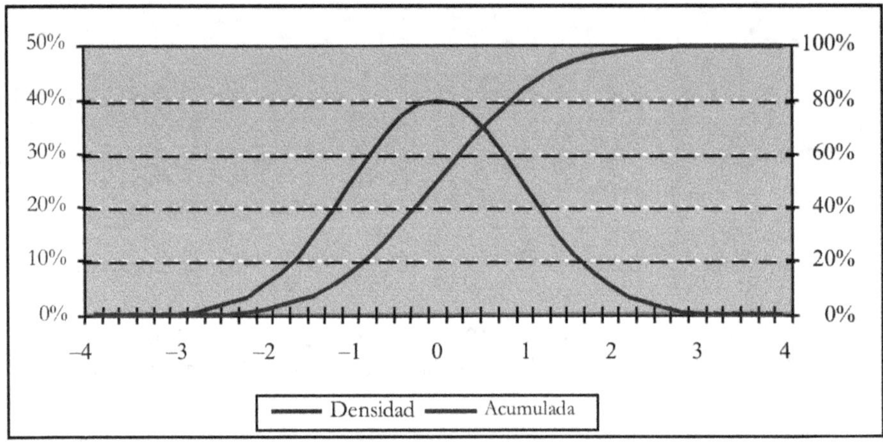

Figura 3.9.

- **Ejemplo 2**

¿Cuál es el *stock* de seguridad necesario para garantizar una probabilidad de menos de un 1 % de ruptura de *stock* en el ejemplo anterior?

Si comenzamos un día con una demanda esperada de 25, tendríamos el 50 % de probabilidad de que se produjera una ruptura de *stock*.[7] Para disminuir esta probabilidad, necesitamos tener *stock* de seguridad.

Al examinar la tabla de distribución normal, vemos que el valor más cercano al 1 % = 0,01 es 0,0099:

---

[6] Esto resulta de calcular la variable estandarizada: $z = \dfrac{y - \mu}{\sigma} = \dfrac{31 - 25}{6} = 1$.

[7] Esto es así ya que el nivel medio del *stock* de seguridad es de 25 unidades diarias, con lo cual, teniendo una demanda de 25 unidades, estaremos en peligro de consumirlas todas en ese día y por ello quedarnos sin existencias. Cálculo de la probabilidad: $z = \dfrac{y - \mu}{\sigma} = \dfrac{25 - 25}{6} = 0$. De la tabla de la normal estándar, encontramos que $F_z(0) = 0,5 = 50\%$.

22	0,0217	0,0212	0,0207	0,0
74	0,0170	0,0166	0,0162	0,0
36	0,0132	0,0129	0,0125	0,0
04	0,0102	0,0099	0,0096	0,0
80	0,0078	0,0075	0,0073	0,0
60	0,0059	0,0057	0,0055	0,0

que se corresponde con el valor de la tabla $z = 2,33$ (fila **2,3_** y columna **_,_3** de la tabla del apéndice B.2). Por tanto, el *stock* de seguridad requerido es de $2,33\sigma = 2,33 \times 6 = 13,98 \approx 14$ unidades. Invitamos al lector a comprobar estos resultados utilizando la tabla.

Cuando se trata de cubrir la incertidumbre de varios períodos, el *stock* de seguridad debe ser mayor. Sin embargo, si éste debe cubrir dos períodos, su volumen no será el doble del que se requiere para un período, ya que existe la posibilidad de que la demanda de un período sea grande y la otra pequeña, por lo que dichas oscilaciones se anulan. Desde el punto de vista estadístico, decimos que la desviación estándar de una suma de variables independientes no es la suma de las desviaciones estándar de las variables, sino el sumatorio de los cuadrados de las desviaciones estándar de las variables.[8]

La fórmula para calcular el *stock* de seguridad (abreviado como *SS*) requerido para alcanzar cierto nivel de seguridad para varios períodos es la siguiente:

$$SS = z\sigma\sqrt{VP} \, ,$$

en donde:

— z es el valor en la tabla de distribución normal que se requiere para obtener el nivel de seguridad deseado,

— σ es la desviación estándar de la demanda en un período,

— VP es el «período vulnerable», es decir, la cantidad de períodos de incertidumbre que se deben cubrir con el *stock* de seguridad.

En el proceso de compras y de fabricación, el VP consta normalmente de dos partes:

— LT - *Tiempo de entrega:* es el tiempo transcurrido entre que se envía un pedido y se reciben los materiales correspondientes.

---

[8] En símbolos: $\mathrm{var}(Y_1 + Y_2 + \ldots + Y_n) = \sigma_1^2 + \sigma_2^2 + \ldots + \sigma_n^2$, si las variables son independientes, en donde $\mathrm{var}(Y_i) = \sigma_i^2$, para cada una de las variables consideradas.

— RP - *Período de revisión:* es decir, con qué frecuencia podemos tomar otra decisión. En el caso de la revisión constante (capacidad de revisar el nivel de inventario y realizar un pedido de forma continua), el RP es cero.

- **Ejemplo 3**

  Suponga que usted debe comprar un determinado artículo. Si se tardan cinco días en recibir un pedido después de que se envíe, siempre debería mantener un *stock* de seguridad para esos cinco días. Además, si sólo revisa el nivel de inventario cada semana, cuando lo haga debe asegurarse de que tiene suficientes existencias hasta que envíe el nuevo pedido, más el tiempo que tardará en recibirlo. En este caso, VP = 5 + 7 = 12 días. El *stock* de seguridad también debería cubrir este período.

3.2.5 Fiabilidad de un riesgo de ruptura de *stock*

La medida del riesgo que hemos utilizado para determinar el nivel de *stock* de seguridad es la probabilidad de que se produzca una ruptura de *stock*. Es obvio que esta probabilidad sólo se da cuando el inventario va bajando, justo antes de que llegue un nuevo pedido, pero no en otros períodos.

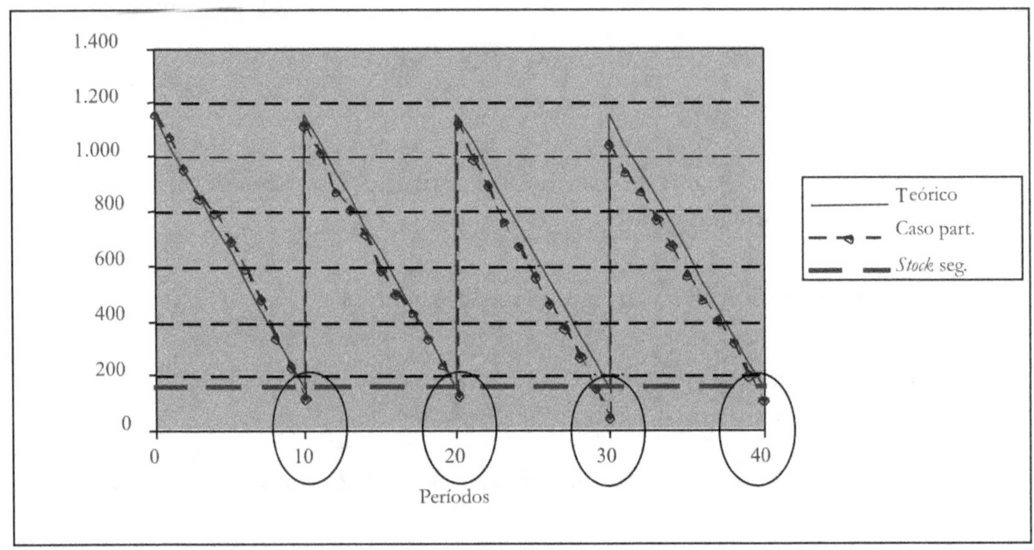

Figura 3.10.

En la figura 3.10 vemos que esto ocurre cuatro veces o, lo que es igual, cada 10 períodos. Si el riesgo de ruptura anterior se había concebido para que fuera del 5 % y los períodos se expresan en días, tendremos 36,5 ciclos al año y cada uno una probabilidad de ruptura del 5 %. Esto significa que podríamos tener una media de 5 % × 36,5 = 1,8 rupturas de *stock* al año, es decir como media, nos quedaremos sin inventario unas dos veces al año. Ésta es probablemente una forma más adecuada de expresar el nivel de servicio correspondiente a un nivel de existencias determinado.

- **Ejemplo 4**

  La empresa Herbert West Consulting (subsidiaria de Heriberto Oeste Consultores) compra bolígrafos en lotes de 4.000 unidades para abastecer la demanda diaria, con una media de 75 bolígrafos y una desviación estándar de 20. El doctor Jürgen Núñez-Monasterio, jefe de almacenes, revisa el nivel de inventario cada mañana y, si se realiza un pedido, la mercancía se recibirá a los tres días. Además, mantiene un *stock* de seguridad de 50 unidades. El director de logística, el doctor Luis Miguel Excalera-Expósito, decide confiar en usted para resolver este problema y le pregunta en buen castellano: *«Doctor, ¿cuántas rupturas se pueden producir en un año?»*.

  Solución: en primer lugar, debemos calcular el valor z correspondiente a las existencias de seguridad. Según la fórmula $SS = z\sigma\sqrt{VP}$, podemos determinar $z = 1,25$. Mediante las tablas de distribución normal, obtenemos que el riesgo de ruptura correspondiente a $z = 1,25$ es de 0,1056. Con una demanda diaria de 75 unidades y un tamaño de lote de 4.000, comprobamos que los ciclos de inventario anual serán 6,84. Por tanto, el número esperado de rupturas de *stock* anual será de 0,72.

3.2.6 Coste del *stock* de seguridad

Alcanzar un nivel determinado de seguridad mediante un inventario adicional tal vez no sea una alternativa barata. Recuerde que mantener un inventario acarrea varios costes, algunos fáciles de determinar mediante una fórmula cuantitativa —costes de conservación, costes de almacenamiento, etc.— y otros que pueden ser mucho más importantes, y muy difíciles de evaluar, como flexibilidad, calidad, etc.

Muchas veces puede ser más efectivo analizar las causas que generan incertidumbre e intentar trasladarlas o eliminarlas antes de pensar en utilizar - de seguridad. Aumentar el nivel de inventario probablemente sea la forma más sencilla de resolver el problema, o dicho de manera más precisa: tapar y esconder el problema. Cuando se eliminan los efectos de la incertidumbre utilizando un inventario de seguridad, desaparece la motivación por descubrir lo que genera incertidumbre.

Por otra parte, el coste de cubrir la incertidumbre con *stock* de seguridad no es lineal. Las existencias adicionales necesarias para incrementar el nivel de seguridad del 90 al 95 % son el 240 % superior de lo que se requiere para incrementar el nivel de seguridad del 70 al 75 %.

La figura 3.11 muestra un ejemplo del nivel de inventario necesario para alcanzar una cota de seguridad determinada.

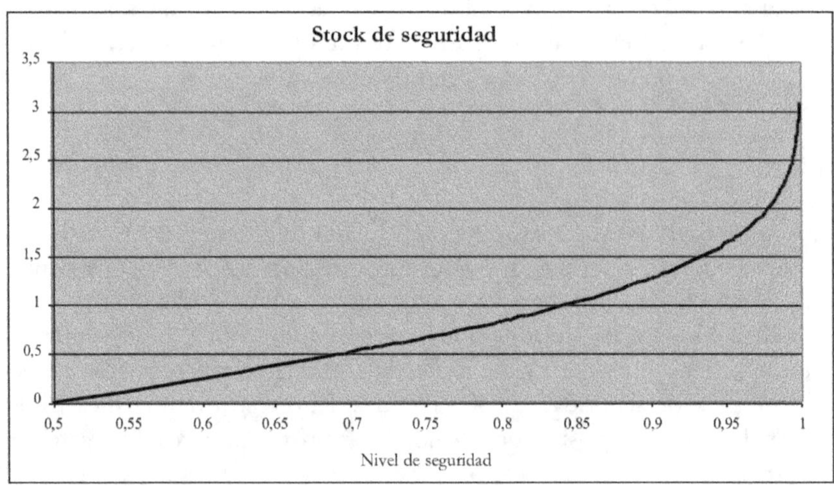

Figura 3.11.

3.3 Planificación del servicio y curva *stock-to-service* (STS)

Por *planificación del servicio* se entiende la capacidad de decidir *a priori* cuál debe scr el nivel de servicio objetivo de cada *SKU*, es decir, para cada referencia de cada almacén. Esta decisión se debe tomar después de analizar las repercusiones en coste y en cuota de mercado que tienen las diferentes alternativas existentes.

Por desgracia, en la mayoría de casos el nivel de servicio objetivo es una consecuencia lógica del estilo de gestión utilizado, y no de una decisión explícitamente deseada por nosotros. Normalmente, y como consecuencia de esto, se dice que «el sistema nos conduce» en vez de ser nosotros quienes «conducimos» al sistema.

El nivel de servicio puede considerarse como una variable del *marketing*. En efecto, hoy en día los «productos» no son solamente el bien físico que ponemos a disposición de nuestros clientes, sino más bien un conjunto «producto + servicio», en donde los diferentes parámetros del servicio forman parte del concepto «producto». Por tanto, variables tan importantes como son los atributos del producto se deben planificar con igual énfasis que el resto de variables de la mercadotecnia.

A modo de ejemplo, una empresa, al observar que su nivel de servicio es del 92 %, puede decidir varias cosas: aumentarlo, mantenerlo o reducirlo incluso, pero lo importante es que, sea cual fuere la decisión, ésta debe ser resultado de una reflexión sobre la misma. En efecto, si el servicio tiene un valor inferior al de la competencia o si se quiere desarrollar una ventaja competitiva importante, se puede decidir elevar dicho valor, lo cual implica que se deberá desviar parte de los recursos de la empresa para aumentar el inmovilizado en existencias. Nótese que esta inversión entra en competencia con inversiones para gestionar otras variables, tales como el aumento de la red de ventas, la inversión en publicidad, los descuentos al canal, etc.

Como se verá a continuación, en este caso lo importante es saber en qué productos se debe aumentar las existencias para incrementar el nivel de servicio, ya que lo que ocurre a menudo es que globalmente la inversión en inmovilizado es elevada, si bien el nivel de servicio es bajo. Esto lleva a pensar que se tienen las existencias mal repartidas.

3.3.1 La curva *stock-to-service* (STS)

De una manera teórica, podemos indicar que el nivel de existencias y el nivel de servicio están influenciados por las siguientes variables:

a) La variabilidad de la demanda

Hemos visto anteriormente, al tratar de la planificación de la cadena de suministros, el razonamiento que se sigue para decidir si de una determinada SKU se debe o no realizar un pedido. Uno de los factores que se debe contemplar es la incertidumbre que tiene la demanda y, por tanto, el *stock* de seguridad que hace falta para oponerse a dicha variabilidad en función del nivel de servicio que se quiere dar al mercado.

b) La frecuencia de la demanda

La frecuencia de la demanda –el número de líneas de pedido por unidad de tiempo– es otro factor importante en la determinación de las existencias en función del objetivo de servicio. De manera cualitativa, ya se indicó su influencia al tratar del fenómeno demanda en el apartado 3.1.

c) La incertidumbre del aprovisionamiento

Además de afectar a la demanda, una incertidumbre determinada afecta también al proceso de aprovisionamiento: de un almacén de segundo nivel respecto al de primer nivel, de uno de primer nivel respecto a la fábrica o al proveedor externo, etc. Esta incertidumbre es adicional a la de la demanda, y en el peor de los casos podría suceder que coincidan retrasos en el aprovisionamiento con picos de demanda elevados. De hecho, el retraso en el aprovisionamiento lo suelen ocasionar dos tipos de fenómenos diferentes:

- Por una parte existe un *retraso determinista*, fijo, que es el plazo de entrega comprometido entre un almacén y su sistema de aprovisionamiento. Por ejemplo, éste podría ser de un día si hablamos del aprovisionamiento entre un almacén de segundo nivel y su almacén superior; de diez días entre una fábrica y el almacén de primer nivel, etc.

- Por otra parte, existe un *retraso aleatorio*, adicional al determinista, que es el resultado de la observación de lo que ocurre en la realidad, y cuyo valor se puede considerar que sigue a una distribución normal, aproximadamente. Por ejemplo, a pesar de que con nuestra fábrica se haya establecido un plazo de entrega de diez días, se observa un retraso adicional de carácter aleatorio, que se distribuye normalmente con un valor medio de tres días: en este caso, evidentemente el retraso medio será de tres días.

d) Tamaño del lote de aprovisionamiento

En muchos procesos de la cadena logística la cantidad que hay que suministrar está condicionada por cuestiones técnicas o económicas: existe un tamaño de lote mínimo de fabricación, o una cantidad mínima para pedir, etc. Además, en algunos casos, por encima de esta cantidad mínima puede estar restringida o no dicha cantidad para pedir. Por ejemplo, de un almacén de segundo nivel a otro de primer nivel sólo se admiten pedidos que, como mínimo, sean de 10 palés, pero por encima de esta cantidad se admiten pedidos de un palé. Este tipo de restricciones se debe tener en cuenta para determinar la relación STS de cada SKU.

e) Frecuencia de reaprovisionamiento

De manera similar al tamaño del lote de aprovisionamiento, pueden existir restricciones que afecten a la frecuencia de reaprovisionamiento. Así, por ejemplo, tenemos a un proveedor que nos visita solamente 1 vez cada quince días, etc.

Nótese que la cantidad para pedir debe tener en cuenta tanto la frecuencia de reaprovisionamiento como el tamaño del lote mínimo de entrega, pues pueden existir casos en los que se deba realizar un pedido para satisfacer una de las dos restricciones. Veamos algunos ejemplos que aclaran estos conceptos:

Un ejemplo: supongamos una SKU que tiene fijados como tamaño mínimo de lote de aprovisionamiento la cantidad de 10 palés, y como frecuencia máxima de reaprovisionamiento, 10 días. Supongamos también que es un producto de venta elevada, con unas previsiones de 20 palés/día.

En este caso la cantidad para pedir estará determinada por la frecuencia máxima de reaprovisionamiento, que son 10 días. Por tanto, esa cantidad será la necesaria para reponer existencias hasta el *stock* de seguridad más el consumo de 10 días de venta, que son $10 \times 20 = 200$ palés, que es superior al tamaño de lote mínimo y, por tanto, el proveedor podrá entregar la cantidad pedida.

Otro ejemplo: consideremos ahora otra SKU con los mismos parámetros que el anterior, pero con unas ventas previstas de 0,25 palés/día.

Si realizáramos nuestro pedido cada 10 días, la cantidad que necesitaríamos sería de $10 \times 0,25 = 2,5$ palés, cantidad que es inferior al tamaño mínimo del lote. Por tanto en este caso la cantidad para pedir será de 10 palés (tamaño mínimo) más el posible consumo del *stock* de seguridad que se haya producido.

No obstante el tratamiento conceptual del tema, quisiéramos agregar que no nos consta que hasta el momento se hayan desarrollado modelos matemáticos específicos que describan de manera detallada y completa la influencia de los factores anteriores en el cálculo de la relación entre las existencias y el nivel de servicio.

3.3.2 Construcción de la curva STS

La curva STS es la que relaciona el nivel medio de inmovilizado con el nivel de servicio de un artículo en un almacén (SKU). Por tanto, utilizamos el *stock* medio y el de seguridad del modelo que explicamos en el punto 3.2.4, que se puede expresar también como $SS = z\sigma\sqrt{PE}$, siendo PE el plazo de entrega del pedido y z, el valor de la distribución normal estándar correspondiente a un nivel de servicio[9] α, que será numéricamente igual a $F_Z(z)$. Veamos otro caso referido a la construcción de la curva STS:

Ejemplo: tenemos una demanda de fabricación de ejes de rosca cuadrada que presenta una desviación estándar de 100 unidades por día y nuestra cantidad para pedir cada vez que lanzamos una orden es de 500 unidades. El proveedor, Herbert West Steels, suele tener un plazo de entrega de 2 días. Observemos cuál es la diferencia en unidades de existencias para pasar de un nivel de servicio del 60 al 90 %. ¿Qué ocurre si Herbert West tiene un retraso medio de 10 días sobre el plazo de entrega?

De acuerdo con lo anterior, la función *stock* medio para un nivel de servicio expresado genéricamente como $\alpha = F_Z(z)$, se calcula mediante:

$$S_{medio,\,NS} = \frac{500}{2} + 100z\sqrt{2} = 250 + 100\sqrt{2}\,z.$$

Para valores de nivel de servicio del 60 y el 90 %, corresponden valores de área en la tabla normal estándar iguales a $\alpha_1 = 1 - 0,60 = 0,40$ y $\alpha_2 = 1 - 0,90 = 0,10$, de las que se obtienen valores de tabla de $z_1 \approx 0,255$ y $z_2 \approx 1,285$, respectivamente.[10] Reemplazando estos valores en la fórmula, obtenemos:

---

[9] De acuerdo con esto, diremos que un valor z_0 en una distribución normal estándar dejará a su derecha un valor de área bajo la curva normal estándar igual a $F_Z(z_0)$. Por tanto, concluimos que para cada nivel de servicio $F_Z(z)$ corresponderá un valor z determinado, que será el que debemos determinar.

[10] Debe quedar claro al lector que la interpretación de las áreas $\alpha = F_Z(z)$ debajo de la curva normal estándar que se encuentran «a la izquierda» de un valor z determinado, corresponde al nivel de

$$S_{medio,\,NS=60\%} = 250 + 100\sqrt{2} \times 0,255 \approx 286 \text{ unidades.}$$

$$S_{medio,\,NS=90\%} = 250 + 100\sqrt{2} \times 1,285 \approx 432 \text{ unidades.}$$

De esta manera es posible pensar en una curva que exprese el S_{medio} en función de cada nivel de servicio considerado. Para ello tomamos distintos valores del nivel de servicio, expresados como $F_Z(z)$, y buscamos para cada uno el valor en tabla. Así, en un par de ejes cartesianos podemos construir la curva de *stock* medio (S_{medio}) en función del nivel de servicio (NS), cuyo aspecto será similar al de la figura 3.12.

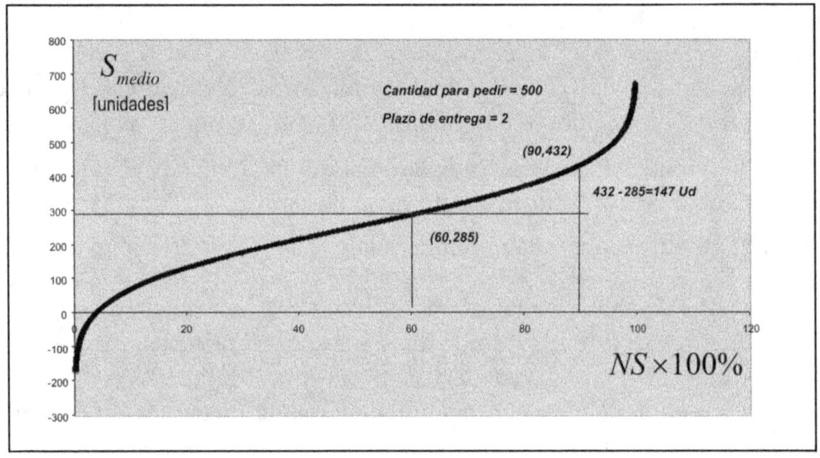

Figura 3.12.

Si consideramos la escala logarítmica en el eje de abscisas, tendremos la curva *stock-to-service* o «curva STS» (figura 3.13).

Y en el caso de que nuestro proveedor se retrase 10 días sobre el plazo de entrega pactado, el factor $\sqrt{PE}$ de la fórmula deberá ser contabilizado como el plazo total de entrega, incluyendo tanto los 2 días de plazo medio de entrega como los 10 días de demora. En conclusión, este factor quedará como: $\sqrt{PE} = \sqrt{2+10} = \sqrt{12}$. Para un nivel de servicio determinado al que corresponde un valor z en la tabla normal estandarizada, esto supondrá un *stock* medio expresado por:

$$S_{medio,NS} = \frac{500}{2} + 100\sqrt{12}\,z = 250 + 100\sqrt{12}\,z$$

---

servicio. Consecuentemente, el valor de área que queda «a la derecha» de z se podrá interpretar como el «nivel de incumplimiento», como concepto opuesto al de «nivel de servicio».

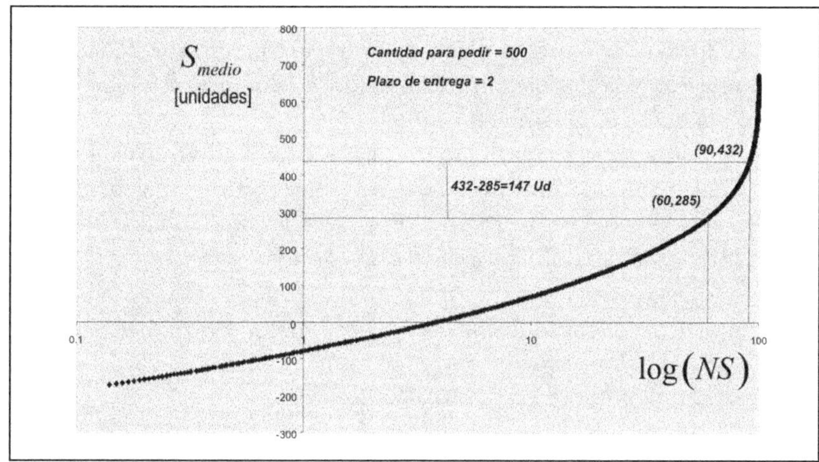

Figura 3.13.

Del mismo modo, podemos construir la curva STS para estas condiciones:

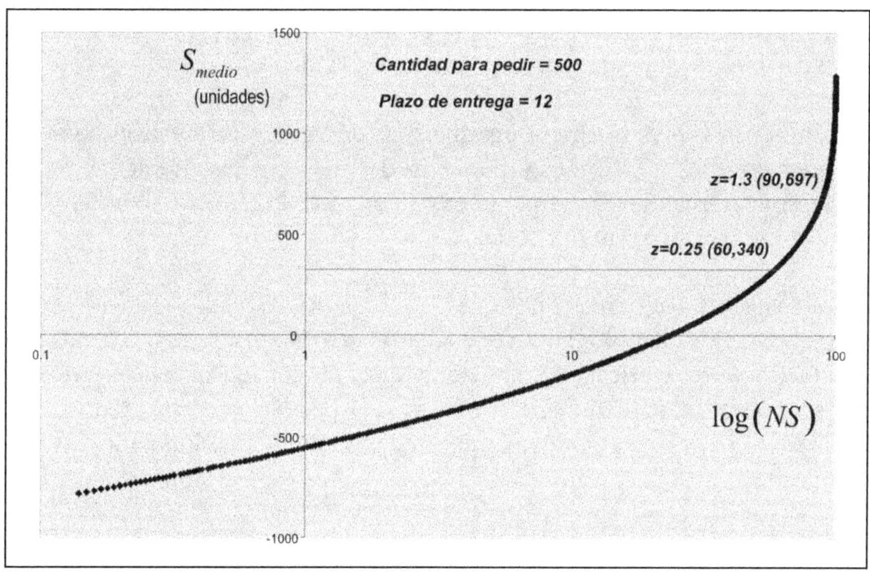

Figura 3.14.

Vemos que en el caso de estar ofreciendo un nivel de servicio del 60 %, ello nos supondrá tener un *stock* medio de 341 unidades, cuando antes teníamos un inmovilizado medio de 285. La ineficacia del proveedor nos supone un aumento de existencias de 341 – 285 = 56 unidades.

En el caso de que ofrezcamos un nivel de servicio del 90 %, antes nos suponía un inmovilizado medio de 432 unidades y ahora de 697, provocándonos un aumento de existencias inmovilizadas de 697 – 432 = 265 unidades.

El objeto de este ejemplo es demostrar que cada SKU tiene una curva característica STS, que depende del lote de compra, el plazo de entrega, los retrasos de los proveedores, los períodos de revisión y la desviación estándar de la demanda. Cuando se modifica una de estas variables, la curva STS también cambia.

Quizá convenga recordar que la escala en la que está medido el nivel de servicio es logarítmica, con lo cual, para un valor concreto del *stock* medio, de acuerdo con esta curva, corresponderá un valor del logaritmo del nivel de servicio. Queda claro que el número final que nos interesará será el inverso de esta cantidad, que recibe el nombre de «antilogaritmo».

3.3.3 Importancia de un modelo STS avanzado

Conocer la relación que existe entre el nivel de servicio y el nivel de existencias asociadas (modelo STS) tiene una importancia capital para gestionar proactivamente la cadena de suministro. Sus ventajas son múltiples, tanto de carácter estratégico como táctico y operativo:

- Permite conocer de manera relativamente precisa el coste del nivel de servicio. Es una información imprescindible para equilibrar los intereses contrapuestos de los responsables de los departamentos financiero y de *marketing.*

- Permite traducir en parámetros operativos las decisiones estratégicas sobre el nivel de servicio objetivo. En efecto, una vez decidido cuál es el objetivo, nos permite determinar cuáles son los parámetros de control de las existencias *(stock* de seguridad, *stock* máximo/mínimo, etc.).

- Permite analizar las repercusiones que tienen ciertas variables industriales sobre las existencias. Por ejemplo, conocer cuál es el «efecto» sobre éstas de una reducción del *lead-time* de fabricación, de manera que la inversión necesaria para conseguirlo se pueda o no justificar, entre otros aspectos, con una reducción del inmovilizado. Se obtiene un razonamiento equivalente con el tamaño del lote de fabricación.

- Permite conocer el coste en inmovilizado que tiene sobre nuestra empresa el incumplimiento de los plazos de entrega de nuestros proveedores y, por tanto, tener argumentos cuantitativos en la negociación con ellos.

En definitiva, un modelo avanzado STS permite gestionar de manera proactiva el nivel de servicio: conducir en vez de ser conducido.

3.3.4 Políticas de control del *stock* y planificación del servicio

De todo lo anterior se desprende una de las máximas relativas al control de existencias:

> *Decidir un nivel de* stock *de seguridad (para cada SKU),*
> *significa definir el nivel de servicio que se dará al mercado.*

En consecuencia, las políticas de planificación del servicio están íntimamente ligadas a las políticas de control de existencias que se decida implantar. Resumiremos a continuación las políticas de uso más habitual:

a) Cantidad de *stock* fija en unidades

Con esta política, el punto de pedido es una cantidad fija en unidades. Esta política se suele usar para piezas de recambios de maquinaria pesada de muy baja rotación, por ejemplo el eje de una turbina de una central eléctrica, etc. En muchos casos de mercados típicos de fabricación contra existencias (alimentación, farmacéutico, etc.) se suele encontrar esta política, más por incapacidad para implantar una política mejor que como consecuencia de una decisión voluntariamente elegida.

b) Cantidad de *stock* fija en cobertura

Con esta política, el punto de pedido es una cantidad fija en días de venta. Por tanto, dependiendo del período en que nos encontremos, las unidades físicas constituirán siempre una cantidad variable. Esta política es mejor que la anterior, aunque no tiene en cuenta el concepto nivel de servicio.

c) Nivel de servicio fijo por referencia

Esta política, que es más desarrollada que las anteriores, permite fijar para cada SKU un nivel de servicio objetivo. Mediante herramientas informáticas adecuadas que apliquen un buen modelo STS, se podrá conocer el parámetro de control de existencias ante cada situación.

d) Política «optimal»

Ésta es la más evolucionada y la que permite mayores reducciones de existencias. Consiste en lo siguiente:

- La población de referencias de un almacén se divide en clases ABC atendiendo al nivel de servicio.

- Se fija un nivel de servicio objetivo para cada clase, dejando libertad para que cada referencia tenga un nivel de servicio propio, siempre y cuando globalmente se consiga el objetivo fijado para la clase.

- Se calcula el nivel de servicio individual, de manera que el inmovilizado total de la clase sea mínimo, respetando la restricción de que globalmente se consiga el objetivo para la clase, además de otras posibles restricciones individuales en los niveles de servicio mínimos por referencia.

Esta política optimal es relativamente sencilla de visualizar ya que, debido a que cada curva individual STS se refiere a condiciones particulares, la pendiente de cada una de ellas será diferente.

Para dos productos con diferentes curvas STS, es decir, que se encuentran definidos de acuerdo a condiciones particulares de existencias, demanda y nivel de servicio, las partes centrales de la curvas de cada una de ellas serán diferentes entre sí. Para simplificar diremos que un producto presentará mayor pendiente que el otro debido a sus diferentes naturalezas.

Sin entrar en demostraciones rigurosas, en la figura 3.15 se ilustra la situación citada.

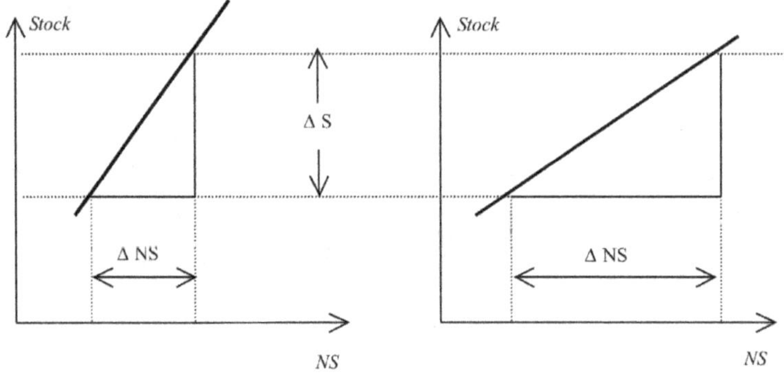

Figura 3.15.

Observando los gráficos y teniendo en cuenta lo anterior, puede indicarse lo siguiente: «*Quitar un ΔS en el producto de la izquierda empeora su NS, pero no tanto como lo que mejoraría el NS del producto de la derecha agregándole la misma cantidad ΔS* ».

La implantación de esta política optimal exige contar con un buen modelo STS y con un algoritmo de optimización que permita encontrar el óptimo matemático del nivel de servicio individual para cada referencia de cada clase ABC. En contrapartida, se obtienen reducciones de existencias superiores al 20 % frente a la política de nivel de servicio fijo por referencia, para un mismo objetivo de nivel de servicio.

3.4 Recapitulación y aplicaciones

Hasta aquí se han ofrecido algunos puntos de reflexión útiles sobre la importancia de contar con un modelo logístico de almacenes y de su servicio, construido según los parámetros de control de *stock* de seguridad, para conseguir buscar una optimización del nivel de inventario y del servicio. Hemos visto también que este modelo sigue un comportamiento de tipo exponencial, en el que a mayor nivel de servicio se requerirá un mayor nivel de inventario que lo respalde aunque, lógicamente, esto traiga aparejado un mayor costo de inmovilizado o de flexibilidad de producción. En la realidad, esto queda reflejado en la imposibilidad de lograr la entrega inmediata de un pedido por pequeño que sea, que es el ideal de un servicio al cien por cien.

Como parámetros de entrada al modelo, hemos visto la necesidad de contar con información muy concreta, como por ejemplo la frecuencia de pedidos, la demanda media, la variabilidad de la demanda, el número de períodos de revisión, el tamaño de lote, la frecuencia de suministro del proveedor, el tiempo de entrega y el retraso medio. El resultado de este proceso de optimización nos dará un conjunto de valores «óptimos» para las condiciones que configuren la situación de la empresa en ese momento. En otras palabras, se podrá determinar un *stock* mínimo posible (técnica y económicamente) para obtener el mayor nivel de servicio, considerando la complejidad del contexto en que se encuentre la empresa.

Para ilustrar los conceptos anteriores utilizaremos una simulación con un programa informático para estudiar cómo cambia la curva de nivel de servicio e inventario si modificamos el período de revisión, el tiempo de entrega, el retraso y el período de reaprovisionamiento. Fijaremos un nivel de servicio para todos los casos del 99,2 %. Esta situación de partida queda reflejada en la figura 3.16a.

En primer lugar, si variamos el período de revisión de 1 a 20 días, veremos que el nivel de existencias aumenta de 62,8 a 77,8 días. Como era de esperar, entonces requerirémos de mayor nivel de inventario cuanto mayores sean los períodos de revisión. Esto se ilustra en la figura 3.16b.

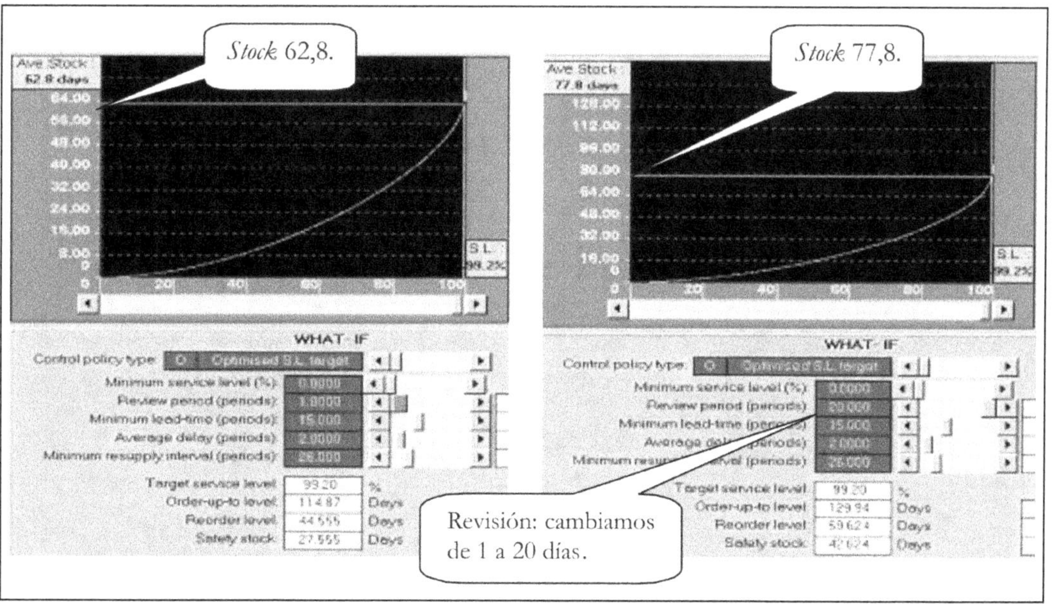

Figura 3.16a   Figura 3.16b

A continuación variamos el tiempo de entrega del proveedor del sistema de 3 a 45 días, y vemos que el nivel de existencias aumenta de 56,7 a 73,8 días: a menor tiempo de entrega requeriremos menor nivel de inventario.

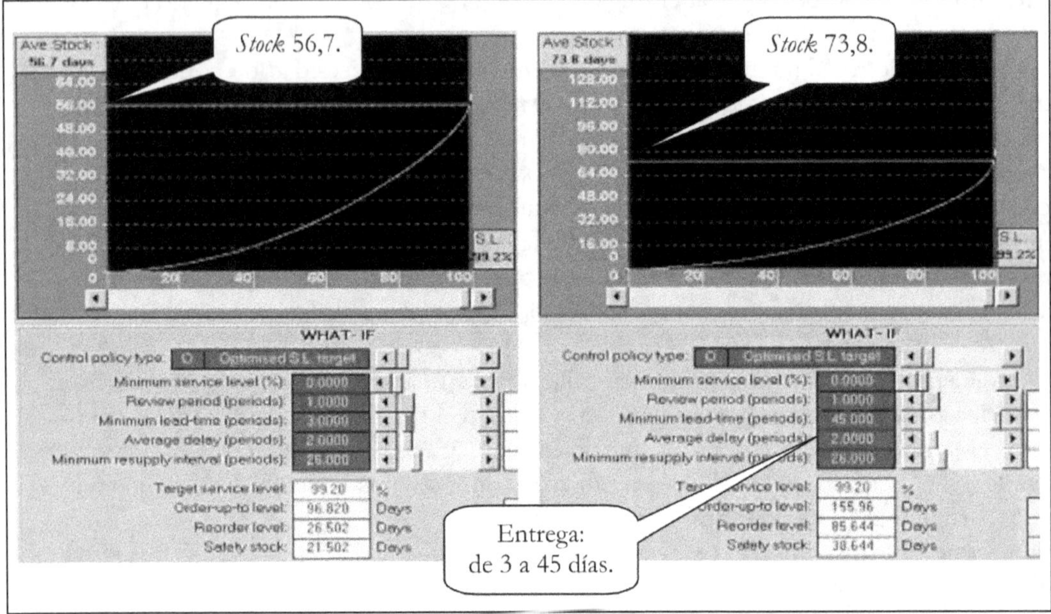

Figura 3.17a.   Figura 3.17b.

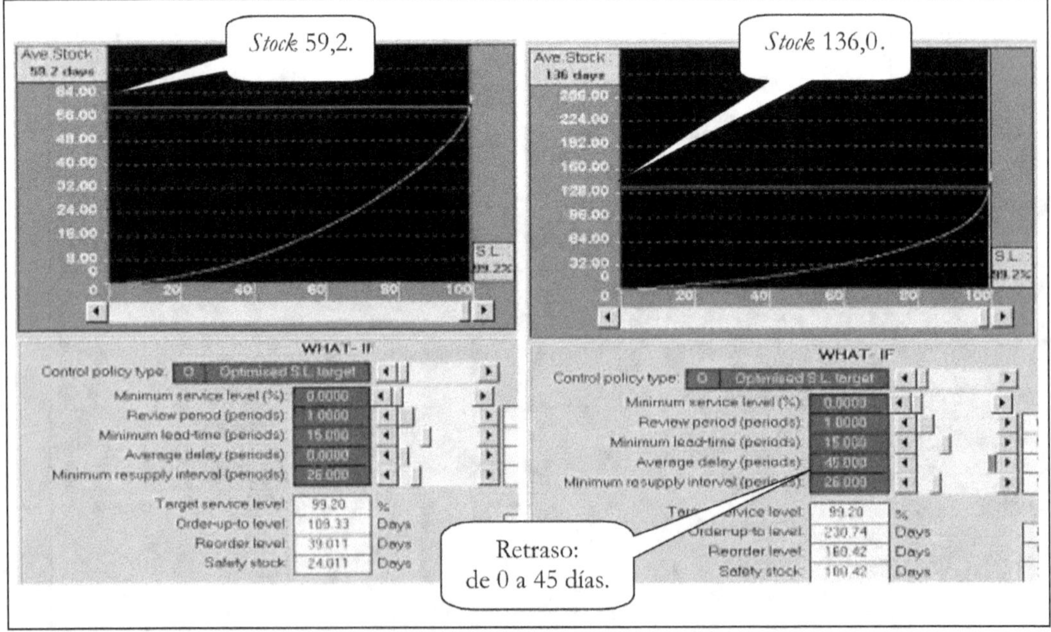

Figura 3.18a.   Figura 3.18b.

En el siguiente movimiento variamos el retraso en la entrega de producto del proveedor de 0 a 45 días (véanse las figuras 3.18a y 3.18b), y así observamos que también aumenta el nivel de inventario: a menor retraso, menor nivel de existencias será necesario, como la lógica supone.

Finalmente variamos el intervalo de reaprovisionamiento de 1 a 128 días, y observamos también que, a menor intervalo de reaprovisionamiento, el nivel de inventario será menor. Esto se ilustra en las figuras 3.19a y 3.19b.

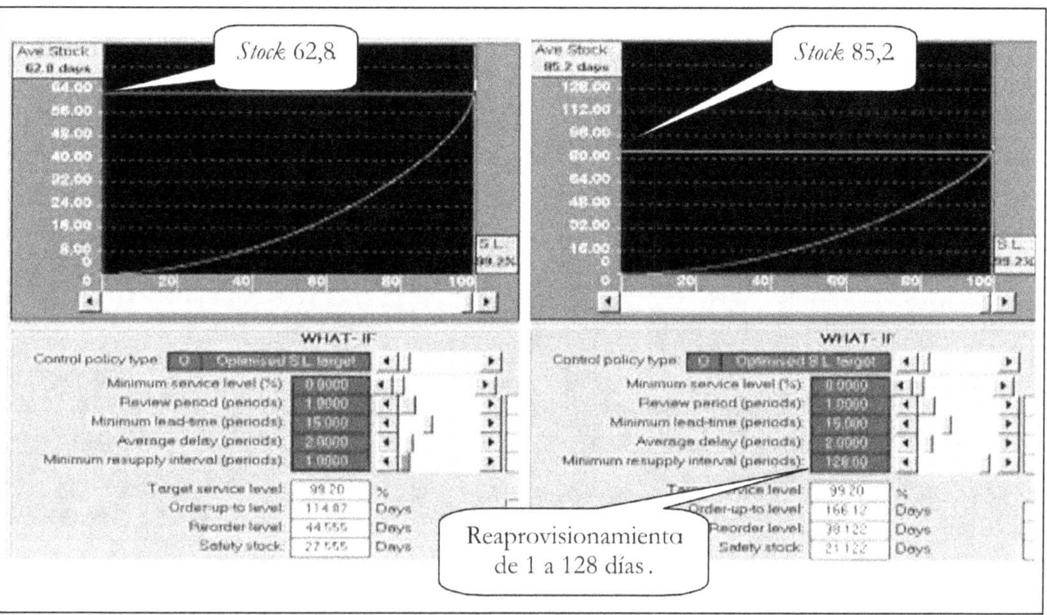

Figura 3.19a.   Figura 3.19b.

En resumen, a partir de estos cambios por variable, podemos observar lo siguiente:

- Vemos que a medida que tengamos menores tiempos de cualquier proceso, requeriremos consecuentemente de menores niveles de: *a)* inventario, *b)* punto de reorden, y *c) stock* de seguridad.

- También es evidente que el retraso en la entrega por parte del proveedor requiere de mayores niveles de inventario para poder mantener un nivel de servicio objetivo.

- Por otro lado, observamos asimismo que la variación del plazo de revisión tiene un efecto relativamente menor en estas variables.

- Y por último, adviértase que aunque el concepto de disponer de un nivel de existencias elevado para cumplir un nivel de servicio es bastante simple, en realidad se trata de una relación multivariante con diferentes grados de correlación y que requiere para su control de un modelo de optimización adecuado y versátil con objeto de dar con una solución económica conveniente para la empresa.

Capítulo 4

Planificación del reaprovisionamiento

Este capítulo cierra el proceso de la planificación y optimización de los datos de demanda. Partimos en los capítulos anteriores de una previsión de demanda, buscamos anticiparnos a ella y cubrirla para ofrecer un alto nivel de servicio utilizando para ello el stock *de seguridad y lo logramos al poder aprovisionar nuestra red de distribución. Por eso describimos primero los conceptos básicos de la distribución: la optimización de lotes por el EOQ, (cantidad económica de pedido). Luego, cómo se planifica la distribución (red y rutas). Y concluimos con el reaprovisionamiento de la red con el concepto de «túnel de reaprovisionamiento», el cual ilustramos al final con algunos ejemplos.*

Para este desarrollo se toman como punto de partida los trabajos de Ribera y Grasas (2002b y 2002c).

4.1 Optimización de lotes (EOQ)

En este capítulo se describe el método de procesamiento por lotes, se explora su lógica y se explican sus efectos. Por tanto, hablaremos de los costes asociados y determinaremos los tamaños «óptimos» de los lotes.

Los efectos principales de incrementar el tamaño de un lote son los siguientes: *a)* aumento de la capacidad, *b)* reducción del coste de procesamiento por unidad, y *c)* incremento del inventario.

Para iniciar este estudio trataremos el primero de los efectos y mostraremos cómo determinar el tamaño mínimo requerido de un lote para alcanzar una capacidad determinada. Luego determinaremos el tamaño «óptimo» de un lote para minimizar los costes totales de la operación. A grandes rasgos, este capítulo trata de estos dos bloques:

a) *Capacidad,* o la relación entre el tamaño del lote y la capacidad de recursos, y

b) *EOQ,* que comprende determinar el tamaño «óptimo» del lote (estudios de costes).

4.1.1 Cumplimiento de los requisitos de capacidad

Si se requiere una capacidad mínima, se podrá calcular un lote de tamaño mínimo para cumplir esta exigencia. Supongamos que son necesarios s minutos para preparar el lote (es decir, cada vez que se fabrica un lote se utilizan s minutos, al margen del tamaño del mismo), y que se tardan p minutos para procesar cada unidad del lote.

Entonces:

Tiempo preparación (s)	30	min.
Tiempo proceso unid. (p)	1	min.
Minutos por día (M)	480	min.

Tamaño del lote (Q)	10	
Tiempo por lote	40	$= s + (Q \cdot p)$
Tiempo por unidad	4	$= p + (s/Q)$
Capacidad (unidades/día)	**120,0**	$= M \big/ \big[p + (s/Q) \big]$

Tabla 4.1.

La capacidad varía con el tamaño del lote y alcanza asintóticamente su máximo cupo cuando no se necesita preparación:

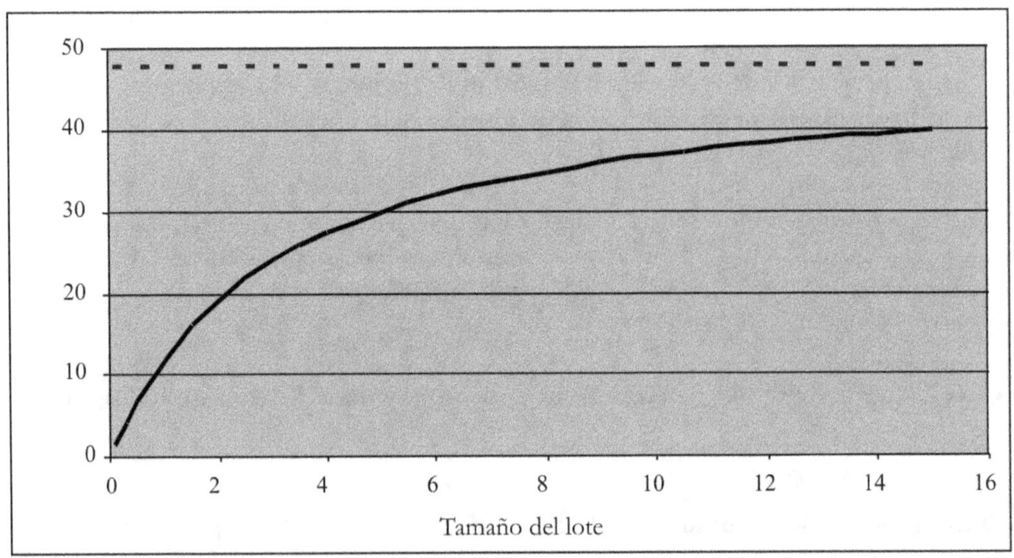

Figura 4.1.

Ahora podemos utilizar la misma fórmula para encontrar el lote mínimo que permita alcanzar la capacidad deseada. *(Nota:* si se obtienen valores negativos, esto significa que no se puede alcanzar la capacidad requerida.)

Capacidad deseada (C)	30	unid.
Tiempo proceso unid. (p)	1	min.
Tiempo preparación (S)	30	min.
Minutos por día (M)	480	min.
Tiempo procesamiento	30	$= C \cdot p$
Tiempo útil preparación	450	$= M - (C \cdot p)$
Núm. máx. preparaciones	15	$= [M - (C \cdot p)]/s$
Tamaño mínimo lote	2	$= C/\{[M - (C \cdot p)]/s\}$

Tabla 4.2.

Ejercicio: un fabricante de placas de circuitos impresos, Herbert West Printed Circuit Boards, Ltd., sirve grandes pedidos a los fabricantes de «soluciones-robot». En la operación de corte con cizalla se cortan grandes paneles para crear placas más pequeñas. Cada panel produce hasta 20 circuitos impresos, dependiendo del modelo. Se tardan 20 minutos en preparar la cizalla (para ajustar las medidas y preparar la corriente de alimentación (controlada por un sistema de PLC tipo *Opalino-Burgwardt Super K14-Plus*[©]). Una vez preparada la máquina, ésta puede cortar dos paneles por minuto. ¿Cuál será el tamaño mínimo del lote para alcanzar una capacidad mínima de 800 paneles al día?

Solución: para procesar los 800 paneles necesitamos 800 * 0, 5 = 400 minutos. Esto nos deja un tiempo de 480 - 400 = 80 minutos para realizar la preparación. En 80 minutos podemos realizar 80/20 = 4 preparaciones por día. Por lo tanto, en cada preparación debemos procesar un lote de 800/4 = 200 unidades.

Q	25	50	100	150	200	250	300	400
Cap	*369*	*533*	*686*	*758*	*800*	*828*	*847*	*873*

Tabla 4.3.

4.1.2 EOQ, o cantidad económica de pedido

Una vez cumplidos los requisitos de capacidad, ahora nos ocuparemos de optimizar los costes de gestión de inventarios que resultan de realizar pedidos o fabricar por lotes. Comenzaremos con un modelo sencillo y luego lo ampliaremos.

Otro caso: una vez más, Herbert West White Paper Corporation es la adjudicataria de gestionar una pequeña papelería en una facultad de empresariales. Los bolígrafos *Süperkaligrapher* son uno de los artículos que más se venden. El encargado de compras, Ignatius J. Reilly, suele comprárselos a la empresa local al precio de un euro (es decir: 1 €) por unidad, y vende una cantidad diaria de 75 bolígrafos. Cuando decide comprar más bolígrafos llama a su proveedor, Herbert West Ballpen, Ltd. y realiza el pedido. Dicho pedido se entrega por correo a la hora siguiente. A Ignatius le cuesta 20 euros realizar el pedido y recibirlo. Le preocupa tener demasiadas existencias en la tienda y estima que mantener unidades en inventario le representa alrededor del 20 % por año (podría invertir ese dinero y conseguir un buen rendimiento de la inversión). Ignatius se pregunta *cuántas unidades debe encargar* cada vez que realiza un pedido.

Solución: se pueden distinguir dos costes distintos asociados a la decisión de Ignatius. Por un lado, el coste de realizar el pedido (coste de lanzamiento), que debe soportar cada vez que hace un encargo, al margen del volumen del mismo. Por otro lado, el coste de posesión del inventario, como alternativa a invertir el dinero.

Tomemos el período de un año y evaluemos cómo varían dichos costes en función del tamaño del pedido. Si Ignatius compra 4.000 bolígrafos cada vez, a final de año habrá realizado $(365 \times 75 / 4.000)$ pedidos, lo que supone un coste anual de $(20 \times 365 \times 75/4.000)$ euros, una su-ma de 137 euros. Además, si compra 4.000 bolígrafos cada vez, mantendrá un inventario medio de 4.000/2 bolígrafos, con un valor de $4.000 \times 1/2 = 2.000$ euros. Mantener este inventario costará a Ignatius $2.000 \times 20 \% = 400$ euros al año. Por tanto, el coste de comprar bolígrafos con un tamaño de lote de 4.000 asciende a 537 euros al año. ¿Es ésta la mejor decisión para Ignatius?

Podemos probar con distintos tamaños de lote, para averiguar cuál es el más adecuado, por ejemplo $Q = 3.000$.

Tamaño del lote (Q)	3.000	
Coste de lanzamiento	183	$= S \cdot D/Q$
Coste de posesión	300	$= \tfrac{1}{2} Q \cdot v \cdot i$
Coste total	483	

donde:

S – Coste de lanzamiento (por pedido)	20
D – Demanda anual	$27.375 = 365 \times 75$
v – Valor unitario del producto	1
i – Coste de posesión (porc. anual)	20 %

Tabla 4.4.

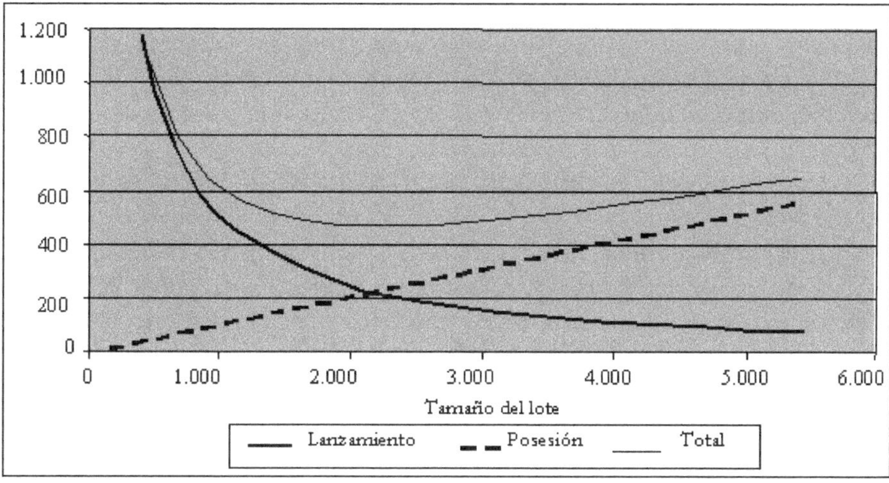

Figura 4.2.

Si elaboramos un gráfico que muestre los distintos costes que Ignatius debe soportar cuando cambia la cantidad del pedido, descubriremos que el coste mínimo se obtiene cuando el tamaño del pedido ronda las 2.300 unidades (véase la figura 4.2).

Este valor, que corresponde al coste total mínimo de gestión de inventario, se denomina EOQ (cantidad económica de pedido) y se puede obtener directamente mediante la siguiente fórmula:

$$Q^* = \sqrt{\frac{2 \cdot D \cdot S}{i \cdot v}}.$$

En donde:

S – Coste de lanzamiento (por pedido)	20	euros
D – Demanda anual	27.375	unid.
v – Valor unitario del producto	1	euro
i – Coste de posesión (porc. año)	20 %	/año
EOQ	**2.340**	unidades
Coste de lanzamiento	234	euros
Coste de posesión	234	euros
Coste total	468	euros

Tabla 4.5.

Obviamente, el resultado que se obtiene mediante el método EOQ sólo será fiable si los datos utilizados como información son correctos. Obtener dichos datos no resulta sencillo. Por ejemplo, la demanda anual puede ser bastante incierta, y determinar el coste de preparación ser difícil, ya que es posible que una parte sea a un coste fijo.

Sin embargo, no cabe duda de que el método EOQ es una *fórmula muy sólida,* en el sentido de que algunas variaciones considerables de los datos no se traducen en cambios similares en los resultados.

El modelo EOQ resulta útil en situaciones en las que la demanda es bastante estable (al contrario de cuando existen fuertes variaciones estacionales) y se puede predecir con exactitud. Dicho modelo supone que la tasa de obsolescencia de los productos es baja.

Lamentablemente, la sencilla fórmula EOQ anterior sólo puede utilizarse cuando los costes asociados a la gestión de inventario son los de lanzamiento y de posesión. Cuando entran en juego otros costes deberíamos utilizar un método más general para obtener el tamaño «óptimo» del lote.

4.1.3 Cálculos avanzados de EOQ. *Stock* de seguridad

A continuación supondremos que usted utiliza una política de control de existencias del tipo (s, S). Este tipo de políticas se compone de dos números, S y s (donde $S > s$). El número más pequeño, s, indica el *punto de pedido,* es decir, un valor que significa que *cuando el nivel del stock cae por debajo del valor de* s, *se lanza un pedido.* La cantidad para pedir se calcula de forma que el *stock* sea S inmediatamente después del pedido.

Por ejemplo, supongamos que $S = 100$ y $s = 20$. Consideramos que, en un momento determinado, la demanda reduce las existencias finales hasta 15 unidades. Puesto que 15 es menor que el valor s, se lanza un pedido por un valor de:

$$S - 15 = 100 - 15 = 85 \text{ unidades.}$$

Se puede demostrar que este tipo de políticas es óptimo en caso de demanda aleatoria y bajo condiciones muy generales. Por dicha razón, su uso en la práctica es muy habitual. En las secciones que siguen se ofrecerá un método aproximado para calcular los valores de S y s para una gran variedad de situaciones prácticas.

a) Cálculo de una política *(s, S)* por un método aproximado

El modelo de *stock* sometido a estudio implica una revisión periódica (un período), un sistema de artículo único en el que la demanda no servida se va acumulando, *un plazo de entrega fijo* L entre el envío y la recepción de un pedido, y *las demandas durante los períodos de revisión* se distribuyen de forma independiente e idéntica, con una *media* μ y una *desviación estándar* σ. Los costes de reposición están compuestos por el *coste de preparación* K. Al final de cada período de revisión se produce un coste h o p para cada *unidad disponible o no servida*, respectivamente. El criterio de optimización consiste en la minimización del coste esperado no descontado por período, en un horizonte infinito. En el apéndice C.1 se muestran los detalles de este procedimiento.

b) Otro procedimiento, basado en los cálculos de EOQ y de *stock* de seguridad

Las siguientes fórmulas se podrán utilizar para aplicar los conceptos presentados en los capítulos anteriores sobre gestión de inventario *stock* de seguridad y procesamiento por lotes. La cantidad R corresponde al período de revisión, que se supone que es 1 en la fórmula de Ehrhardt, y SS representa el *stock* de seguridad:

$$z = N \cdot \left(\frac{p}{p+h} \right)$$

$$SS = z \cdot \sigma \cdot \sqrt{L+R}$$

$$D = \sqrt{\frac{2 \cdot \mu \cdot K}{h}}$$

$$x = máx.(D, \mu \cdot R)$$

$$s = (L+1) \cdot \mu + SS$$

$$S = SS + x + \mu \cdot L$$

4.2 Planificación de distribución (redes y rutas)

El problema del diseño de una red de distribución tiene en cuenta un gran número de parámetros, elementos y restricciones, lo cual produce un número aún mayor de posibles combinaciones (soluciones al problema). Este tipo de problemas recibe el nombre de *problemas combinatorios*.

Para la resolución de tipos problemas concretos no se puede usar el cálculo diferencial, porque no se trata de problemas de variable continua sino que las variables son de naturaleza entera (sí/no, marcha/paro) que exigen otro tipo de técnicas.

Dado que el número de soluciones es finito, un método teóricamente válido sería el de encontrar la combinación óptima entre todas las posibles. Sin embargo, si «simplemente» nos planteásemos evaluar cada combinación y seleccionar la mejor (en este caso la más económica) este método podría constituir una verdadera tarea faraónica. Con ello queremos decir que los tiempos de cálculo necesarios para evaluar todas y cada una de las combinaciones serían tan enormes que harían irrealizable el proyecto, tanto técnica como económicamente.

Para afrontar esta problemática se han desarrollado dos tipos de procedimientos de optimización, entre otros:

- Por un lado, existen unos *procedimientos exactos,* que aseguran que la solución encontrada es la óptima. Entre estos procedimientos se encuentran los siguientes: *a)* la programación dinámica, *b)* los procedimientos de separación y acotación *(branch-and-bound),* y *c)* la programación matemática entera y mixta (que incluye la programación lineal entera y mixta).

- Y por el otro, los *procedimientos heurísticos,* que no aseguran la obtención de una solución óptima. La estrategia de este tipo de procedimientos se basa siempre en encontrar una solución posible y, a partir de ésta, dar con soluciones mejores. En los algoritmos heurísticos interesa tener una idea de si la solución encontrada es o no mucho peor que la óptima. Por ello es interesante encontrar una cota (superior o inferior según se trate de un problema de maximización o minimización) del valor óptimo de la función-objetivo. De esta manera, la diferencia entre y el valor de la función-objetivo para la solución hallada por el algoritmo nos da una indicación del error que se comete.

4.2.1   Rutas de distribución: planificación táctica

Otro problema que suele afrontarse en este contexto es el del tratamiento de la variación día a día de la demanda, un problema de planificación táctica: *cuáles deben las rutas de distri-bución óptimas para entregar las mercancías con el coste de transporte mínimo.*[1] Este problema se puede enunciar de la siguiente forma: dado un almacén y un conjunto de clientes de los que se conoce la demanda y su ubicación (la distancia al depósito y entre cada par de clientes es conocida), se trata de determinar los itinerarios de los vehículos con origen y destino en el depósito que cumplan todas o algunas de las restricciones siguientes:

- *Satisfacer la demanda de todos los clientes.*

- *No exceder la capacidad de carga de los vehículos.*

- *Respetar los límites de tiempo o distancia para cada vehículo.*

- *Servir al cliente dentro de una ventana temporal prefijada, de tal forma que se minimice una función de coste de los itinerarios.*

En la práctica, las situaciones en que se requiere confeccionar rutas de transporte suelen ser dos:

a) Por una parte están los casos en que la demanda cambia diariamente. Es, por ejemplo, el caso de la distribución de la cerveza o de los refrescos de cola en una gran ciudad. Aquí se suele conocer la demanda porque previamente se ha visitado o telefoneado al cliente para saber cuánto precisa. La frecuencia de cálculo de la ruta es diaria en estos casos.

b) Por otra parte, existen situaciones en las que lo que importa es entregar a los clientes con una frecuencia fija, basada en un criterio tipo ABC de consumo. Esta frecuencia puede variar a lo largo del año (por ejemplo, en verano suelen abrir comercios en zonas turísticas y cerrar en las ciudades) por lo que tal vez haya un esquema de rutas fijo para determinados períodos (cada mes, temporada, etc.).

Existen en el mercado varios programas *software* que tratan este tipo de problemas: Routmate, Roadshow, Mover, etc.

4.2.2 Métodos heurísticos para la generación de rutas de reparto

Dada una red, es decir, un conjunto de nudos y arcos que los unen, supongamos que se nos informa de la distancia (coste) recorrida al desplazarnos por cada arco. Queremos encontrar un camino cerrado, es decir, saliendo de un nudo y regresando a él, que pase por todos los nudos de la red una sola vez y que sea lo más barato posible.

Esto se conoce como el «problema del viajante», en el que se apela a la interpretación que asocia los nudos del grafo con ciudades que debe visitar un hipotético viajante de comercio que intenta hacer un recorrido completo con mínimo coste sin visitar dos veces la misma ciudad. El problema es relevante para determinar rutas de reparto diarias de vehículos. Los nudos de la red son las ubicaciones donde debe entregarse demanda, y el viajante es el camión que debe hacer el recorrido.

Aunque aparentemente sencillo, bastan unos instantes para convencerse de que las dificultades de este problema son considerables si se quiere resolver con precisión.

Es necesario observar que existen distintos casos particulares del problema general que tienen tratamientos más sencillos y se prestan a procedimientos especiales. En concreto, pueden distinguirse éstos:

a) **Problemas simétricos:** se caracterizan porque el coste de ir del nudo i al j es el mismo que el de ir de j a i. Obsérvese que en este caso la longitud de un camino no depende del sentido en que se recorre. Esto hace que sea particularmente tratable por métodos que intentan modificar un camino mediante mejoras sucesivas.

b) **Problemas planos**: son aquellos en los que la matriz de distancias d_{ij} puede realizarse sobre un mapa plano. Para que un problema sea plano, es condición necesaria, aunque no suficiente, que la matriz de distancias cumpla la condición de triangularidad $d_{ik} + d_{kj} \geq d_{ij}$, es decir, que la distancia directa entre dos ciudades no sea superior a la distancia total entre las mismas pasando por una tercera. Es posible que, aunque en principio el problema se formule sobre un mapa, la matriz resultante no corresponda a un caso plano. Por ejemplo, si se calcula el coste de un recorrido en función de las características de las carreteras (pendientes, consumos, etc.) disponibles, es posible que ni siquiera se cumpla la condición triangular.

En el caso plano, el mapa es una representación gráfica que resulta extremadamente ágil e intuitiva para el proceso realizado por humanos, aunque poco apta para el proceso mecanizado. Es lógico pensar, pues, que en estos casos el decisor humano cuenta con una ventaja inicial sobre la máquina, por lo menos en problemas sencillos. En el apéndice C.2 el lector encontrará una explicación simplificada del tratamiento de heurísticas para ambos casos de estudio.

4.3 DRP y reaprovisionamiento

4.3.1 DRP

Históricamente, el concepto *Distribution Requirements Planning* (DRP) nació como una evolución del concepto *Materials Requirements Planning* (MRP).

Como es sabido, MRP es una lógica de relación entre las necesidades de producto acabado y las necesidades de materias primas y componentes de los mismos. Así, de cada producto acabado se define la lista de materiales (*Bill of Materials*, BOM) que lo componen, con sus diferentes niveles de estructura, hasta llegar a los componentes más elementales de compra.

El concepto MRP evolucionó en dos sentidos:

- Por una parte dio lugar al concepto *Manufacturing Resource Planning* MRP II (Planificación de Recursos de Fabricación) en el que, según la lógica anterior, se contempla no solamente la planificación de los materiales, sino también la del resto de recursos de fabricación: máquinas y mano de obra.

- Por otra parte, al analizar las redes de distribución se vio que existe cierta similitud entre el cálculo de necesidades de materiales derivados de una demanda independiente y el de reaprovisionamiento de una red de distribución. De ahí nació el concepto *Distribution Requirement Planning* o DRP.

4.3.2 La lógica de la planificación del reaprovisionamiento

El razonamiento que sigue se aplica a producto acabado (PA), al semielaborado (SE) en estrategias de «ensamblaje contra pedido» , y a la materia prima (MP) en estrategias de «fabricación contra pedido». Por simplicidad en el razonamiento, a continuación sólo se hará referencia a PA.

El responsable de almacén de PA verifica periódicamente si debe o no realizar un pedido de reaprovisionamiento del mismo. Llamaremos a este tiempo fijo período de revisión (PR), que suele ser un día, una semana o un mes, según el sector, la empresa, etc.

Cuando se realiza un pedido al sistema de nivel superior, el PA tarda un período de tiempo, llamado plazo de entrega (*lead-time*, L) en servirse. Este plazo de entrega será el de transporte si estamos llevando PA de un almacén a otro, o será el de fabricación si estamos considerando el almacén de primer nivel de la red.

Así pues, en cada ciclo de revisión se deben tomar varias decisiones sucesivas, entre ellas las siguientes:

a) ¿Se debe efectuar un pedido o puedo esperar al siguiente ciclo?

b) Si la decisión es afirmativa, aparecen dos nuevas preguntas: ¿cuándo lo debo lanzar y qué cantidad hay que pedir?

Analicemos estas decisiones de manera secuencial. En cada ciclo de reaprovisionamiento, la primera pregunta que se debe realizar para cada referencia es: ¿debo lanzar un pedido o puedo esperar al siguiente ciclo?

Si no se lanza ningún pedido, la próxima oportunidad para lanzarlo será al cabo de un tiempo PR y, entonces, todavía tardará un tiempo L en recibirse. Por lo tanto (véase la figura 4.3):

- Si el nivel de existencias actual es suficiente para cubrir las ventas previstas durante el período de revisión más el plazo de entrega (PR + L), no hace falta lanzar el pedido ahora. La suma PR + L se conoce como *período de exposición al riesgo*. El *stock* que supone las ventas durante el período de exposición al riesgo se denomina cíclico, operativo o de maniobra.

- Si el nivel de ventas previstas es tal que las existencias se consumen dentro del período de exposición al riesgo, se debe lanzar el pedido.

Así pues, concluimos por ahora que se debe realizar un pedido si las existencias actuales son inferiores a las ventas durante el período de exposición al riesgo.

La segunda decisión que cabe tomar es cuántas unidades hay que pedir. De hecho, el *stock* mínimo que se debe tener «ahora» ha de ser el correspondiente para cubrir las ventas durante el período de exposición al riesgo. Por lo tanto, en primera instancia la canti-

Evolución del nivel de *stocks*

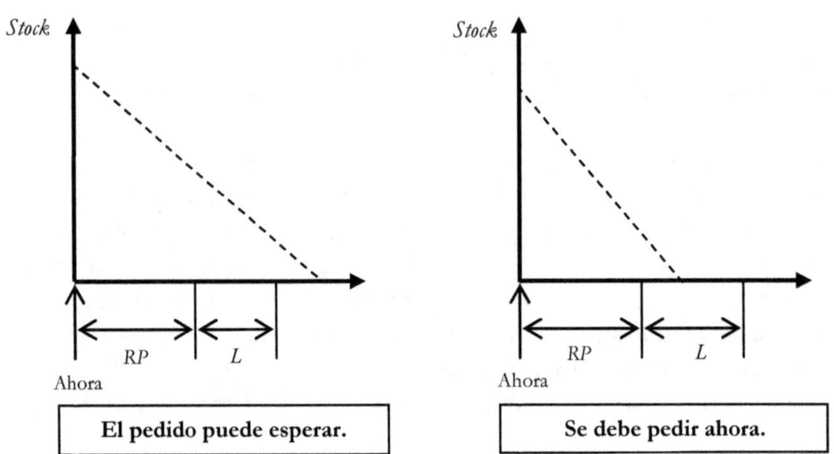

Figura 4.3

dad que cabe pedir debe ser como mínimo la necesaria para situar las existencias por encima de la línea de las ventas durante el período de exposición al riesgo:

$$Q_P = V_{ER} - S_{ACT}$$

en donde:

Q_P = cantidad para pedir,

V_{ER} = ventas durante el período de exposición al riesgo,

S_{ACT} = *stock* actual.

De manera gráfica:

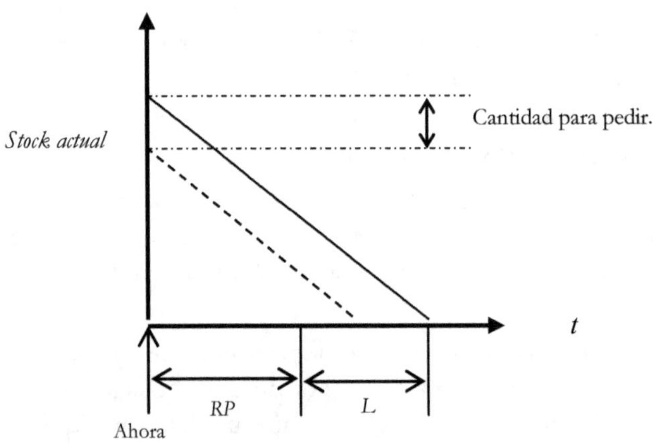

Figura 4.4.

Pero el razonamiento anterior es cierto si se cumplen las hipótesis básicas que hemos citado. Así:

- Las ventas previstas no dejan de ser una previsión que se hace «ahora». La realidad es que al final del período de exposición al riesgo, la diferencia entre las ventas previstas y reales se distribuye según un modelo de dispersión analizable por métodos estadísticos.

- El plazo de entrega suele tener un componente aleatorio que no se puede evitar: el proveedor o la fábrica se compromete a entregar los productos al cabo de L días, pero en realidad se suele producir un retraso medio adicional a dicho plazo de entrega.

Para oponerse a estas incertidumbres se necesita «algo» más de existencias, que es el llamado *stock* de seguridad. Así pues, para decidir si se ha de realizar un pedido se deberá comparar las existencias actuales con el valor de las ventas durante el período de exposición al riesgo más el *stock* de seguridad (SS), del que ya hemos hablado en el capítulo anterior. En símbolos, por tanto, tendremos:

$$Q_P \geq V_{ER} - S_{ACT} + SS \,.$$

De manera gráfica:

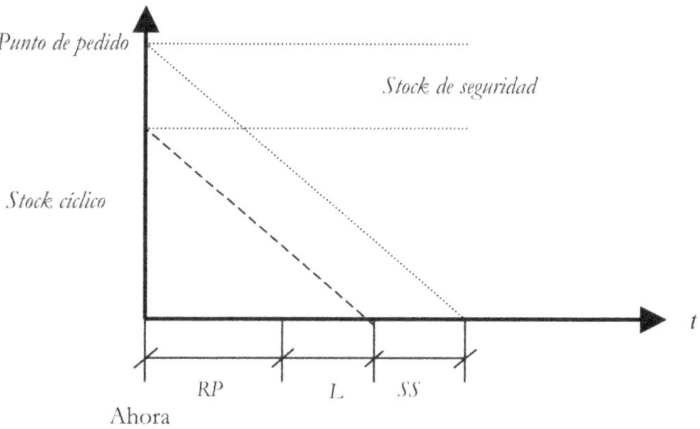

Figura 4.5.

Del capítulo 3, recordemos que el *stock* de seguridad está relacionado con la curva característica del nivel de servicio (STS).

La planificación del reaprovisionamiento la determina la curva *stock*-nivel de servicio, característica para cada SKU, es decir, para cada referencia de cada almacén. La misma referencia está definida en distintos almacenes por curvas diferentes, ya que cada almacén «ve» una demanda diferente del resto de almacenes.

Obsérvese que es tan importante el hecho de realizar buenas previsiones como el de disponer de un buen modelo matemático que relacione las existencias con el nivel de servicio. Si nuestro modelo previsional no puede realizar previsiones de alta fiabilidad, debemos dimensionar las existencias de manera consecuente con este hecho, de modo que se cumpla siempre el nivel de servicio objetivo.

La segunda decisión que se debe tomar es cuándo hay que pedir. Esta respuesta es fácil: se debe pedir L días antes de que el *stock* proyectado sea inferior al de seguridad:

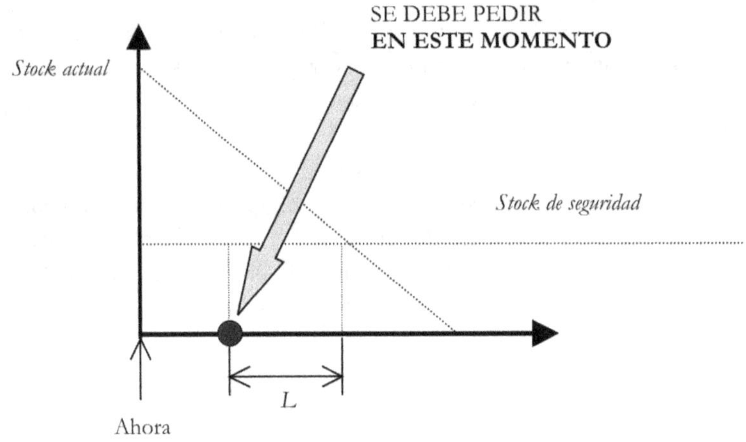

Figura 4.6.

La cantidad para pedir queda entonces determinada por la última fórmula:

$$Q_P = V_{ER} - S_{ACT} + SS.$$

Pero aplicar estrictamente la fórmula anterior (pedir hasta reponer el nivel de existencias definido por las ventas durante el período de exposición al riesgo más el *stock* de seguridad) tal vez que no sea posible o conveniente. Diremos, al respecto, lo siguiente:

- No será posible en los casos en que exista algún vínculo definido por el «proveedor» (adviértase que aquí la palabra «proveedor» se define en el sentido amplio, pues puede ser un almacén de nivel superior, una fábrica o un proveedor externo). Así, pueden existir restricciones del tamaño del lote o restricciones del tamaño mínimo del pedido (una paleta, un camión entero, etc.).

- No será conveniente si existen condicionantes de tipo económico, por ejemplo que haya un tamaño de lote de compra más económico —que minimice costes asociados al pedido, costes administrativos, de transporte, de inmovilizado, etc., que un proveedor nos visite con cierta frecuencia fija al mes, etc.

Así pues, para cada SKU se puede definir una cantidad para pedir que será:

$$Q_P = V_{ER} - S_{ACT} + SS + Q_N,$$

en donde Q_N es una cantidad discrecional, determinable para cada SKU, la cual se fija con criterios particulares para cada situación. Puede ser conveniente definir Q_N como una cantidad absoluta o como cobertura de *stock* (días de venta).

En este caso la evolución de las existencias seguirá una línea quebrada entre un mínimo *(stock* de seguridad) y un máximo *(stock* de seguridad más Q_N) tal como muestra la figura 4.7

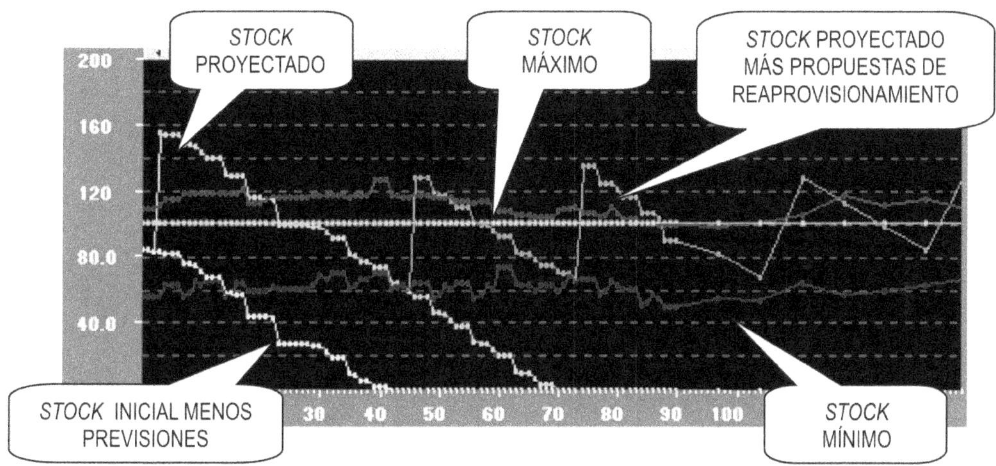

Figura 4.7. Evolución de las existencias entre un máximo y un mínimo o «efecto túnel».

El método de cálculo anterior es el que se usa en la mayoría de los sistemas en explotación. Sin embargo, este método no resuelve uno de los inconvenientes que tradicionalmente se han achacado a la lógica DRP, que es que la planificación de los pedidos se realiza sin optimizar los recursos involucrados, como, por ejemplo, el coste de transporte de la mercancía entre almacenes.

Así, por ejemplo, del simple cálculo puede parecer que se necesita una cierta cantidad de una SKU en el período n, pero esta cantidad no satura la carga del medio de transporte. ¿Qué se debe hacer en este caso?:

- Si no se repone la cantidad solicitada no se podrá servir al mercado.

- Si se repone la cantidad solicitada, se puede aprovechar el transporte para cargar otra SKU. Si es así, en este caso la pregunta es qué otra SKU y en qué cantidad.

Ante estos cuestionamientos, cabe decir lo siguiente:

a) Para decidir cuál debe ser la referencia para transportar, se puede utilizar la regla sencilla de reaprovisionar aquella referencia cuya necesidad se encuentre en fecha más próxima a la del transporte.

b)   En cambio, para decidir qué cantidad se debe transportar hay que hacerlo con cierta «inteligencia» para evitar una saturación de existencias en el almacén de destino. En efecto, el espacio extra que disponemos en el camión a precio de transporte cero para la referencia que «le toca» ser enviada por proximidad de fecha, puede suponer una cantidad de existencias en almacén extraordinariamente grande, de acuerdo con la demanda esperada.

Lo anterior sugiere que cada SKU debe tener una cantidad máxima para pedir, que junto con la cantidad mínima que debe haber *(stock* de seguridad), define cierto «túnel» de necesidades, de manera que cualquier valor para pedir que esté entre el mínimo y el máximo, es decir, que esté dentro del túnel, es válido desde el punto de vista de las existencias. Este valor intermedio se puede calcular usando algoritmos de optimización con restricciones, de manera que se tenga en cuenta que los pedidos se hacen para optimizar una función objetivo económica (mínimo coste de transporte, por ejemplo).

Contar con este túnel de reaprovisionamiento nos da la posibilidad de que el sistema nos genere alternativas de reaprovisionamiento de nuestra red de distribución de forma optimizada mediante el control del *stock* de seguridad.

4.3.3 Importancia del reaprovisionamiento como proceso «integral»

Hasta este punto hemos realizado una previsión de las cantidades mediante el uso de algoritmos que nos permitan tener un alto grado de confianza. Para cubrir el rango de incertidumbre natural de la previsión y mantener un alto nivel de servicio requeriremos de un determinado *stock* de seguridad y de saber las curvas STS para cada SKU. Pero si no optimizamos el reaprovisionamiento de la red ni el nivel de *stock* de seguridad de la misma, el resultado puede ser adverso. Por eso, utilizando un túnel de reaprovisionamiento podemos ser coherentes con el proceso de planificación y optimización y, con ello, tomar las mejores decisiones de reaprovisionamiento para lograr el nivel de servicio objetivo y obtener el mejor nivel de inventario.

4.4 Ejemplos de funcionamiento del modelo

En resumen: partiremos de la base de que ya contamos con una previsión aceptada por la empresa, y que hemos determinado un nivel de servicio que se pretende dar al mercado, y que necesitamos disponer del material en los almacenes o puntos de venta en el momento justo y con la cantidad requerida dentro de la red de distribución. Este reaprovisionamiento de material requiere ser planificado y gestionado en función de cada una de las referencias, familias de productos, áreas, grupos, mercados, etc., y tratar con datos del cliente sobre órdenes para suministrar, tamaños de lote, pedidos mínimos, plazos de entrega, etc.

Este proceso de planificación está basado en una óptica tipo *push*, es decir, enviar inventario a la red de distribución y realizar los cálculos de forma acumulada «aguas arriba» en el sistema, en agrupaciones adecuadas para solucionar los problemas de roturas de *stock*, el mantenimiento del nivel de *stock* de seguridad y cubrir la demanda sin sobrepasar

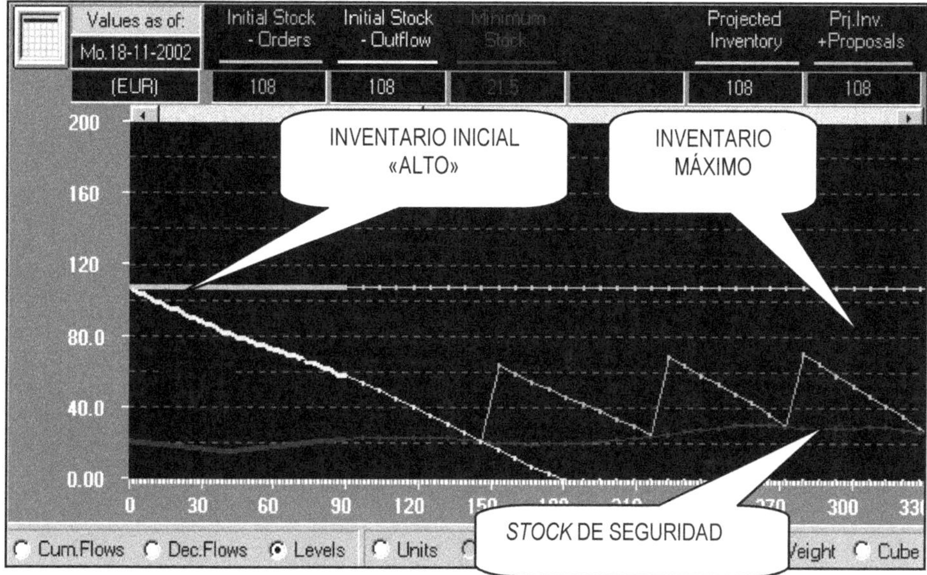

Figura 4.8.

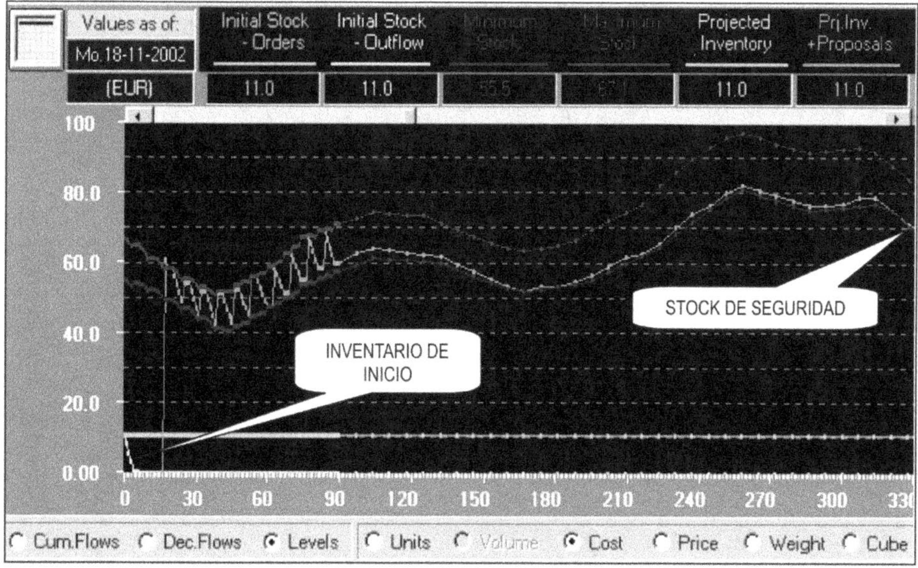

Figura 4.9.

el nivel máximo de *stock*. Gráficamente, lo que se obtiene es un comportamiento de la forma clásica del lote económico de pedido (EOQ), tipo diente de sierra, que ya hemos explicado. Debemos pensar entonces que el modelo que gestione correctamente el reaprovisionamiento de nuestra red de distribución debe darnos como mínimo los siguientes resultados: cantidad de material para suministrar a cada centro de distribución o punto de venta y frecuencia en el tiempo, de forma que se optimice el nivel de inmovilizado para el nivel de servicio objetivo. En la figura 4.8 vemos un ejemplo de una referencia que inicialmente se encuentra por encima de las necesidades máximas de inventario y que deseamos que entre en los niveles planificados de *stock* de seguridad y de nivel máximo.

Si, por el contrario, partimos de un bajo nivel o de una rotura de *stock*, entonces el resultado que buscamos para dar el nivel de servicio requerido tendrá un aspecto similar al de la figura 4.9.

Por lo tanto, lo que esperamos es que gráficamente el nivel de existencias se sitúe dentro de los límites de seguridad y máximo todo el tiempo. Entonces se observará la forma característica que se aprecia en la figura 4.10.

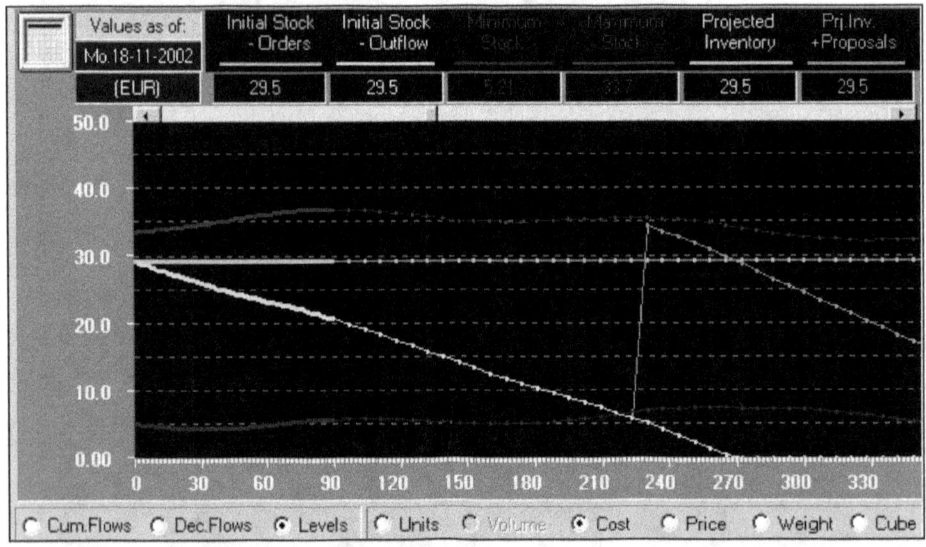

Figura 4.10.

Capítulo 5

Informática para la implantación

En este capítulo se contemplan algunos de los sistemas informáticos que se utilizan actualmente en el mercado, ya se trate de sistemas modulares de análisis de demanda y planificación de previsiones, o de sistemas ERP o SCM que incluyen módulos de previsiones, servicio y reaprovisionamiento.

5.1. Sistemas utilizados

5.1.1 Sistemas utilizados en previsiones

Inicialmente, la aplicación de modelos de previsión de la demanda *(forecast)* se realizaba manualmente por personal con conocimientos de estadística o matemáticas. Se encargaban como justificación teórica y de referencia para el personal de finanzas o comercial.

Con el uso masivo de ordenadores personales y el desarrollo de las hojas de cálculo de Office, la previsión de la demanda pasó a ser una operación relativamente simple de realizar por el área comercial o financiera. Actualmente, el MS Excel es la herramienta más utilizada para realizar sistemas sencillos.

Estos programas informáticos realizan limitadas funciones de previsión de la demanda a partir de una serie de datos históricos y un modelo establecido, y desarrollan sólo una previsión particular que posteriormente deberá ser analizada.

En cuanto a lo que llamamos sistemas de *forecasting*, éstos desarrollan un conjunto más amplio de funciones: captura de datos históricos de varias fuentes, separación de datos por varios criterios, revisión de problemas en datos, preparación del *forecast* de forma automática con control, revisión de resultados y, una función crítica, la conexión de sus resultados con los sistemas en uso de la empresa (módulos de ventas, planificación, producción, logística).

Hoy, gran número de empresas ofrecen este tipo de paquetes de *forecasting*, sin existir un claro líder y basando su prestigio en el tamaño de las firmas a las que venden el producto. Entre los programas más conocidos podemos citar Minitab, SPSS, TRAMO, TESS, S-Plus, SAS, John Galt, Smart Software o Demantra Demand Solutions, entre otros.

A continuación mostramos dos ejemplos de estos programas y su manejo de pantallas: Demantra (véase la figura 5.1) y Forecast Pro (véase la figura 5.2).

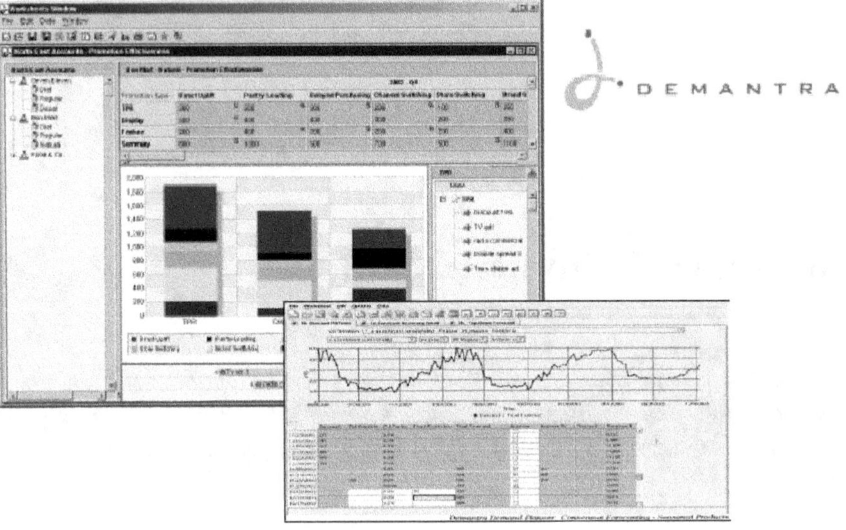

Figura 5.1.

5.1.2 Razones para el uso de sistemas de *forecasting*

Las dos razones principales por las que la mayoría de empresas utilizan sistemas de *forecasting* son:

- Aunque algunas empresas hayan desarrollado sus propios sistemas de gestión, éstos quedan rápidamente obsoletos y son insuficientes para el manejo de gran cantidad de datos, de alta complejidad y elevado número de referencias.
- Por otro lado, los sistemas desarrollados por las propias empresas son eminentemente transaccionales, no cuentan con módulos de planificación que permitan analizar y simular condiciones de demandas, información de puntos de venta, características de servicio y sistemas de optimización.

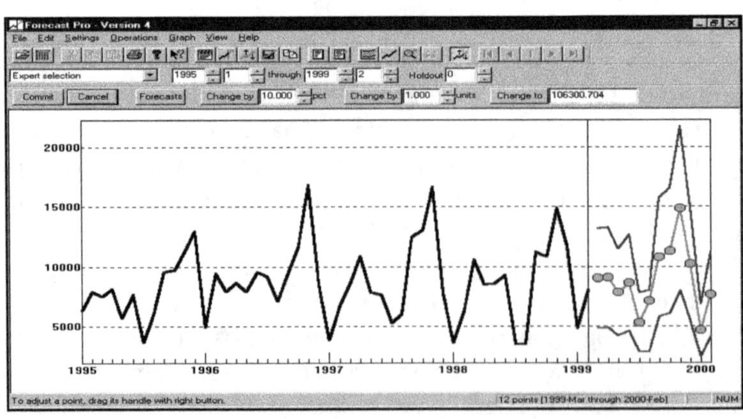

Figura 5.2.

- Por otro lado, los sistemas desarrollados por las propias empresas son eminentemente transaccionales, no cuentan con módulos de planificación que permitan analizar y simular condiciones de demandas, información de puntos de venta, características de servicio y sistemas de optimización.

5.1.3 Características que debe tener un buen sistema de *forecasting*

- Manejo sencillo de grandes cantidades de referencias SKU en almacenes y tiendas.
- Capacidad para hacer una acertada previsión, manejo de su reaprovisionamiento y de productos estacionales y de baja rotación.
- Capacidad de minimizar las roturas de *stock* y para satisfacer la demanda de diferentes puntos de distribución.
- Capacidad de calcular el nivel de servicio y el *stock* de seguridad a nivel de SKU para referencias de baja y alta rotación.
- Mantener costos bajos utilizando compra adelantada para mejorar las condiciones de negociación.
- Asegurar una integración sencilla con los sistemas transaccionales o de gestión existentes.

5.1.4 Sistemas utilizados en gestión

Dentro de los sistemas utilizados en la gestión de la empresa, los más conocidos ERP y SCM, tienen ya módulos que analizan la demanda, el nivel de servicio y el reaprovisionamiento y permiten su interacción dinámica con los otros módulos de su sistema, de forma que se logra una integración general de la información generada en la previsión. Entre las empresas suministradoras de estas soluciones podemos citar: SAP (líder del mercado de sistemas de gestión), Intentia, Manugistics, i2 Technologies, Toolsgroup, TXT, JD Edwards, Oracle, Logility, People Soft, etc.

Solución: **J.D. Edwards 5**		J D **E D W A R D S**	
PLANIFICACIÓN		*OPERACIONAL*	
▪ Previsiones:	SÍ	▪ ERP:	SÍ
— *Demand Forecasting*		▪ Abastecimiento MRP:	SÍ
— *Demand Planning*		▪ Fabricación	
▪ Nivel de servicio:		— MPS/Scheduler:	SÍ
▪ Reaprovisionamiento:	NO	▪ Almacenamiento	
— *Supply Chain*	SÍ	— Distribución DRP:	SÍ
— *Fulfillment*		▪ Ventas:	
▪ SCM:	SÍ		SÍ

Tabla 5.1.

Algunas de estas empresas han cubierto el módulo de demanda con desarrollo propio o por asociación con empresas especializadas en demanda, como es el caso de JD Edwards y Demantra, SAP e IRI Logistics.

Para dar una descripción de los principales programas informáticos de SCM que incluyen los conceptos enunciados en los capítulos anteriores, definiremos un bosquejo diferente de la cadena de suministro clásico, de forma que se pueda ver más claramente qué funcionalidades tiene cada uno de los programas mencionados.

Solución: **i2 Supply Chain Optimization**			
PLANIFICACIÓN		*OPERACIONAL*	
■ Previsiones:	SÍ	■ ERP:	NO
— *Demand Management*		■ Abastecimiento MRP:	SÍ
■ Nivel de servicio:	NO	■ Fabricación	SÍ
■ Reaprovisionamiento:		— MPS/Scheduler:	
— *Fulfillment Optimization*	SÍ	■ Almacenamiento	SÍ
■ SCM:	SÍ	— Distribución DRP:	
		■ Ventas:	SÍ

Tabla 5.2.

Toda la información mencionada la publican las empresas en sus sitios web o bien en información impresa.

Dentro de los módulos que lo componen, destacan *Demand Planning* y *Demand Forecasting* como las herramientas que realizan las previsiones y no mencionan cómo analizan las promociones, y *Supply Chain Fulfillment*, la herramienta que controla el reaprovisionamiento según el inventario y no menciona el hecho de tener un proceso de planificación del nivel de servicio.

Solución: **Logility Voyager Solution**			
PLANIFICACIÓN		*OPERACIONAL*	
■ Previsiones:	SÍ	■ ERP:	NO
— *Demand Management*		■ Abastecimiento MRP:	SÍ
— *Life Cycle Planning*		■ Fabricación	SÍ
■ Nivel de servicio:		— MPS/Scheduler:	
— *Replenishment Planning*	SÍ	■ Almacenamiento	SÍ
■ Reaprovisionamiento:	SÍ	— Distribución DRP:	
— *Inventory Planning*		■ Ventas:	SÍ
■ SCM:	SÍ		

Tabla 5.3.

Dentro de los módulos que lo componen, destacan *Demand Management* como la herramienta que realiza las previsiones; *Revenue and Profit Optimization* como la herramienta que analiza las promociones, y *Fulfillment Optimization* como la que controla el reaprovisionamiento según el programa de entregas. No se menciona el hecho de tener un proceso de planificación del nivel de servicio.

Dentro de los módulos que lo componen, destacan *Demand Planning y Life Cycle Planning* como las herramientas que realizan las previsiones; *Event Planning* como la que analiza las promociones; *Inventory Planning* como la que controla el reaprovisionamiento según el programa de entregas, y *Replenishment Planning* como la planificación de distribución tipo DRP pero tomando en cuenta el nivel de servicio.

Solución: **Enterprise Profit Optimization (EPO)**		manugistics	
PLANIFICACIÓN		*OPERACIONAL*	
▪ Previsiones:	SÍ	▪ ERP:	NO
— *Profitable Demand Mgmt*		▪ Abastecimiento MRP:	NO
— *Profitable Promotions Mgmt*		▪ Fabricación	SÍ
▪ Nivel de servicio:	NO	— MPS/Scheduler:	
▪ Reaprovisionamiento:	SÍ	▪ Almacenamiento	SÍ
Fullfilment Management		— *Distribución* DRP:	
▪ SCM:	SÍ	▪ Ventas:	SÍ

Tabla 5.4.

Dentro de los módulos que lo componen, destacan *Profitable Demand Management* como la herramienta que realiza las previsiones; *Profitable Promotions Management*, como la que analiza las promociones; *Fulfillment Management* como la que controla el reaprovisionamiento según el programa de entregas. No se menciona el hecho de tener un proceso de planificación del nivel de servicio.

Solución: **mySAP (APO)**		SAP	
PLANIFICACIÓN		*OPERACIONAL*	
▪ Previsiones:	SÍ	▪ ERP:	SÍ
— *Demand Planning*		▪ Abastecimiento MRP:	SÍ
— *Profitable Promotions*		▪ Fabricación	SÍ
▪ Nivel de servicio:		— MPS/Scheduler:	
▪ Reaprovisionamiento:	NO	▪ Almacenamiento	SÍ
— *Collaborative Fullfilment*	SÍ	— Distribución DRP:	
▪ SCM:	SÍ	▪ Ventas:	SÍ

Tabla 5.5.

Dentro de los módulos que lo componen, destacan *Demand Planning* como la herramienta que realiza las previsiones; *Profitable Promotions Management,* como la que analiza las promociones; y *Collaborative Fulfillment,* como la que controla el reaprovisionamiento según el programa de entregas. No se menciona el hecho de que ofrezcan un proceso de planificación del nivel de servicio. SAP-R3 es el sistema más conocido y líder en sistemas ERP.

Solución: **DPM**		⋎⁄ Toolsgroup Spain	
PLANIFICACIÓN		*OPERACIONAL*	
▪ Previsiones:	SÍ	▪ ERP:	NO
— *Demand Modeling*		▪ Abastecimiento MRP:	NO
— *Demand Planning*		▪ Fabricación	
▪ Nivel de servicio:	SÍ	— MPS/Scheduler:	SÍ
— *Fulfillment &* *Stock Optimization*		▪ Almacenamiento	
		— Distribución DRP:	SÍ
▪ Reaprovisionamiento:	SÍ	▪ Ventas:	NO
— *Distribution Requirements* *Planning*			
▪ SCM:	SÍ		

Tabla 5.6.

Dentro de los módulos que lo componen, destacan *Demand Modeling* como la herramienta que realiza las previsiones; *Demand Planning* la que analiza las promociones; *Distribution Requirements Planning* la que controla el reaprovisionamiento según el programa de entregas, y *Fulfillment & Stock Planning* la que optimiza el *stock* según el nivel de servicio.

Solución: **TXT SC&CM**		TXT e-solutions	
PLANIFICACIÓN		*OPERACIONAL*	
▪ Previsiones:	SÍ	▪ ERP:	NO
— *Demand Planning*		▪ Abastecimiento MRP:	NO
▪ Nivel de servicio:	NO	▪ Fabricación	SÍ
▪ Reaprovisionamiento:	SÍ	— *MPS*/Scheduler:	
— *Distribution Management* *& Optimization*		▪ Almacenamiento	SÍ
		— *Distribución* DRP:	
▪ SCM:	SÍ	▪ Ventas:	SÍ

Tabla 5.7.

Dentro de los módulos que lo componen, *Demand Planning* es la herramienta que realiza las previsiones y no se mencionan análisis de promociones; *Distribution Management & Optimization* es la que controla el reaprovisionamiento según el programa de entregas y no se menciona el hecho de tener un proceso de planificación del nivel de servicio.

Capítulo 6

Planificación de la producción

Este capítulo es una introducción a los temas clásicos que dan origen a la cadena de suministro y al proceso de desarrollo de la planificación en la producción. En él se explica con detalle la planificación de producción agregada, como ejemplo de proceso de planificación y optimización de los inventarios, temas de los siguientes capítulos en su relación con el nivel de servicio.
Como punto de partida para este estudio, se ha seguido a Ribera (1993).

6.1 Conceptos básicos

Dentro de toda empresa, una de las primeras actividades que se deben realizar es la planificación de los productos para fabricar y el control del proceso de fabricación. El método tradicional de planificación y control de producción (MPC) se desarrolla según el siguiente procedimiento:

- Primero se realiza el plan estratégico, elaborado a nivel directivo, en el que se genera el plan maestro de ventas para varios años según una demanda pronosticada y los presupuestos financieros. A este nivel se toman las decisiones estratégicas fundamentales de inversiones, expansión, mano de obra, producción y ventas, con el objetivo tradicional de optimizar costes y maximizar utilidades.

- En segundo lugar, a partir del plan estratégico se desarrolla la planificación agregada mensual. En la planificación agregada se trabaja con agregación de datos de familias de productos por mes durante un período generalmente de un año y los requerimientos para lograr la producción se realizan según la capacidad de planta.

- En el siguiente nivel se produce la desagregación a nivel de detalles de productos (SKU), el plan maestro de producción (MPS), en que se obtendrá el plan de requerimientos de material (MRP), la planificación de capacidad en cuanto a maquinaria y mano de obra asignada, la planificación de flujos de fabricación y la planificación de distribución (DRP). Finalmente este plan pasa al nivel de ejecución o *scheduling* y control, mediante la emisión de órdenes de fabricación, órdenes de compra, hojas de ruta y requerimientos de maquinaria y mano de obra.

6.1.1 Planificación agregada, MPS

En el proceso de planificación de una empresa contamos con la planificación a largo plazo a niveles de alta dirección, que requieren ser traducidos al campo de decisiones generales de producción, que a su vez sean entendidas como términos de comunicación con la alta dirección. Este proceso requiere ser expresado en unidades que sin recurrir al último detalle, se agrupen en familias de productos. Por ejemplo, una empresa de reproductoras de equipos de audio y vídeo expresaría la planificación agregada en unidades de DVD, unidades de CD, unidades de VHS y no en cada uno de los diferentes modelos y elementos de producción.

La planificación agregada refleja la estrategia y táctica que cabe seguir; es un plan real, expresado de forma agregada, que la dirección de producción se responsabiliza de hacer cumplir.

La planificación agregada ya no es un *forecast* –el *forecast* es un *input* básico en el proceso de planificación– ya que tiene en cuenta la capacidad de producción de la planta para utilizarla al máximo, al margen de si habrá demanda.

Para generar la planificación agregada se requiere información de diferentes áreas. Por ejemplo:

— *Operaciones:* para capacidad de planta y mano de obra.

— *Materiales:* para información de inventarios y capacidad de proveedores.

— *Finanzas:* para datos de costes.

— *Recursos humanos:* para datos de contratación, personal eventual, tiempo extra.

— *Ventas:* para datos de demanda y servicio al cliente.

Con estos datos se busca generar un plan que minimice los costes, el inventario, los cambios en producción y la fuerza de trabajo, y maximice las utilidades, el servicio al cliente y la utilización de capacidad de producción de la planta.

En los inicios de la planificación agregada se tienen que resolver ciertas cuestiones como el efecto en los inventarios de una variación de demanda, el ajuste de la fuerza de trabajo a las fluctuaciones de capacidad, el uso de subcontratación de capacidad, de tiempo extra, y algunas otras que determinarán la estrategia que se debe seguir en la elaboración del plan.

Así pues, para lograr una planificación aceptable se utilizan dos tipos de estrategias o una mezcla de ambas:

a) Acciones para cumplir con la demanda

- *Ajuste de la fuerza de trabajo.* Se ajusta la mano de obra como única variable para adaptarse a los niveles de producción requeridos. Tiene la ventaja de no producir cambios en el inventario, a expensas del incremento de costes por contratación, despido o formación del personal. Existen tres maneras para cumplir con la demanda: *a)* una opción es contratar o despedir empleados para lograr los niveles de producción deseados; *b)* otra posibilidad es el uso de tiempo extra con el personal ya contratado; y *c)* por último, la contratación de personal temporal o a tiempo parcial. En todos estos casos existe un factor de costo asociado y un impacto en la moral del trabajador.

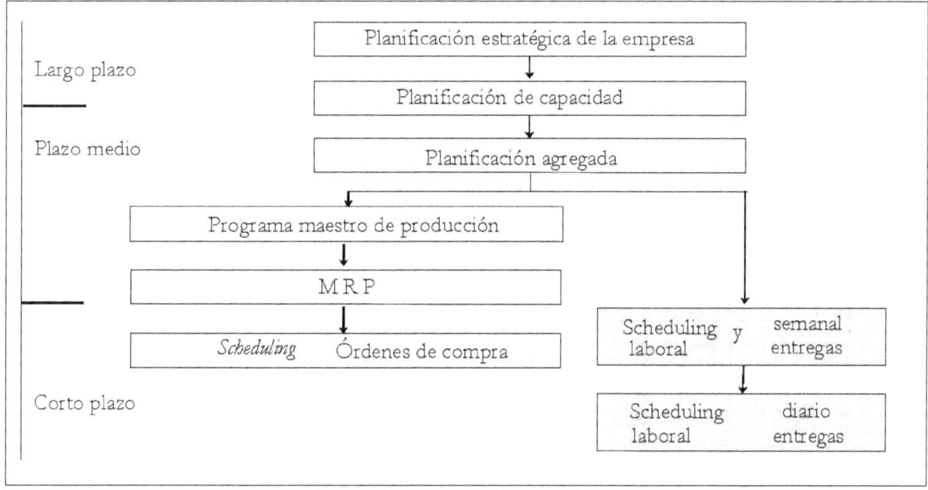

Figura 6.1.

- *Ajuste en el nivel de inventarios.* Estas acciones buscan mantener el mismo ritmo de producción o fijar un ritmo de producción uniforme en el tiempo, lo que provocará el incremento de inventario en etapas de baja demanda o la generación de *backorders* en otras etapas de muy alta demanda, factores que deberán analizarse cuidadosamente en contra de la estabilidad en los costos de producción y de mano de obra.

- *Subcontratación.* Se debe usar en períodos pico o en situaciones de estacionalidad o para mantenimientos programados o problemas de planta. El punto crítico es el control de la calidad del subcontratista.

b) Acciones para modificar la demanda

Son acciones más agresivas, que buscan modificar la demanda más que adaptarse a ella. Se realizan mediante acciones comerciales de descuentos, promociones o campañas publicitarias, que buscan aumentar la demanda en períodos de baja demanda o con baja utilización de la capacidad instalada.

También se pueden desarrollar productos complementarios que utilizan la capacidad de fabricación en épocas estacionarias o de baja demanda y que comparten una buena parte de los procesos de fabricación, complementando la oferta total de la empresa.

c) **Acciones mixtas, utilizando acciones de ambos esquemas**

Por otra parte, es conveniente indicar que en la práctica se suelen utilizar al menos dos métodos para realizar la planificación agregada:

- *Método gráfico:* es el método más sencillo. Se utilizan gráficos tipo histograma o acumulativos de demanda, que permiten ver las zonas de acción y de variación en el inventario.

- *Método matemático:* es el conocido método de programación lineal, en el que se busca optimizar el coste total de producción. Mediante una serie de curvas de coste se obtiene la mejor combinación en los cambios de mano de obra, capacidad de producción e inventario. Es un proceso de optimización en el que se plantea una única función objetivo que se debe maximizar o minimizar en presencia de una serie de restricciones que expresan las limitaciones de operación de la empresa y que se redactan en términos de ecuaciones lineales y de desigualdades. Esta expresión nos genera un campo de soluciones factibles en donde la técnica de resolución de las ecuaciones nos ayudará a encontrar la situación óptima.[1]

6.1.2 Plan Maestro de producción, MPS

Como resultado de la planificación agregada se obtiene el «plan maestro de producción», MPS, el cual especifica qué es lo que se ha de fabricar y cuándo. También genera las fechas y referencias requeridas para realizar la explosión de materiales o MRP.

El MPS tiene en cuenta las referencias individuales del producto: la elaboración es desagregada por producto y genera secuencias de fabricación de acuerdo con la capacidad de producción de fábrica.

Para el desarrollo del MPS se utiliza información del inventario en mano, de la capacidad del proceso para generar órdenes, de la fecha de producción de cada referencia y de las fechas de entregas –lo que se conoce como ATP inventario disponible– o fechas en que se pueden asegurar las entregas. El MPS puede trabajar según la «fabricación para inventario» o «fabricación bajo pedido». Una vez aprobado, generalmente presenta un período de congelamiento, de días a semanas, en que ya no se aceptan cambios en el plan. Posteriormente se abren períodos para aceptar porcentajes de cambios en el plan inicial. Todo este proceso se lleva a cabo de forma revolvente.

---

[1] En la realidad los problemas de programación lineal tienen más de dos variables, por lo que se han desarrollado los modelos computacionales multivariables, entre ellos el método Simplex.

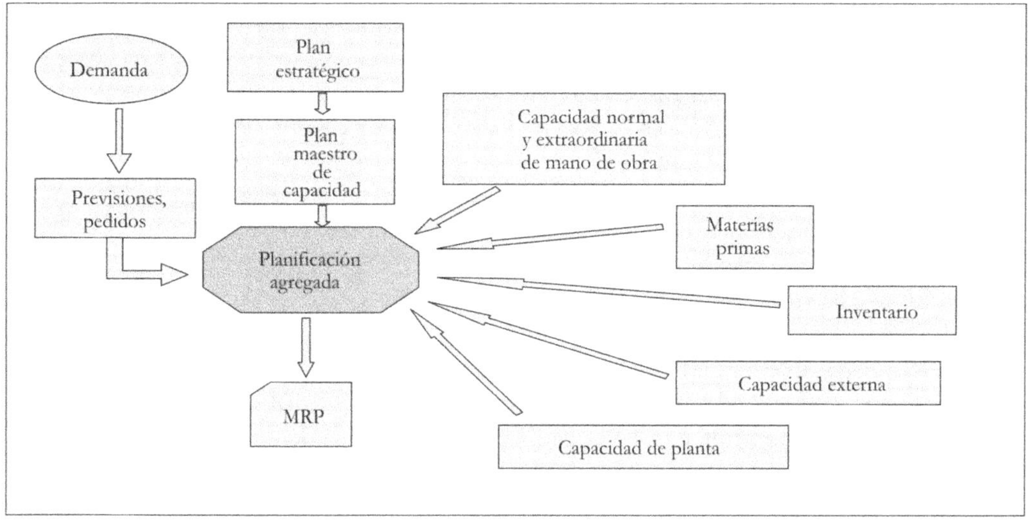

Figura 6.2.

6.1.3 MRP

Las técnicas MRP son una solución a un problema clásico en producción: controlar y coordinar los materiales para que se encuentren a punto cuando sean requeridos, y en el momento oportuno, sin necesidad de recurrir a un excesivo nivel de inventario. Los cálculos que hay detrás de un sistema MRP son bastante simples y hace muchos años que han sido expuestos. Lo que más los complica es el gran volumen de datos que requieren manejar. Debido a ello, en los montajes de MRP aparece generalmente un gran ordenador detrás y un sistema informático complejo y caro. Inicialmente, los sistemas MRP sólo eran usados por grandes empresas, ya que resultaban económicamente poco rentables debido a la inversión que requerían para su puesta en marcha. La drástica reducción de los costes de ordenadores ha permitido que las pequeñas y medianas empresas se planteen la introducción en su sistema de información de un MRP. Suele decirse que los sistemas MRP constituyen el equivalente a la contabilidad de la producción.

Hay que señalar también que los sistemas MRP no constituyen un cuerpo de conocimiento cerrado, sino que han estado evolucionando continuamente. En los primeros tiempos, cuando MRP eran las siglas de *materials requirement planning* (planificación de las necesidades de materiales), el sistema sólo se usaba para coordinar los materiales en la planta de producción. Más adelante se integraron al sistema el control de carga de centros de trabajo, a la gestión de carga finita, a la gestión de necesidades de personal, etc., manteniendo sus siglas de MRP pero ahora para significar *manufacturing resources planning* (planificación de recursos para la fabricación), o bien llamándose MRP-II para diferenciarlo del de la primera generación.

En la base del nacimiento de los sistemas MRP está la distinción entre demanda independiente y demanda dependiente. Se entiende por demanda independiente aquella que se genera a partir de decisiones ajenas a la empresa. Por ejemplo, la demanda de productos terminados suele ser externa a la empresa en el sentido en que las decisiones de los clientes no son controlables por la empresa (aunque sí pueden ser influidas). También se clasificaría como demanda independiente la correspondiente a piezas de recambio. La demanda dependiente, en cambio, es la que se genera a partir de decisiones tomadas por la propia empresa. Por ejemplo, aun si se prevé una demanda de 100 automóviles para el próximo mes (demanda independiente), la dirección puede determinar fabricar 120 este mes, para lo que se precisarán 120 carburadores, 120 volantes, 600 ruedas, etc. La demanda de inyectores, volantes y ruedas depende de la decisión tomada por la propia empresa de fabricar 120 automóviles. Esta decisión no es trivial, ya que los métodos que se usen en la gestión de existencias de un producto variarán completamente según éste se halle sujeto a demanda dependiente o independiente.

Cuando la demanda es independiente se aplican métodos estadísticos de previsión de esta demanda, que hemos delineado en el capítulo 2. En el caso de demanda dependiente, todas las decisiones de fabricación, compra y almacenaje de materias primas y componentes dependerán de las decisiones de producción de los productos en los que aquéllos intervienen. El plan maestro de producción establece el programa de montaje de los productos finales (los que se sirven a clientes) a lo largo de un horizonte bastante amplio de tiempo. Debe mostrar las cantidades que se deben fabricar y las fechas en que éstas deben estar finalizadas. La información que se incorpora en la fabricación del plan maestro de producción incluye las previsiones de ventas futuras (realizadas por técnicas estadísticas), así como las ventas ya en firme con entrega aplazada. Dado que estos valores varían con el tiempo, el plan maestro de producción es un plan dinámico que debe mantenerse al día.

La información requerida por el MRP debe incluir, como mínimo, los siguientes elementos:

- Lista de materiales, BOM, realizada por el departamento de ingeniería. Especifica para cada referencia la cantidad necesaria de componentes con sus respectivas referencias.

- Información sobre el inventario de partes, componentes y subconjuntos, tanto si se encuentran en el almacén, por entregar o si son pedidos.

- Información de cada proveedor sobre el tiempo de entrega y el lote mínimo de compra para cada referencia.

Esta información alimenta el módulo de gestión y genera las órdenes de compra a los distintos proveedores.

Estos programas pueden controlar distintos tipos de optimización del lote de compra y del manejo de inventarios de seguridad. La información se puede suministrar en línea mediante sistemas tipo EDI o B2B al proveedor de la cadena de suministro.

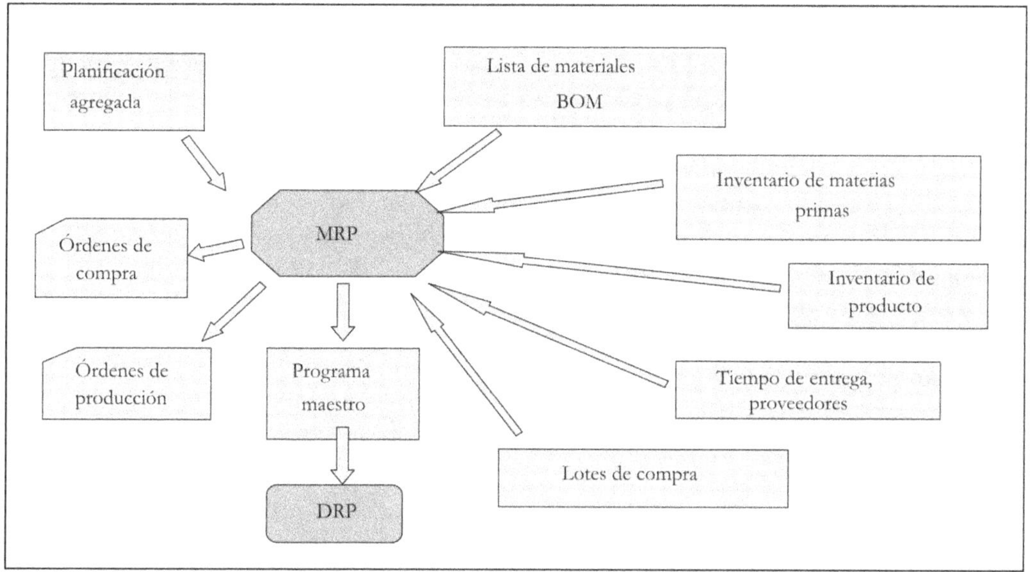

Figura 6.3.

6.1.4 DRP

El DRP es una herramienta eficiente de planificación y coordinación del flujo de materiales e inventario en una red compleja de almacenes, centros de distribución y puntos de venta, que llega, incluso, al manejo de flujos capilares.

Con frecuencia el DRP se concibe como un elemento de planificación dentro de la gestión de la demanda, ya que busca satisfacer los pedidos generados por la red de clientes a través del sistema de distribución. Las demandas generadas en los diferentes niveles de distribución son las que alimentan el funcionamiento del DRP, además de los niveles de existencias en cada unidad por SKU. También se considera la estructura de la red de distribución y los tiempos de entrega entre cada eslabón de la cadena de distribución.

Pero la demanda se centra el proceso de planificación de un DRP.[2] El sistema tradicional es un sistema tipo *pull*. En él, cada centro de distribución o punto de venta genera una demanda independiente de su mercado, basado en su propia lógica de pedido. Estas demandas generalmente son independientes entre sí, con lógicas diferentes, multicanal y agregadas al distribuidor superior. No se tiene en cuenta inventarios en otros lugares, costes de transporte y de generación de pedidos. Debido a que se agregan criterios de inventarios de seguridad en cada nivel, el resultado general es el de un inventario mayor al requerido que no cumple necesariamente con el nivel de servicio esperado en los diferentes puntos del sistema. Los sistemas actuales de gestión y transmisión de información en tiempo real, unidos a la planificación y el análisis de la cadena de suministro, intentan resolver estas dificultades.

---

[2] De ahí, su nombre: *Demand Requirement Planning.*

En el sistema tipo *push*, el control de la distribución se considera a nivel central. Utiliza a los demás puntos de distribución como generadores de su propia demanda e incorpora estos datos de manera agregada a un requerimiento global del sistema. También puede utilizar la demanda general del producto y planificar los requerimientos de inventario en cada punto para satisfacer estas demandas. Es un proceso en que a nivel central se evalúan los niveles de demanda, los puntos de reorden, los inventarios de seguridad, los tiempos de entrega, el tamaño del lote de cada nivel y punto de venta y se generan las órdenes de distribución a los diferentes puntos basados en el análisis de toda esta información. Es un proceso que se adelanta a la demanda. Se realizan previsiones para poder surtirla en el momento en que se genere. Los sistemas de gestión que utilizan esta aproximación tratan de realizar una buena previsión de su distribución.

6.1.5 ERP

La evolución seguida por los sistemas de producción, su planificación y control ha tenido la siguiente secuencia:

- En la década de 1970, gracias a la evolución de los sistemas informáticos de la empresa IBM, se pudo disponer de plataformas para realizar los MRP. Por primera vez se tenía la lista de materiales requeridos y el ordenador podía realizar los cálculos correspondientes de requerimientos, compararlos con el inventario, con las órdenes en tránsito y generar en tiempo y cantidad las órdenes de abastecimiento correspondientes para cumplir con el programa de fabricación.

- Una vez que se tenía la planificación de materiales, se podía realizar una planificación de la capacidad y de la carga de los centros de fabricación y generar órdenes de producción de trabajo por líneas de producción. Este proceso se conoce como el MRP de círculo cerrado y es el siguiente nivel de evolución en el proceso de planificación y control de fábricas. En este nuevo nivel de planificación también se suministraba información al departamento de finanzas de la empresa sobre el nivel de inventarios y los costes de fabricación.

- A partir de entonces, en la década de 1980 se desarrollaron los primeros programas integrales de gestión MRPII, en los que no sólo se integraban las funciones de finanzas, sino que se agregó también la planificación comercial y operativa. Así pues, se pudo disponer de una herramienta para gestionar la empresa en función de la demanda generada y para controlar el proceso transaccional que se desarrolla con objeto de cumplir con el plan de ventas.

Sin embargo, estos nuevos sistemas eran realizados de forma central por un soporte informático tipo *mainframe* y terminales remotas para consulta, así que si los empleados requerían de información adicional para planificación o toma de decisiones, tenían que hacer una solicitud al departamento de informática para que se la enviase. La espera podía ser de semanas a meses, por lo que cuando llegaba, solía carecer de valor real.

El avance tecnológico de los ordenadores personales y el concepto de cliente servidor hizo posible que las aplicaciones de MRPII funcionaran en el ordenador personal mientras que el servidor guardaba las bases de datos. Esta nueva revolución y evolución es la base de los sistemas ERP, que no sólo son aplicaciones al cliente servidor, sino que aportan nuevos elementos de planificación sin dejar de ser principalmente sistemas transaccionales.

6.2 Inventarios de anticipación: planificación de producción agregada

El inventario de anticipación se define como aquel que se constituye para anticipar períodos de elevada demanda y así poder mantener un ritmo de producción constante. Cuando esta previsión se debe a variaciones estacionales de la demanda que han de cubrirse con una producción estable, este inventario también se denomina *estacional*.

El concepto de inventario de anticipación es más general y también puede presentarse en términos de planificación agregada de producción. Las actividades de planificación de la fabricación comportan varias tareas que corresponden a diferentes niveles de detalle y diversos horizontes de planificación:

a) *Planificación a largo plazo*, que se acopla al plan estratégico de la empresa; generalmente se realiza anualmente con un horizonte de varios años. Trata de objetivos para las líneas de producto, las instalaciones, los equipos y el personal.

b) *Planificación a medio plazo*, realizada anual o semestralmente, que abarca un período de 6 a 24 meses. Esto incluye la planificación agregada, el plan maestro de producción y la planificación aproximada de capacidad.

- La *planificación agregada* empieza con las necesidades de producción mensuales (o bisemanales) de grupos o familias principales de productos, agregadas en términos de horas de producción, o cualquier otra unidad homogénea que puede utilizarse para sumar las distintas necesidades de producción y los diversos productos. El proceso de planificación agregado intenta encontrar una combinación de las distintas fuentes de capacidad (producción normal, horas extra, subcontratación, cambios en la fuerza laboral, retrasos en la entrega, inventarios de anticipación, etc.) para cubrir de forma óptima (normalmente según criterios de coste) las necesidades de producción.

- El plan maestro de producción (MPS) parte de los resultados de la planificación agregada y los fragmenta para generar las cantidades y fechas detalladas para fabricar los productos finales específicos. Este programa suele abarcar un horizonte de varias semanas y se utiliza como *input* a la planificación de necesidades de materiales en la planificación a corto plazo.

- La planificación aproximada de capacidad verifica que las instalaciones de producción y los recursos disponibles (equipos, personal, almacenes, etc.) tienen suficiente capacidad para acomodar el MPS.

c) *La planificación a corto plazo* abarca los horizontes más cortos (normalmente en términos de días o semanas) e incluye la planificación de necesidades de materiales (MRP), o la de recursos de fabricación (MRP-II), así como la programación detallada de tareas en los distintos departamentos.

- La planificación de necesidades de materiales, MRP, recoge las necesidades de productos finales de la fase MPS y las desglosa en necesidades detalladas de productos intermedios y materias primas, indicando cuándo deben lanzarse órdenes de producción y de compra para poder ejecutar puntualmente el plan para los productos finales.

- La planificación de recursos de fabricación, o MRP-II, amplía los conceptos de MRP para tener en cuenta no solamente las necesidades de materiales, sino todos los demás recursos de fabricación (mano de obra, equipos, etc.).

- La programación de la producción consiste en la generación del programa detallado, así como de la organización específica de las actividades de fábrica. Descompone el resultado de la MRP en órdenes de producción individuales, teniendo en cuenta las prioridades inmediatas de los programas de trabajo de cada día.

- Por último, el control de producción realiza la recogida de datos necesaria para suministrar información a las actividades de planificación anteriores y permite seguir en tiempo real el estado del sistema de producción.

6.2.1 Planificación agregada

El problema de la planificación agregada puede definirse de la siguiente manera: dada una previsión de la demanda para varios períodos futuros, hallar la combinación de producción, inventario de anticipación y asignación de recursos (mano de obra, equipo, fondos, etc.) que satisfaga mejor las necesidades de la demanda.

Normalmente una fábrica tiene varios tipos de capacidades de producción para servir la demanda. Alguna de estas capacidades (por ejemplo, horario de trabajo regular de la fuerza laboral fija) son baratas (e incluso gratis, en términos de costes ya comprometidos) pero inflexibles, mientras que otras (horas extra o subcontratación) pueden ser más flexibles, pero también más caras. Además, los inventarios permiten trasladar las necesidades de demanda de un período a los anteriores, y las entregas retrasadas constituyen una manera de trasladar la demanda de un período a períodos posteriores.

6.2.2 Costes relacionados con la planificación de producción agregada

Al elaborar un plan de producción agregada, es imprescindible tener en cuenta los costes asociados. Aunque los costes no son los únicos criterios que cabe tener en cuenta al elaborar un plan de producción, es un criterio importante y uno de los más fáciles de evaluar. Por tanto, siempre se calcula como referencia para los otros criterios menos cuantitativos. Muy esquemáticamente, podemos considerar tres categorías de costes: *a)* costes de adquisición y uso de la capacidad productiva; *b)* costes relacionados con el mantenimiento de inventarios; y *c)* costes relacionados con los cambios en los ritmos de producción.

a)   *Costes de adquisición y uso de capacidades productivas.* Estos costes dependen del tipo de capacidad productiva bajo consideración. Normalmente se incluyen los siguientes:

- *Costes de contratar y despedir a trabajadores.* Los cambios en la capacidad de producción suelen implicar un cambio en el número de trabajadores. La contratación de personal nuevo conlleva ciertos costes de formación implícitos, una menor productividad al comienzo, costes administrativos, etc. Estos costes son variables en función del número de trabajadores contratados. En una primera aproximación, dichos costes se consideran proporcionales al número de personas contratadas. Del mismo modo, los costes de despido (costes administrativos, indemnizaciones, etc.) también se consideran proporcionales al número de trabajadores dados de baja.

- *Costes de producción durante el horario normal.* En esta categoría el principal coste es la nómina, y normalmente puede pasarse por alto ya que, o es independiente del nivel de producción dentro de unos límites determinados, o no presenta diferencias con respecto a las distintas alternativas que están bajo consideración.

- *Otros costes.* Éstos pueden incluir los costes asociados a las horas extra, el establecimiento de un segundo turno o los costes de subcontratar la producción a un tercero.

Generalmente, estos costes siguen una clara secuencia en magnitud y presentan una proporcionalidad escalonada con el nivel de producción, como muestra la figura 6.4.

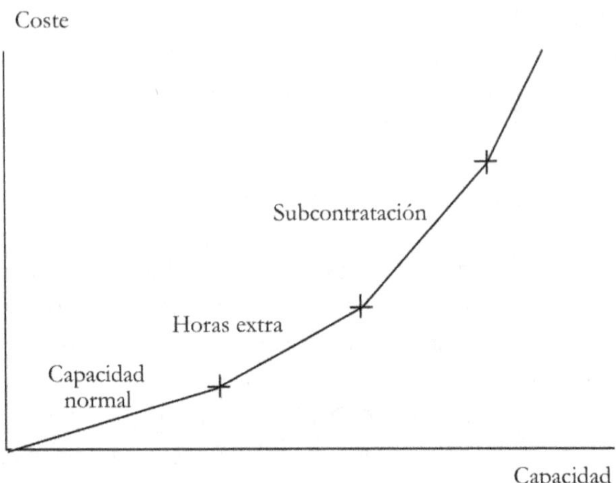

Figura 6.4.

b) *Costes relacionados con el mantenimiento de inventarios.* Estos costes incluyen los de oportunidad, así como los costes menos tangibles de inflexibilidad y falta de calidad. Se aproximan como proporcionales al inventario y período durante el cual este inventario está en el almacén.

Unos costes simétricos con los costes de mantenimiento de inventario son aquellos relacionados con las roturas de *stocks* (inventario negativo), o entregas retrasadas. Pueden variar desde una venta perdida (o un cliente perdido) a simplemente una penalización por no cumplir las fechas de entrega.

c) *Costes relacionados con los cambios en los ritmos de producción.* Se trata de casos en los cuales, aunque se disponga de la capacidad necesaria para lograr un ritmo de producción determinado, es costoso cambiarlo. Consideremos el caso de una cadena de montaje, probablemente el más eficiente de los procesos de producción, pero al mismo tiempo muy inflexible. Cualquier cambio en la capacidad necesaria significa reequilibrar la línea y, por consiguiente, volver a formar a los trabajadores, evidentemente con una pérdida en la eficiencia de los mismos.

6.3 Desarrollo de un ejemplo

Para ilustrar las diferentes técnicas para resolver el problema de la planificación agregada, presentaremos un ejemplo muy sencillo. La empresa Herbert West Aerospatial & Electronics fabrica unas complejas y costosas placas de circuitos impresos para satélites geoestacionarios, las HW-9090. Las necesidades de producción netas estimadas para el departamento de montaje durante los próximos ocho meses, medidas en unidades de producción estándar (UPE), son las que se reflejan en la tabla 6.1.

Mes	1	2	3	4	5	6	7	8
Necesidades (UPE)	300	350	400	500	650	600	475	450

Tabla 6.1

La capacidad actual del departamento de montaje es de 400 UPE por mes, excepto en el mes 7, cuando los días festivos locales (con sus correspondientes puentes) reducen la capacidad a sólo 240 UPE. No se prevé ningún cambio en el número de trabajadores fijos (es decir, en la capacidad de producción normal) en la planificación de la producción. Existen limitaciones legales sobre las horas extra, que no pueden rebasar el 20 % de las horas normales. Las horas extra cuestan un 50 % más que las horas normales, lo que eleva el coste de mano de obra por UPE fabricada en horas extra a 150 €.

Es posible subcontratar parte de la producción, sin ningún límite de capacidad, pero a un coste de 180 €/UPE. Se considera que los costes de inventario ascienden a 10 €/UPE por mes. En ningún momento la dirección no desea tener más de 250 UPE en *stock*.

6.3.1 El enfoque gráfico

Es posible trazar el gráfico de la producción requerida acumulativa para el departamento de montaje, como se muestra en la figura 6.5.

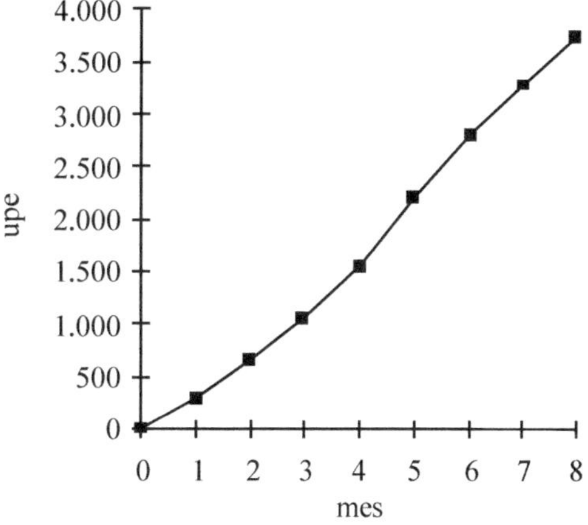

Figura 6.5.

Cualquier plan de producción factible debe situarse a la izquierda del gráfico de producción acumulativa y tener una distancia vertical máxima de 250 UPE (el inventario máximo). El gráfico de la figura siguiente muestra un plan con una producción constante de 466 UPE por mes (la producción total requerida dividida entre los 8 meses). Esto evidentemente requeriría horas extra y subcontratación, pero no sería factible, ya que el inventario durante los meses 2 a 4 sobrepasaría el máximo permitido y también habría algunas unidades que se retrasarían los meses 6 y 7. El lector puede verificar estos cálculos antes de pasar a la sección siguiente.

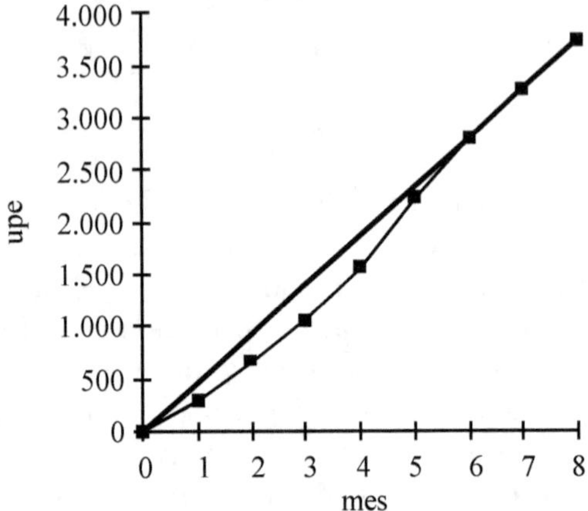

Figura 6.6.

6.3.2 El enfoque de la hoja de cálculo

La manera más sencilla de comprobar los planes de producción es mediante una hoja de cálculo, planteándonos preguntas como «qué pasaría si», y calculando los costes correspondientes. La hoja de cálculo siguiente corresponde a los cálculos del plan agregado no factible planteado en el enfoque gráfico descrito anteriormente.

Mes	1	2	3	4	5	6	7	8
Necesidad (upe)	300	350	400	500	650	600	475	450
Producción normal	400	400	400	400	400	400	240	400
Producción en horas extras	66	66	66	66	66	66	48	66
Producción subcontratada	0	0	0	0	0	0	177	0
Inventario	166	*282*	*348*	*314*	130	*–4*	*–14*	2
Costes de horas extras	9.900	9.900	9.900	9.900	9.900	9.900	7.200	9.900
Costes de subcontratación	0	0	0	0	0	0	31.860	0
Costes de inventario	1.660	2.820	3.480	3.140	1.300	*n.d.*	*n.d.*	20
Coste total	11.560	12.720	13.380	13.040	11.200	9.900	39.060	9.920
Costes acumulativos	11.560	24.280	37.660	50.700	61.900	71.800	110.860	120.780

Tabla 6.2.

Aplicando algunos cambios en las filas de la hoja de cálculo correspondientes a la producción en horas extra y a la producción subcontratada, el plan será factible, con un coste total de 120.200 €.

Mes	1	2	3	4	5	6	7	8
Necesidad (upe)	300	350	400	500	650	600	475	450
Producción normal	400	400	400	400	400	400	240	400
Producción en horas extras	0	34	66	66	66	66	48	56
Producción subcontratada	0	0	0	0	0	102	187	0
Inventario	100	184	250	216	32	0	0	6
Costes de horas extras	0	5.100	9.900	9.900	9.900	9.900	7.200	8.400
Costes de subcontratación	0	0	0	0	0	18.360	33.660	0
Costes de inventario	1.000	1.840	2.500	2.160	320	0	0	60
Coste total	1.000	6.940	12.400	12.060	10.220	28.260	40.860	8.460
Costes acumulativos	1.000	7.940	20.340	32.400	42.620	70.880	111.740	120.200

Tabla 6.3.

Ahora sería factible hacer cambios para intentar rebajar los costes acumulativos totales.

Es posible encontrar algunos enfoques empíricos para orientar el proceso de mejora. Por ejemplo, en el caso anterior siempre es más barato hacer horas extra que subcontratar, y también es más barato fabricar en horas normales y mantener un inventario de UPE que tener que fabricarlos más tarde en horas extra. Estas reglas son muy útiles para encontrar planes «razonables» con una hoja de cálculo.

6.3.3 Técnicas de optimización

El problema de planificación agregada puede formularse como un programa lineal y, como tal, resolverse mediante cualquier paquete LP (por ejemplo, Lindo). Consideremos la siguiente definición de variables:

c_i: la capacidad en el i-ésimo mes con los trabajadores fijos (dato del problema),

d_i: las necesidades netas en el i-ésimo mes (dadas en el problema),

p_i: la producción decidida dentro del horario normal en el i-ésimo mes,

o_i: la producción en horas extra en el i-ésimo mes,

x_i: la producción subcontratada en el i-ésimo mes,

s_i: el inventario llevado del i-ésimo mes al mes $(i+1,)$,

siendo s_0 y s_8 iguales a cero por definición. La formulación siguiente del LP corresponde a este problema:

$$\sum \left(150 \cdot o_i + 180 \cdot x_i + 10 \cdot s_i\right) = \min$$

$$s_{i-1} + p_i + o_i + x_i - s_i = d_i$$

$$p_i \leq c_i$$

$$o_i \leq 0,2 \cdot c_i$$

$$s_i \leq 250$$

y sujeto a las condiciones de no negatividad de las variables:

$$p_i, o_i, x_i, s_i \geq 0.$$

6.3.4 Analogía de flujo

Bajo ciertas circunstancias (por ejemplo, cuando no se permite la contratación o despido de trabajadores) puede utilizarse una solución de flujo en redes. Esto proporciona un enfoque muy intuitivo.

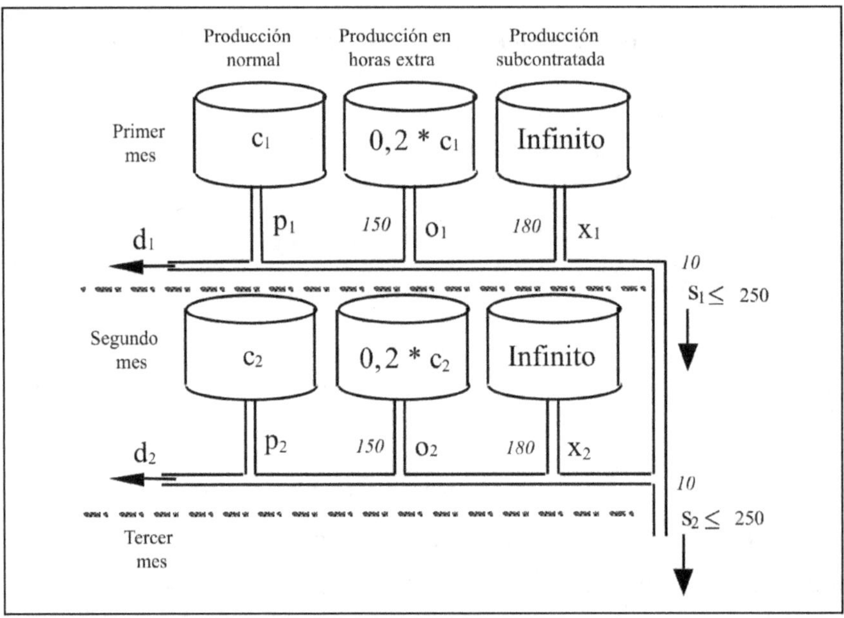

Figura 6.7.

Para aplicar esta analogía a nuestro problema, consideremos el sistema representado en la figura 6.7, en la cual las demandas se indican como salidas de agua (d_i), las capacidades disponibles como depósitos de agua y las decisiones (producción en horas normales) (p_i), horas extra (o_i), subcontratación (x_i) e inventarios (s_i) como flujos reales en los conductos. El coste para hacer fluir una UPE a través de un conducto se representa en cursiva junto a cada segmento de los conductos. Obsérvese que en el ejemplo de la figura 6.7 también hay limitaciones de capacidad en los conductos de inventario, los que conectan un período con el siguiente.

El plan de producción óptimo corresponderá al conjunto de flujos que satisfaga la demanda de cada período, a la vez que mantiene el coste total mínimo. Del diagrama se desprende claramente que cada demanda se cubrirá en primer lugar por el flujo más barato posible y, sólo cuando se haya agotado éste, se utilizará el flujo que le sigue en nivel de coste.

Este razonamiento lleva al procedimiento siguiente: «empezando con el primer mes, utilizar el flujo más barato para cubrir la mayor cantidad posible de la demanda correspondiente. Cuando se agota un arco o un depósito, se pasa al más barato de los que quedan. Seguir haciendo esto hasta satisfacer toda la demanda para un mes; a continuación, pasar al mes siguiente».

Apliquemos este procedimiento en nuestro ejemplo. Para cada período, enumeraremos las fuentes disponibles, sus costes y las decisiones realmente tomadas:

Período 1- Demanda: 300			
Fuente	*Capacidad disponible*	*Coste por UPE*	*Decisión sobre flujo*
Normal 1	400	0	300
Horas extra 1	80	150	0
Subcontratación 1	Infinita	180	0

Tabla 6.4.

Obsérvese que para cubrir la demanda para el período 1, el flujo más barato es el de las horas normales, que no tiene coste. Esto deja una capacidad de 100 UPE normales, 80 UPE en horas extra e infinitas UPE subcontratadas del período 1 que pueden transferirse al período 2 a través del conducto de existencias, a un coste de 10 € adicionales por UPE. Al tomar las decisiones para el período 2, esto se tendrá en cuenta (excepto para las unidades subcontratadas, ya que siempre será más barato utilizar las que corresponden al mismo período, si es necesario).

Período 2 - Demanda: 350			
Fuente	*Capacidad disponible*	*Coste por UPE*	*Decisión sobre flujo*
Normal 1	100	10	0
Horas extra 1	80	160	0
Normal 2	400	0	350
Horas extra 2	80	150	0
Subcontratación 2	Infinita	180	0

Tabla 6.5.

Seguimos utilizando el mismo procedimiento para el período 3 (véase la tabla 6.6).

Período 3 - Demanda: 400			
Fuente	*Capacidad disponible*	*Coste por UPE*	*Decisión sobre flujo*
Normal 1	100	20	0
Horas extra 1	20	170	0
Normal 2	50	10	0
Horas extra 2	80	160	0
Normal 3	400	0	400
Horas extra 3	80	150	0
Subcontratación 3	Infinita	180	0

Tabla 6.6.

Es evidente que no toda la capacidad disponible en horas extra 1 (80 UPE) está disponible para el período 3. Esto se debe a la limitación de 250 UPE de inventario que pueden llevarse de un período al siguiente. Puesto que la capacidad no utilizada de los períodos 1 y 2 sobrepasó este límite (100 + 80 + 50 + 80 = 310), hemos reducido la capacidad más cara, que corresponde a la capacidad en horas extra 1 para transferir al período 3, a un coste de 170 €.

Ahora podemos continuar con los períodos restantes (véanse las tablas 6.7 a 6.11).

Período 4 - Demanda: 500			
Fuente	*Capacidad disponible*	*Coste por UPE*	*Decisión sobre flujo*
Normal 1	100	30	50
Normal 2	50	20	50
Horas extra 2	20	170	0
Horas extra 3	80	160	0
Normal 4	400	0	400
Horas extra 4	80	150	0
Subcontratación 4	Infinita	180	0

Tabla 6.7.

Período 5 - Demanda: 650			
Fuente	*Capacidad disponible*	*Coste por UPE*	*Decisión sobre flujo*
Normal 1	50	40	50
Horas extra 3	80	170	40
Horas extra 4	80	160	80
Normal 5	400	0	400
Horas extra 5	80	150	80
Subcontratación 5	Infinita	180	0

Tabla 6.8.

Período 6 - Demanda: 600			
Fuente	*Capacidad disponible*	*Coste por UPE*	*Decisión sobre flujo*
Normal 6	400	0	300
Horas extra 6	80	150	0
Subcontratación 6	Infinita	180	0

Tabla 6.9.

Período 7 - Demanda: 475			
Fuente	*Capacidad disponible*	*Coste por UPE*	*Decisión sobre flujo*
Normal 7	240	0	240
Horas extra 7	48	150	48
Subcontratación 7	Infinita	180	187

Tabla 6.10

Período 8 - Demanda: 450			
Fuente	*Capacidad disponible*	*Coste por UPE*	*Decisión sobre flujo*
Normal 8	400	0	400
Horas extra 8	80	150	50
Subcontratación 8	Infinita	180	0

Tabla 6.11.

Sumando los flujos correspondientes a los distintos depósitos, obtendremos el plan agregado final, por ejemplo, todos los flujos normal 1 son de 300 (período 1), 50 (período 4) y 50 (período 5). Esto suma 400 UPE, que es la decisión de producción para horas normales en el primer período.

Capítulo 7

Casos prácticos

Para finalizar este estudio, en este capítulo se ofrecen algunos casos prácticos de empresas representativas de diferentes sectores, con situaciones distintas en cuanto a su enfoque del sistema demanda-servicio-reaprovisionamiento. En cada empresa se mencionan sus características de mercado y producto y se comenta la forma en que han abordado la gestión de las previsiones, el nivel de servicio, el reaprovisionamiento y la organización informática. Se trata de una simple descripción de situaciones individuales y no se pretende encontrar la forma correcta o incorrecta de gestionar.

7.1. Caso 1: Amara

Este caso práctico muestra una empresa de distribución con gran cantidad de referencias y considerables existencias, en donde la gestión de compras es un factor primordial y, por tanto, para dar un buen servicio se requiere de un buen control de inventario y de demanda.

7.1.1 Empresa

Amara, filial del grupo Iberdrola, es el operador logístico de Iberdrola Distribución, gestiona su red de almacenes y distribuye material eléctrico de baja y media tensión a la mayor parte de España.

Es una de las diez principales empresas distribuidoras del sector eléctrico. Sus clientes principales pertenecen al sector energético, industrial, de la construcción y de las comunicaciones.

Amara tiene una facturación anual de 122 millones de euros y, en los últimos cinco años, ha experimentado un crecimiento de la facturación de más del doble de esa cantidad.

7.1.2 Mercado

El mercado de material eléctrico de baja y media tensión está estrechamente relacionado con el desarrollo de infraestructuras, comunicaciones e industrias.

Se podría decir que es un mercado regional con crecimiento determinado por las construcciones de viviendas o edificios industriales, por la ampliación de la cobertura eléctrica y por aumento de puntos de venta de minoristas.

Todo el material se compra a grandes fabricantes, por lo que es una actividad crítica.

7.1.3 Producto

Amara dispone de más de 70.000 referencias, de las cuales entre 30.000 y 40.000 están en uso continuo y 15.000 se mantienen en existencia. El valor del inventario es de 13 millones de euros y la rotación oscila entre 5 y 6.

Los productos se caracterizan por cierto grado de obsolescencia técnica, debido a los cambios tecnológicos.

7.1.4 Demanda

Antes el cálculo de las previsiones se realizaba vía Office. El cálculo se realizaba a partir del valor máximo y mínimo de ventas de un mes —dentro de un período de 12 a 24 meses— y de la media de las ventas realizadas en los últimos doce meses.

Las previsiones se utilizaban para gestionar la compra de material —cuándo y cuánto— y para alimentar el ERP con el nivel de existencias y los puntos de pedido. Los cálculos los realizaba el área de logística, que disponía de áreas separadas para operaciones y compras.

La problemática principal de estos cálculos era la dificultad de gestionar y mantener actualizado un promedio de 4.000 referencias sólo del almacén central.

Éste fue el motivo de buscar una solución más avanzada que les permitiera actualizar los datos y el poder:

- Generar las necesidades de compra mínima.
- Calcular el pedido medio y el *stock* de seguridad.
- Considerar las demandas erráticas.
- Planificar y dimensionar el diario de compra.
- Realizar compras centralizadas y regionalizar.
- Tener un modelo para la forma de compra.

Así pues, implantaron el uso de la herramienta DPM para modelar la demanda. Hoy, hablan de las siguientes ventajas:

- Automatización del proceso de compra.
- Reducción del personal: una sola persona realiza todos los cálculos.
- Mejora en la velocidad de realización del pedido. Los datos están al día.

- Ha podido ser absorbido el crecimiento del 20-30 % de ventas por año, sin problemas en compras.
- Se ha mantenido las existencias en el nivel objetivo a pesar del aumento de ventas.
- Se tienen mejores compradores en eficiencia y rapidez.
- Se controla un consorcio de inventario sobrante, que reduce los riesgos de obsolescencia y de situación de *stock*.

7.1.5 Nivel de servicio

Amara mide el nivel de servicio al cliente como el número de pedidos entregados de forma incompleta sobre el total de pedidos obtenidos. Según esta definición, se obtiene un 95 % de nivel de servicio para los productos tipo A y un 90 % de nivel de servicio para los productos tipo B y C. Cabe señalar que para el cliente no es tan importante el nivel de servicio como otros factores de valor agregado de la venta.

El cálculo del *stock* de seguridad se realiza según la fórmula de valor máximo de demanda menos valor mínimo de demanda por tiempo de reaprovisionamiento por una constante relacionada con el nivel de servicio. El punto de pedido se calcula por la fórmula de *stock* de seguridad por consumo medio y por tiempo de reaprovisionamiento.

Cuando se realizaban las previsiones vía Office, los cálculos anteriores se ejecutaban únicamente cada seis meses, debido a la gran cantidad de referencias que se debían actualizar. Ahora, con el sistema DPM estos cálculos se realizan de manera automática y se actualizan los valores de inmediato, lo que ha permitido tener niveles de servicio diferenciados y reducir las existencias en una situación de alto crecimiento de ventas.

7.1.6 Reaprovisionamiento

La estructura de distribución está diseñada a partir del almacén central y las compras de material también están centralizadas en ese almacén.

7.1.7 Organización informática

La empresa empezó con un sistema de gestión realizado por el Centro de Cálculo de Sabadell, migrando después a SAP R3.

La solución de DPM ha sido impulsada por el área de logística, debido al crecimiento de ventas y a la necesidad de salir de los cálculos manuales. El personal que lo utiliza forma parte del departamento de compras que combina la información de los dos sistemas para su labor diaria. Los comentarios sobre la implantación de DPM son:

- En un inicio, el personal del departamento de compras rechazó DPM por considerarlo como una caja negra que hacía cálculos desconocidos. La solución fue mostrarles la metodología de los cálculos –aunque no se pudiera modificar– elevando así la confianza en éstos.

— Al empezar, el personal comercial y el de compras con experiencia confiaban más en su olfato que en los cálculos del sistema.

— La parametrización, por ser tan ambiciosa, fue algo lenta. Por otro lado, tener múltiples proveedores con diferentes tipos de entrega y sectores también dificultó la parametrización.

7.1.8 Resumen

Este caso ilustra la aplicación del proceso en una empresa de distribución, con múltiples referencias.

Es interesante ver que aquí los conceptos de previsión de demanda y servicio se usan principalmente para realizar una mejor compra de productos y mantener un alto nivel de servicio sin sostener un alto nivel de inventario, gracias al cálculo de *stock* de seguridad y de los puntos de pedido.

Vemos que aunque a las empresas de marca les interesa pronosticar su demanda, a las empresas de distribución la previsión de la demanda les sirve para controlar y optimizar el proceso de compra.

7.2. Caso 2: Chupa-Chups

En este caso práctico se revisa el porqué y el cómo afectan los cambios en las políticas de fabricación.

7.2.1 Empresa

Chupa-Chups es una de las diez principales empresas mundiales del mundo del caramelo y es la segunda marca más conocida. Cabe señalar que la industria del caramelo se caracteriza porque la mercadotecnia y la competencia de marca son factores vitales.

Chupa-Chups tiene una facturación anual de 400 millones de euros y posee fábricas en Europa, América y Asia, y exporta sus productos a todo el mundo.

7.2.2 Producto

Chupa-Chups tiene más de mil referencias, cincuenta productos básicos a partir de los cuales se realizan muchas variaciones, tanto en la composición del caramelo como en el envoltorio del mismo.

Los ciclos de vida de los productos son muy variables en función de las tendencias del mercado.

A nivel de producto, Chupa-Chups compite con gigantes del dulce como Mars y Cadburry y con una infinidad de pequeños fabricantes.

7.2.3 Demanda, servicio y reaprovisionamiento en un cambio organizacional e informático

El caso Chupa-Chups es un referente muy conocido en cuanto a una aplicación exitosa de los sistemas de gestión, por lo que ha sido muy mencionado como ejemplo por SAP y SUN.

Antes, la planificación de la fábrica se realizaba bajo pedidos acumulados. Al tener un entorno globalizado se creó una gran presión y descontrol en la fabricación, debido a los continuos y múltiples cambios en los pedidos y a la necesidad de surtimiento.

Así pues, se decidió cambiar de política de fabricación y las razones principales fueron las siguientes:

— Reducir el volumen de existencias.
— Mejorar la respuesta al cliente (servicio).
— Reducir los cambios de línea en fábrica. Existían muchos cambios en el progrema y se buscó una mayor rentabilidad de la fábrica.
— Llegar antes al mercado y ser más fiables en la fecha de entrega.
— Reducir las mermas en fabricación y las devoluciones.
— Reorganizar para afrontar el crecimiento.
— Profesionalizar la gestión.

Podemos decir que se cambió a un sistema bajo *stock* con el fin de mejorar la eficiencia de la planta y la respuesta al mercado. Consecuentemente, se procedió a introducir la demanda futura basada en los pedidos que tenía cada distribuidor de zona y que cada día 15 debía remitir a la central con su previsión de tres meses.

Para gestionar la información se basaron en el módulo de SAP-APO, que también generaba la programación de planta.

Los primeros resultados fueron muy alentadores para la fabricación, obteniéndose corridas más limpias, aumentando la eficiencia de fábrica y mejorando los indicadores de rendimiento. Pero el resultado en cuanto al inventario fue malo: en los tres primeros meses la acumulación de inventario fue mayor que la que se tenía antes, porque algunos pedidos no se entregaban por cambios en los requerimientos comerciales.

Para solucionar la acumulación de inventario y controlarlo, se tomaron las siguientes medidas:

— Catalogación A, B, C del inventario.
— Para los productos tipo A se decidió mantener la fabricación bajo *stock*.

- Para los productos tipo B se decidió comprar el material para su fabricación pero que no se fabricara hasta la confirmación del pedido.
- Para los productos tipo C se decidió que se programaran y fabricaran sólo bajo pedido.
- Además, la previsión generada por el sistema se gestionó fuera del mismo, en confirmación y compromiso con los comerciales.

Así pues, se reorganizó parte del área de operaciones. Se añadió una función dedicada específicamente al análisis y negociación interna de los datos de demanda que alimentan el sistema y a la modificación de los resultados de la previsión generada por medio de consensos comerciales con los diferentes distribuidores y filiales. Estas medidas lograron que el inventario se redujera y se consiguieran unos buenos resultados en fábrica al cabo de cinco meses.

Los tiempos de entrega también mejoraron al reducirse a 21 días. El nivel de servicio en entregas dio un claro avance al pasar del 35 al 70 %, por lo que las funciones de servicio al cliente pasaron de administración de pedidos a operaciones.

7.2.4 Resumen

Este caso ilustra que el cambio en la política de fabricación tiene fuerte impacto en el uso de los datos de previsiones y servicio. También demuestra lo esencial que es la calidad de la información comercial que alimenta los modelos de previsiones y lo importante que es el poder seguir comportamientos de demanda por referencia.

Por otro lado vemos también que es muy fácil y rápido aumentar el nivel de inventario si los datos no son tan corredores como debieran, mientras que es muy lento regresar a los niveles anteriores de inventario.

Un punto interesante de comparación con los otros casos: en éste se ha evolucionado de un sistema automático a un control manual fuera del sistema, mientras que en los otros casos el control manual fue, precisamente lo que se quería evitar.

Desde el punto de vista del análisis de demanda y servicio, este caso nos ilustra de la estrecha relación que guardan las previsiones con el inventario y el nivel de servicio. Cuando se produce un error en la secuencia, los efectos se multiplican en el inventario y en el servicio. Se requiere tener mucho cuidado y gran dedicación en el correcto análisis del comportamiento de la demanda para tomar las acciones pertinentes que hagan que el uso de los modelos vuelva a su cauce.

7.3. Caso 3: Font Vella

Este caso práctico muestra una empresa con un alto volumen de ventas y con pocas referencias, en donde la precisión del pronóstico de demanda tiene un gran efecto en los costes.

7.3.1 Empresa

Font Vella es la filial española de la división de aguas del grupo Danone. Se estructura en tres divisiones: Lácteos, Galletas y Aguas.

Font Vella envasa y comercializa agua de cuatro manantiales. Sus dos marcas principales son Font Vella y Lanjarón, como marcas de agua mineral natural. Font Vella es líder en el mercado español, con una facturación anual de 250 millones de euros.

7.3.2 Mercado

El mercado del agua envasada aglutina 600 millones de euros anuales, tiene un crecimiento del 10 % anual, y un consumo per cápita de 90 l/persona por año.

El mercado del agua se divide en dos grandes grupos: aguas con gas —que representan el 5 % del mercado— y aguas sin gas con el restante 95 %. Dentro de este último hay tres categorías: agua potabilizada (la más económica), agua de manantial de superficie y agua mineral natural de manantial profundo (más estable en su composición).

Font Vella compite en el sector del agua sin gas, del que es líder con una cuota de mercado del 16 % y con una cuota de mercado del 6 % con la marca Lanjarón. Otros competidores son Nestlé, Grupo Vichy Catalán, Grupo Pascual, etc.

Es un mercado muy atomizado, formado por 80-100 marcas, muchas de presencia sólo regional. También está caracterizado por ser un mercado donde fácilmente se entra pero que para crear marca requiere de un buen sistema de distribución y de un fuerte apo-yo de marketing.

Es también un mercado claramente estacional: en la temporada de verano es necesario adelantar inventario para cubrir las demandas punta.

7.3.3 Producto

El producto tiene un número reducido de referencias, 96 SKU, todas relacionadas con el tipo de envase y contenido neto, con envases de vidrio y PET, en paquetes de seis o individuales, y en presentaciones desde 33 ml hasta 5 l.

La empresa tiene un *stock* de entre 3 a 12 días y gestiona hasta seis millones de litros al día, que se mueven en más de 3.000 palés, usando hasta 260 tráileres al día.

El tipo de envase depende del canal que se debe atender; en el caso del canal de alimentación, el envase es de plástico, y en el caso del canal horeca, de vidrio.

Si el canal es el de alimentación, el sistema es de tipo *pull* al funcionar bajo pedidos, con cambio a otro tipo *push* en verano, en que hay que adelantarse a la demanda. En cambio, en el canal de horeca, es un sistema con uso de distribuidores y que por tanto requiere un sistema tipo *push,* ya que muchos clientes finales sólo tienen una marca de agua en su establecimiento, con lo que la disponibilidad es crítica.

7.3.4 Demanda

Las características de capacidad de producción están determinadas por la curva de caudal del acuífero (flujo promedio de agua del manantial) y por la capacidad de envasado. No es posible aumentar o disminuir la producción de agua según la demanda, por lo que se debe tener capacidad de envasado que permita crear un *stock* para absorber los picos de demanda futura.

Antes, el cálculo de previsiones se basaba en información histórica de los últimos tres años, y se realizaba mediante una hoja de cálculo con procesos de ajuste de tendencia.

En este caso, en que se trata con altos volúmenes de producción y en que un 1 % de mejora puede representar muchos miles de euros de ahorro, es de gran importancia la exactitud en la previsión. Por este motivo se decide formar un área especializada en este análisis y, una vez formada, buscar una herramienta informática que ayude a realizar previsiones mucho más exactas. Partiendo de niveles de exactitud del 85 al 88 % se intenta obtener una mejora porcentual.

El proceso de análisis es liderado por el área de planificación. Se realizan juntas mensuales de previsión de la demanda para revisión de los *rollings* anuales y semanalmente se convocan juntas con los departamentos de ventas y mercadotecnia para hacer los ajustes a la previsión semanal. De esta manera, se consigue una única previsión de ventas que se presenta a la dirección general y se usa a nivel de empresa.

La implantación elegida, DPM, tiene principalmente la función de planificación y en segundo lugar la de previsión, y en esta utilizan datos de participación de mercado, acciones de la competencia, segmentación, etc. También se utilizan las funciones de simulación para existencias y previsión de ventas, pero no se aplican correlaciones de variables externas.

Los resultados que se han obtenido en este proceso han contribuido a la mejora continua y al ahorro de costes. Se considera que la herramienta DPM tiene buenas características: fácil implantación, herramienta especializada y potente en sus modelos.

7.3.5 Nivel de servicio

La empresa tiene como premisas la excelencia en calidad, tiempo y precio. Debido al sector en fuerte competencia en el que se encuentra y a la optimización de su planificación, la percepción de sus clientes y la medida de su nivel de servicio ha ido en gradual aumento, llegando a valores cercanos al 95 %.

Sin embargo su objetivo es aumentar en décimas el nivel de servicio y llegar al 99,4 % como media anual, ya que un aumento decimal en el servicio representa grandes resultados económicos.

La empresa utiliza las curvas *stock-to-service* de DPM para optimizar los niveles de inventario de seguridad, que antes se tenían como una variable independiente y asignada por experiencia. Actualmente se utiliza el *stock* generado por el modelo y se presenta la información en tres bandas con estimación de coste por referencia, con lo que se ha logrado pasar de 15 días de inventario a 13 días con sólo 6 días de *stock* de seguridad. Una gran ventaja obtenida es que pueden desmenuzar fácilmente las existencias totales en *stock* de ciclo, de anticipación y de seguridad. De esta manera «saben en dónde tienen las existencias y por qué las tienen», lo que también ha facilitado la mejora en el nivel de servicio.

7.3.6　Reaprovisionamiento

La capacidad de almacenamiento en las fábricas es de 13.000 palés tanto para almacenar como para mover, por lo que rápidamente hay saturación. Con operadores logísticos se ha aumentado la capacidad de almacenamiento hasta 100.000 palés. El 80 % del producto es enviado directamente al cliente de manera inmediata y el 20 % restante se guarda en almacenes reguladores de los distribuidores, con capacidad de doce días de consumo.

El hecho de utilizar la herramienta para gestionar el reaprovisionamiento ha permitido mejorar el proceso de planificación, ya que antes se realizaba con hoja de cálculo en frecuencia mensual y hoy se puede realizar de forma semanal. Esto produce una mejor visibilidad de tres meses en adelante, con mayor exactitud en el suministro y, por tanto, mayor eficiencia, reduciendo así el inventario sin efectos sobre el nivel de servicio.

7.3.7　Organización informática

La empresa tiene un sistema ERP (SAP) para la gestión transaccional, un sistema (DPM) para planificación y un CRP. Estamos entonces ante una solución de combinación de herramientas generales y herramientas específicas de optimización o planificación por áreas.

La integración no creó problemas a nivel informático ya que fue relativamente fácil por el uso de archivos y módulos, con lo que no hay interferencia entre ellos. En otras áreas tampoco se presentaron problemas, ya que la herramienta ha permitido ser más rápidos y evitar los cuellos de botella que se presentaban con el uso de hojas de cálculo, además de facilitar a ventas el incluir inteligencia de mercado y facilitar a la dirección general el poder contar con simulaciones y mayor visibilidad del proceso.

7.3.8　Resumen

En este caso se ilustra la aplicación del proceso en mercado de bajas referencias y altos volúmenes, con fuerte organización y estructura. Vemos que el resultado que se busca es el de mejorar el nivel de servicio, que aunque puede parecer una mejora marginal, representa grandes beneficios económicos.

Vemos en este caso la utilización del ciclo completo y cómo la mejor gestión de cada componente genera beneficios a nivel de inventario y de visión del proceso de planificación. Es decir, estamos frente a un caso de planificación previa para la cadena de suministro, con una organización humana acorde con el nuevo plan y con el uso de herramientas específicas para planificación, para obtener resultados y para realizar avances en la mejora de la empresa.

7.4. Caso 4: Gallego Vilar

Este caso práctico muestra una empresa de distribución de material de construcción con gran cantidad de referencias y de clientes. Es un caso en el que el proceso de reorganización ha sido impulsado por la dirección general, en un entorno en principio no muy tecnificado.

7.4.1 Empresa

Gallego Vilar es una empresa mediana de tipo familiar, con una facturación anual de 66 millones de euros.

Su actividad principal se centra en la compraventa de materiales para construcción, especializada en fontanería y metales no ferrosos, así como en aislamientos para la construcción.

Es una empresa con 75 años en el sector y que actualmente dispone de ocho almacenes regionales y un almacén central en Valencia.

7.4.2 Mercado

Gallego Vilar tiene un gran número de competidores con diferentes líneas de productos y variados. Es también un mercado de fácil entrada y salida, en el que incluso los fabricantes entran de manera directa.

Su diferenciación con otras empresas del sector se cimenta en los servicios adicionales que se le ofrecen al producto, en el precio del mismo y en la flexibilidad y localización de sus almacenes.

7.4.3 Producto

Gallego Vilar tiene más de 145.000 referencias, de las que 25.000 están en uso continuo. Los productos son de ciclo de vida larga y algunos están caracterizados por obsolescencia en diseño.

El valor del inventario es de aproximadamente nueve millones de euros.

La base de clientes es de 3.500, principalmente empresas constructoras, instaladores y tiendas al por menor.

7.4.4 Demanda

Antes, el cálculo de las previsiones se realizaba mediante un modelo de demanda de extrapolación lineal que tenía el sistema ERP y que se desarrolló en Gallego Vilar.

Sin embargo para no perder ventas por falta de material, se empezó a aumentar el inventario, llegando hasta 10,7 millones de euros. En este punto se perdió el control, por lo que se decidió realizar una reorganización operativa y crear una dirección de logística para mejorar los sistemas.

Tienen gran variedad de proveedores con tiempos de entrega muy diferentes y lotes de compra muy singulares. Todo esto hace muy difícil mantener al día la actualización, por lo que se requería de una herramienta de ayuda.

Entonces se decidió la implantación de DPM. La información histórica de los últimos tres años se ingresa en el sistema de manera automática según las salidas de almacén. Con la previsión, la misma es revisada en conjunto por los departamentos de logística y comercial y se decide la política de compras y distribución.

Los resultados obtenidos han sido una disminución en el nivel de inventario con un aumento en las ventas. Se plantea que el cliente sea más un comprador estratégico que pueda negociar volúmenes y futuros en el mercado de metales, al contar con una mejor y más adecuada previsión.

7.4.5 Nivel de servicio

En un principio no se controlaba el nivel de servicio, ya que es un mercado en el que el cliente realiza directamente el pedido; si se tiene el material lo realiza el mismo y si no, no lo realiza.

En cuanto a albaranes completos de pedidos en firme, se tiene un 98 % de nivel de servicio. El reto es mantener ese nivel y disminuir el inventario requerido.

Por lo que hace al *stock* de seguridad, en un principio se realizaba sobre la base de disponer de mercancía para un mes, sin tener en cuenta un *stock* de seguridad. Actualmente la utilización de DPM les ha ayudado para tener un nivel de *stock* de seguridad de referencia.

7.4.6 Reaprovisionamiento

Para la distribución tienen varias formas, desde distribución directa del fabricante al cliente, del fabricante al almacén central o del fabricante al central y a los regionales.

Para la distribución de la mercancía de cada almacén se usan medios de transporte propios; la distribución interalmacenes se realiza con terceros. Cada almacén funciona como una empresa y dado que el costo de transporte es caro, es mejor tener inventario.

Las curvas de reaprovisionamiento las utilizan para conjeturar la demanda futura y realizar acciones para completar cargas de envío o compra estratégica.

7.4.7 Organización informática

La empresa tiene un sistema ERP personalizado AS400, el cual se ha complementado con módulos específicos, como por ejemplo, el DPM para logística.

En Gallego Vilar se ha llevado a cabo un cambio organizacional impulsado por la dirección general, que además ha incentivado el uso de herramientas específicas para controlar los inventarios. Esa dirección definió la implantación como una acción estratégica.

Sin embargo al ser una empresa de estructura humana pequeña y con muchas referencias, la parametrización ha sido complicada y lenta. En cambio, la interconexión informática fue muy fácil.

En cuanto a la aceptación de la solución DPM, al principio algunas personas no veían la utilidad de tener menos inventario, no lo consideraban lógico si se quería aumentar las ventas, pero la comodidad del sistema, su facilidad de manejo y los resultados que se han obtenido les han ido convenciendo y ya participan en el proyecto.

La causa principal por la que la implantación fue complicada es la descentralización de la empresa. Así pues, Gallego Vilar, después de su experiencia, sugiere que primero se debería haber realizado la centralización de las funciones de compras y posteriormente la parametrización: primero la estructura y organización y luego la herramienta. De la otra forma, la herramienta controla el proceso y lo hace complicado, amén de causar rechazo y desconfianza.

7.4.8 Resumen

Este caso nos muestra aspectos interesantes de la implantación de soluciones tecnológicas en empresas de ámbito familiar y tamaño medio, pero en las que el éxito de la implantación es en gran medida resultado del apoyo directo recibido de la dirección general.

Se busca en este caso el control del nivel de inventario sin perder disponibilidad de material para asegurar ventas. Internamente no se ve como un problema de nivel de servicio o más aún de exactitud en las previsiones, sino como una actividad netamente comercial y dependiente de tener inventario para la venta. Por lo que está claro es que todo ello les lleva a perfeccionar su cadena de suministro a partir de una necesidad comercial.

7.5. Caso 5: Indo

Este caso práctico muestra una empresa especializada con gran cantidad de referencias y un sistema de producción bajo pedido. Además, actualmente Indo está en la fase inicial de implantación del sistema, por lo que podemos mostrar de manera más detallada su problemática y objetivos.

7.5.1 Empresa

Indo es la empresa líder en España en la fabricación de lentes, que representan el 50 % de sus ventas. Complementan sus ventas con la fabricación de gafas y la comercialización de material óptico, en el que también son líderes en nuestro país. A nivel mundial se sitúa entre las cinco empresas principales del mercado de lentes. Su facturación anual es de 200 millones de euros y exportan el 30 % de sus productos.

7.5.2 Mercado

El de los lentes es un sector maduro, muy especializado, donde el factor tecnológico es muy importante. La evolución del mercado está marcada por la evolución propia de los productos a nivel de cambios y mejoras técnicas, como las lentes orgánicas, antirreflectantes, de coloración, etc. En cambio, el comportamiento del mercado de gafas, que está en continuo crecimiento, responde más a un comportamiento del tipo «producto de moda».

7.5.3 Producto

Indo tiene gran cantidad de referencias, 30.000 SKU, registradas en *stock* según el número de dioptrías.

Es un sistema de fabricación bajo pedido, por lo que hablamos de un proceso de fabricación tipo *pull*.

El proceso de fabricación parte de ladrillos de vidrio. Éstos son elaborados de acuerdo con las necesidades específicas de curvatura de la lente, con el fin de conseguir incrementos finitos de dioptrías. Después, se realizan los tratamientos específicos de la lente y se entrega al taller o se envía al distribuidor que los entregará a las ópticas. Éstas realizan el último proceso de taller de acuerdo con el tipo de gafa que se usará. Este último paso eleva la variedad a un número muy grande de referencias, al ser un pedido único del cliente.

Por estas características Indo tiene un inventario total del orden de 11 millones de euros con una rotación de tres meses y medio.

7.5.4 Demanda

La gestión de datos de demanda históricos se realiza mediante las salidas de almacén y la facturación. El departamento de materiales realiza la previsión, según sea la demanda que le facilita el área comercial. Posteriormente se realizan juntas mensuales con personal de distribución, producción, comercial y materiales, en las que se modifica la previsión de la demanda generada; y existe otro comité encargado de la planificación.

En este caso no se desarrolla una nueva organización para la planificación de demanda; ésta más bien se asigna al área de logística y materiales como mejora al proceso que ya se tenía.

Inicialmente se usó la información generada por un programa de SAP-R3 para obtener los datos y modelar la previsión vía Office. Modelarla con SAP no era suficiente para gestionar 30.000 referencias de forma individual o en grupos y añadir el control de gafas, por lo que se buscó una herramienta que pudiera gestionar una gran numero de referencias y analizar estacionalidades y variabilidad. La empresa está en fase de implantación de DPM, por lo que todavía no se tienen resultados definitivos.

Es un producto sin promociones. Existe poca inteligencia de mercado para añadir al proceso de previsiones.

7.5.5 Nivel de servicio

La empresa mide el nivel de servicio en la premisa de si un material pedido se encuentra en el almacén en el tiempo de respuesta normal en una primera intención. Actualmente, se encuentra en un 85 % y como objetivo se pretende llegar a un 95 %. Se tiene un tiempo de respuesta dado al área comercial de 24 horas en *pack* de *stock,* 48 horas en especialidades y 72 horas en pedidos especiales.

Ahora el seguimiento es básicamente manual. El *stock* de seguridad es igual para todas las referencias.

El objetivo de la empresa es que utilizando el sistema DPM se pueda relacionar el nivel de servicio con el inventario. En principio se pretende mantener el nivel de servicio en el 85 % e ir reduciendo las existencias y mejorando la visibilidad del inventario. Más tarde, se espera lograr mayores niveles de servicio y menores niveles de *stock* por referencia.

7.5.6 Reaprovisionamiento

El proceso de distribución se realiza de forma diaria de la fábrica al almacén central, del almacén central se entrega a almacenes regionales distribuidores, y de éstos a talleres. En el almacén central se reúnen más órdenes incompletas. En los almacenes regionales se tiene un *stock* de seguridad y, en general, se realizan un 95 % de cumplimiento de órdenes. En los talleres el cumplimiento de las entregas debe ser del cien por cien, porque no se pueden entregar pedidos incompletos.

El proceso de reaprovisionamiento es controlado por el sistema SAP-R3 y no está relacionado con conceptos de nivel de servicio. En su momento no se había planteado la posibilidad de cambio.

7.5.7 Organización informática

La evolución ha partido de un sistema de gestión desarrollado internamente para llegar a un ERP (SAP) en 1998 y al uso de una herramienta departamental para la planificación de la demanda (DPM). No se plantea usar un SCM por su costo y complejidad.

El desarrollo se ha dividido entre el departamento de informática, quien hace la interconexión y parametrización, el departamento de planificación, que toma las decisiones y datos de parámetros y el proveedor del sistema, que realiza la puesta en marcha y uso del mismo. Así, los tiempos de implantación han sido de un año para el ERP y de cuatro meses para el DPM.

Al existir colaboración entre áreas funcionales no se han provocado problemas o luchas de poder, ya que todos se consideran herramientas de gestión y planificación empresarial, con módulos de apoyo por áreas funcionales.

7.5.8 Resumen

Este caso ilustra la aplicación del proceso en mercado estable de muchas referencias. Se observa que el número elevado de referencias es lo que al principio complicó la planificación y búsqueda de herramientas de gestión de existencias, ya que era necesario gestionar de manera eficiente un sinnúmero de referencias tanto en previsiones como en inventario y servicio.

Otro dato interesante es que cuando se tiene gran cantidad de referencias los niveles de servicio no son muy altos y existen grandes inventarios.

7.6. Caso 6: Repsol YPF

En este caso vemos una empresa en un mercado maduro de grandes competidores de su nivel, con un producto de fácil producción pero muy relacionado a la marca y cuya aplicación involucra un importante número de referencias.

El aumento de volumen de ventas es el factor clave para la implantación.

7.6.1 Empresa

Repsol YPF es una empresa multinacional, líder en España y Argentina, que compite en los sectores de la energía y la petroquímica.

Opera en 28 países, y España y Argentina son los dos más importantes. Las actividades de Repsol YPF se organizan en tres grandes áreas estratégicas:

- Upstream: exploración y producción.
- Downstream: refinerías, mercadotecnia, GLP y química.
- Gas y electricidad: gas natural SDG y Midstream.

En la división de subproductos no combustibles se produce y distribuye la línea de Lubricantes Repsol; en esta división se está trabajando con un sistema de gestión de demanda y a ella corresponde este caso. La división también está a cargo de otras líneas de producto como asfaltos, parafinas, bases, azufre, gases y especialidades, que se incorporarán al sistema posteriormente.

7.6.2 Mercado

El mercado de los lubricantes tiene las siguientes características:

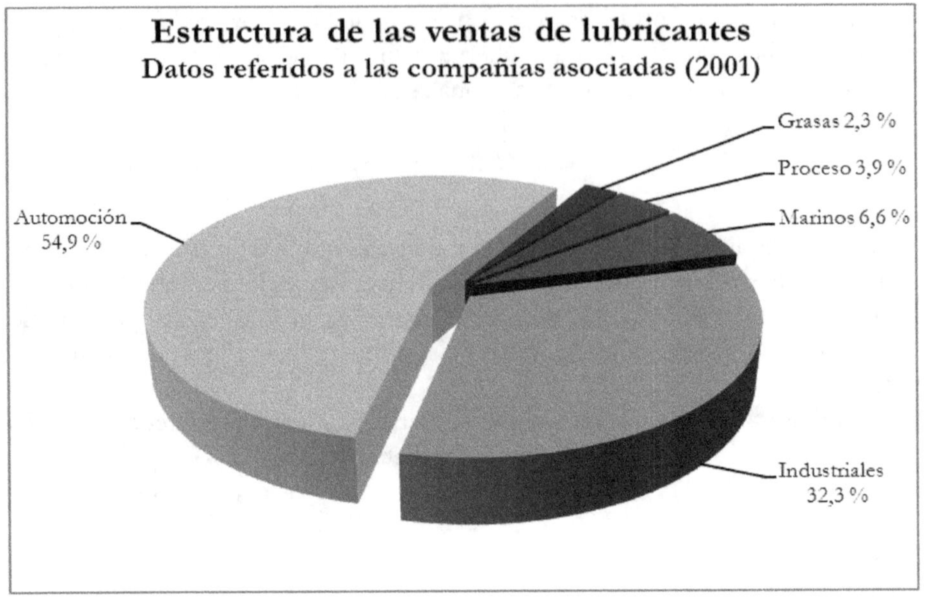

Figura 7.1.

– Número reducido de proveedores de aditivos, cualificados, multinacionales y perfectamente identificados.

– Más del 60 % de las ventas se realizan a través de concesionarios, distribuidores y grandes clientes.

– Mercado global.

– Gran importancia de los operadores logísticos.

– El grado de desarrollo tecnológico es medio-alto.

Entre las principales compañías podemos destacar: AGIP España, SA; BP Oil España, SA; Cepsa Lubricantes, SA; Esso Española, SL, Nueva FL Ibérica, SA; Fuchs Lubricantes, SA; Krafft, SA; Mosul Ibérica, SA; Pennzoil-Quaker State; Mediterráneo, SL; Petrogal España, SA; Repsol YPF Lubricantes y Especialidades, SA; Shell España, SA; Texaco Petrolífera, SA; Totalfinaelf, SA; Verkol, SA. En conjunto, estas compañías disponen de 16 plantas para la elaboración de lubricantes en España.

En labores de distribución, las empresas disponen de poco menos de 120 delegaciones comerciales y más de 850 distribuidores comerciales.

Las firmas representadas en Aselube facturan en este sector más de 820 millones de euros anualmente, en un mercado algo superior a los 990 millones de euros en 2001.

La estructura del sector de lubricantes tiene la configuración que se representa en la figura 7.1.

Dentro del sector de ventas de lubricantes de automoción, los canales de distribución de sector consumo (datos facilitados por Nielsen) son los que se describen en cuadro 7.1.

Repsol es líder en el mercado español de lubricantes con una cuota de mercado del 19 % y una facturación de 132 millones de euros anuales.

Talleres concesionarios	41,6 %
Tiendas de recambios	22,1 %
Talleres	19,8 %
Gasolineras	10,3 %
Grandes superficies	6,2 %

Cuadro 7.1

7.6.3 Producto

La producción de un aceite o lubricante industrial es, conceptualmente, una mezcla de los componentes de la fórmula, sin que en su procesado se produzcan reacciones o síntesis químicas. Es un producto relativamente sencillo, fruto de mezclas y cuya obsolescencia se da por cambio de especificaciones y no por tiempo.

Las características del producto se dividen en función de su envasado: un 70 % es producto envasado, el cual está dividido en un 40 % en envases pequeños de 125 cc, 1,2, 4 y 20 l y 30 % en bidones de 205 l. El restante 30 % se comercializa a granel. Esto hace que Repsol tenga cerca de 1.015 referencias de las cuales 850 se comercializan de forma activa.

7.6.4 Demanda

Como ya se dijo, el mercado de los lubricantes está claramente relacionado con el sector del automóvil y, por tanto, con el parque de vehículos. Es un claro ejemplo de correlación y uso de regresiones para el cálculo de tendencias en las previsiones, como muestra la figura 7.2.

En esta figura, si comparamos la evolución de las ventas de lubricantes de automoción en la Península y las islas Baleares en relación con el crecimiento del parque de vehículos en España, podemos observar que las líneas de tendencia de ambas series tienen una evolución casi paralela, pero con una ligera tensión hacia la convergencia. Esa tensión señala la reducción en los plazos de cambio del aceite. Es decir que cada vez es necesaria menos cantidad de aceite para tener en funcionamiento adecuado un mayor número de vehículos.

Repsol opera con un sistema mixto *push-pull*, contra existencias para el producto envasado y bajo pedidos en granel para grandes clientes industriales. La programación diaria se realiza de acuerdo con los pedidos. Se tiende a un nivel de *stock* de 1,2 meses.

El proceso de previsión de demanda se realiza en el área de planificación, capturando la información histórica de ventas mensuales del sistema ERP, actualmente SAP R/3.

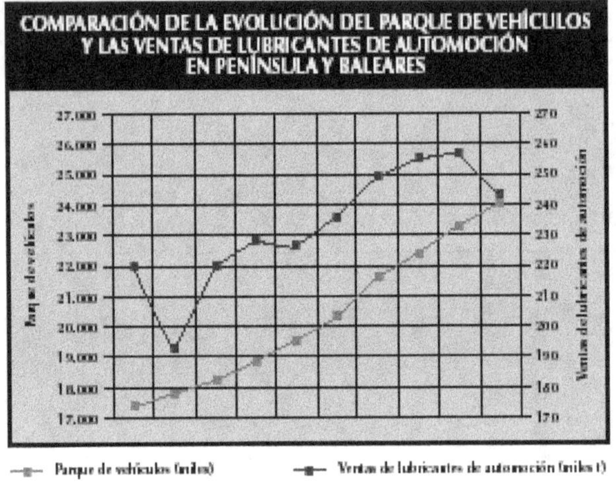

Figura 7.2.

La razón del uso de un sistema de gestión para la demanda y para las previsiones viene dada por el aumento en el volumen de operación de la empresa. Inicialmente se utilizaba la herramienta Wizard para el cálculo de demanda, y por medio de una hoja Excel se calculaba el nivel de servicio y el *stock* de seguridad. Sin embargo, al aumentar el número de referencias y la complejidad en la gestión de la cadena de suministro, se tuvo que buscar una herramienta que de forma automática y flexible calculara la demanda y el nivel de existencias para cada una de las referencias y que integrara toda la información de referencias y mercados en un solo sistema.

Es decir, Repsol se plantea el tema de las previsiones y del nivel de servicio como una función que debe ser modernizada y optimizada con herramientas tecnológicas mas eficientes.

Así Repsol decide implantar DPM en 1996 y SAP R3 en 1999 como parte del diseño de su cadena de suministros (SCM).

El uso de esta herramienta les ha dado los siguientes beneficios:

— Poder efectuar actualizaciones por 40 referencias diarias contra una sola que se realizaba anteriormente.
— Mayor flexibilidad.
— Menores desviaciones en la previsión: del 10 % a menos del 3 %.
— Reducción en el nivel de inventario de los 2,5 meses a un mes.
— Mejor seguimiento de las tendencias de mercado.
— Trabajo con lotes económicos más pequeños.
— Minimización de las roturas de *stock*.

La compañía no realiza promociones, por lo que no necesita estos cálculos. Los productos nuevos se desarrollan generalmente por cambios tecnológicos programados a productos existentes.

7.6.5 Nivel de servicio

Repsol mide el nivel de servicio según el número de pedidos que la fábrica entrega a tiempo a su almacén central. Al cliente final se le da un plazo de entrega de cuatro días.

Los resultados de gestionar el inventario con este sistema han sido prometedores:

- De un nivel de servicio del 82 % se ha mejorado hasta el 97 %. Se busca un nivel objetivo del 98,5 %.
- Las roturas de *stock* han disminuido en un 2-3 % para 20-30 referencias, con una ratio de disminución de 3 a 4 referencias por mes.
- El cálculo del valor del *stock* de seguridad es calculado automáticamente por el sistema y actualizado.
- El cliente final es quien percibió los cambios. Antes era frecuente tener pedidos que no se completaban en tiempos fijos. Ahora el cliente percibe que el servicio, ha mejorado al recibir pedidos completos o que si falta un elemento, éste es surtido de manera inmediata, por lo que considera que siempre hay existencias.

Es importante notar que la distribución al cliente final la realiza en gran parte un operador logístico, quien tiene un nivel de servicio del 87 %.

7.6.6 Reaprovisionamiento

La estructura de distribución de Repsol, se basa en una sola fábrica, en donde se encuentra localizado el almacén central; aquí el OPL recoge los pedidos y efectúa la distribución al cliente final.

El sistema de reaprovisionamiento se realiza dentro del módulo de DRP de SAP de forma relativamente simple; en este módulo sólo quedan las entregas entre almacenes del grupo.

7.6.7 Organización informática

Los sistemas utilizados actualmente en Repsol son SAP R-3 y DPM. Antes se utilizaba Wizard y MM de HP. Por lo tanto, DPM queda como una herramienta departamental en planificación.

El departamento de planificación es el responsable de estas funciones y en el proceso de implantación se formó un equipo con el proveedor del sistema de planificación e informática. Su uso es diario, para alimentar al MRP de fábrica y los envíos de almacén.

De las problemáticas que surgieron durante la implantación, la principal fue las interfaces entre DPM y el ERP, que se solucionaron mediante el diseño de archivos de transferencia. Fuera de ésta no se presentaron problemas mayores y existió muy poca fricción entre personas o departamentos.

El comentario general es de satisfacción, por ser un sistema flexible y de gran sencillez dado su optimizado manejo de bases de datos, y por la rápida implantación.

Los proyectos futuros contemplan la conexión por internet de algunos maquiladores y almacenes del grupo y la conexión al sistema de la red de los distribuidores del producto.

7.6.8 Resumen

En este caso vemos que el crecimiento en ventas y el modelo de gestión de la cadena de suministro pueden tener un efecto de saturación en la capacidad de cálculo tradicional si hay más de mil referencias para actualizar. Este motivo forzó a implantar soluciones informáticas más eficientes, ya que de manera manual no se logran niveles de exactitud o de servicio tan altos con la ayuda de herramientas de planificación.

Vemos también que el uso modular permite gestionar el reaprovisionamiento con otro paquete y que la facilidad de interacción facilita las cosas. En este caso la implantación ha conllevado la actuación en tiempo y forma, aportando resultados rápidos y significativos.

Capítulo 8

Conclusiones

A lo largo de este estudio se ha podido comprobar que el proceso de la planificación en la cadena de suministro tiene un componente fundamental en la planificación de las previsiones, el nivel de servicio y el reaprovisionamiento. Se han resumido los fundamentos teóricos que permiten crear los modelos para planificar y esperamos que ahora el lector ya sepa que los sistemas de gestión que realiza la planificación tienen bases matemáticas complejas pero muy sofisticadas en el camino hacia la optimización.

Al final se han analizado algunos casos relativos a empresas que afrontan el proceso de demanda-servicio-reaprovisionamiento. Vemos que, en realidad, el inicio del proceso de mejora lo induce generalmente un problema de saturación en la capacidad de cálculo tradicional –por incrementos en ventas, inventario u operaciones– lo que les lleva a buscar una solución tecnológica que ayude a automatizar y controlar el proceso. Ya en funcionamiento, los objetivos buscados varían según cada empresa: mejorar el proceso de compras, disminuir el inventario, mejorar el servicio o simplemente saber por qué tienen ese inventario y para qué lo tienen, en busca del mejor uso del mismo.

En todos los casos, los objetivos son:

- Obtener resultados de mejora en los indicadores del área de operaciones y logística.
- Conseguir una mejor comprensión del proceso, permitiendo descubrir nuevas áreas de oportunidad para el sistema y para la empresa.
- Aumentar las funcionalidades.

Por tanto, cabe concluir que utilizar programas de soluciones específicas para demanda, servicio y reaprovisionamiento es bueno para una empresa de cualquier tamaño y sector, ya que proporcionará al personal de logística y planificación mejores resultados operacionales y dará a dicha empresa indicadores de rendimiento.

Un último comentario: después del análisis del proceso de planificación y de los casos, es más fácil entender una analogía del uso de estos elementos de demanda, servicio y reaprovisionamiento en la empresa y en la cadena de suministros. Pero en muchas empresas estos conceptos son más bien empíricos y se gestionan según la experiencia personal y el buen juicio o como metas u objetivos de desempeño. Es como conducir un coche: éste se mueve, da los resultados esperados y la eficiencia se considera un factor que es, en gran media, el resultado de la habilidad del piloto y de su experiencia como conductor. Sin embargo, vemos que en la conducción de Fórmula 1 o de vehículos deportivos de lujo, la forma de sacarle el máximo rendimiento y eficiencia se centra en el uso de muchos instrumentos y herramientas que permiten la visualización correcta de lo que pasa, para controlar los parámetros y los procesos de mejora competitiva.

Así, pues, aplicar una mayor atención a los elementos de la demanda, del servicio y del reaprovisionamiento, no es un mero ejercicio irrelevante; debe ser tomado como una parte fundamental para la mejora en la eficiencia de la cadena de suministro y como un factor de competitividad en el mundo de la empresa, sea cual sea el sector del que se trate.

El hecho de contar con herramientas sofisticadas de planificación nos permite, como hemos visto, poder adaptarlas a cada empresa como herramienta de mejora de procesos o bien como solución de problemáticas específicas. Esto es, se debe utilizar como una herramienta más, que específicamente nos permita contar con indicadores y formas de optimizar diversas funciones de la cadena de suministros y de respuesta del proceso.

Apéndice A

Anexos del capítulo 2

Como este apéndice es de naturaleza mayoritariamente estadística, no expondremos aquí un tratamiento completo sobre los complementos teóricos de los temas a los que se refieren. Antes bien, daremos solamente algunos aspectos puntuales de interés, remitiendo al lector interesado en profundizar más sobre el tema a la bibliografía que se ofrece al final de este libro.

A.1 Complementos sobre series temporales

Para poder establecer modelos sobre series temporales, que sean útiles y estadísticamente adecuados, es necesario un tratamiento de los datos que requiere la utilización de herramientas de complejidad relativamente importante. Por ello, sólo a modo de resumen orientativo, exponemos a continuación algunas pautas y criterios útiles a tal efecto. De esta manera, al tener que tomar decisiones según el análisis de datos, se podrá disponer de un fundamento objetivo y razonable en el cual respaldar las decisiones adoptadas.

A.1.1 Expresiones para el cálculo de coeficientes de tendencia

a) Tendencia exponencial

Si *a priori* se piensa que la representación gráfica de la serie corresponde a una tendencia tipo exponencial, entonces habrá que evaluar el modelo $f(i) = a + bc^i$,

en donde los coeficientes a, b y c son constantes desconocidas para todo instante considerado i. Para la estimación de estos coeficientes, distinguiremos tres casos, según los valores de la cantidad de observaciones disponibles, n:

- n es de la forma $3m$ (múltiplo de 3):

  Una vez calculados los siguientes factores:

$$T_1 = x(1) + x(2) + \cdots + x(1m)$$
$$T_2 = \qquad\qquad x(m+1) + x(m+2) + \cdots + x(2m)$$

$$T_3 = \qquad\qquad\qquad\qquad\qquad x(2m+1)+x(2m+2)+\cdots+x(3m)$$

$$T = x(1)+x(2)+\cdots+x(1m)+x(m+1)+x(m+2)+\cdots+x(2m)+x(2m+1)+x(2m+2)+\cdots+x(3m)$$

Resultan las expresiones de los coeficientes:

$$c=\left(\frac{T_3-T_2}{T_2-T_1}\right)^{1/m} \quad , \quad a=\frac{T_2^2-T_1T_3}{m(2T_2-T_1-T_3)} \quad , \quad b=\left[\frac{c-1}{c(c^n-1)}\right]\cdot(T-na).$$

- n es de la forma $3\,m+1$ (múltiplo de 3, más 1):
  Calculados:

$$T_1 = x(1)+x(2)+\cdots+x(m+1)$$

$$T_2 = \qquad\qquad\qquad x(m+1)+x(m+2)+\cdots+x(2m+1)$$

$$T_3 = \qquad\qquad\qquad\qquad\qquad x(2m+1)+x(2m+2)+\cdots+x(3m+1)$$

$$T = x(1)+x(2)+\cdots+x(m+1)+x(m+2)+\cdots+x(2m+1)+x(2m+2)+\cdots+x(3m+1)$$

Resultan:

$$c=\left(\frac{T_3-T_2}{T_2-T_1}\right)^{1/m} \quad , \quad a=\frac{T_2^2-T_1T_3}{(m+1)(2T_2-T_1-T_3)} \quad , \quad b=\left[\frac{c-1}{c(c^n-1)}\right]\cdot(T-na).$$

- n es de la forma $3\,m+2$ (múltiplo de 3, más 2):
  Calculados:

$$T_1 = x(1)+\cdots+x(m+1)+x(m+2)$$

$$T_2 = \qquad\quad x(m+1)+x(m+2)+\cdots+x(2m+1)+x(2m+2)$$

$$T_3 = \qquad\qquad\qquad\qquad x(2m+1)+x(2m+2)+\cdots+x(3m+1)+x(3m+2)$$

$$T = x(1)+\cdots+x(m+1)+x(m+2)+\cdots+x(2m+1)+x(2m+2)+\cdots+x(3m+1)+x(3m+2)$$

Resulta:

$$c=\left(\frac{T_3-T_2}{T_2-T_1}\right)^{1/m} \quad , \quad a=\frac{T_2^2-T_1T_3}{(m+2)(2T_2-T_1-T_3)} \quad , \quad b=\left[\frac{c-1}{c(c^n-1)}\right]\cdot(T-na).$$

b) Tendencia logística

Si se cree que el conjunto de puntos $\left[i,x(i)\right]$, para $i=1,2,\ldots,n$, sigue aproximadamente una tendencia logística, se ajustará, por el procedimiento dado en el punto anterior, es decir, una exponencial a la serie:

$$\frac{1}{x(1)}, \frac{1}{x(2)}, \ldots, \frac{1}{x(i)}, \ldots$$

obtenida la exponencial:

$$g(i) = a + bc^i$$

entonces:

$$f(i) = \frac{1}{g(i)} = \frac{1}{a + bc^i}$$

será la logística que representará a la serie temporal dada por:

$$x(1), x(2), \ldots, x(i), \ldots.$$

A.1.2 Expresiones para el cálculo de la estacionalidad

c) Modelo aditivo

Hemos visto que si k es el número de años considerados en la serie, el modelo aditivo se puede expresar como:

$$x(i) = f(i) + e(i, j)$$

$$x(i, j) = \frac{f(i)}{k} + s(j) + e(i, j)$$

De ambas ecuaciones surge inmediatamente la condición que deben cumplir los $s(j)$:

$$\sum_{j=1}^{k} s(j) = 0.$$

Obtenemos los $s(j)$ imponiendo que verifiquen esta última ecuación, y que la suma de cuadrados de los errores $e(i, j)$ sea mínima:

$$s(j) = \frac{\sum_{i=1}^{n} x(i, j)}{n} - \overline{x}$$

en donde $\overline{x}$ es la media de los $x(i, j)$.

d) Modelo multiplicativo

- **Primera forma**

  De manera análoga, tenemos:

$$x(i) = f(i) + e(i,j)$$

$$x(i,j) = f(i)s(j) + e(i,j)$$

Imponiendo las siguientes condiciones:

$$\sum_{i=1}^{n} e^2(i,j) = \sum_{i=1}^{n}\left[x(i,j) - f(i)s(j)\right]^2 = \min \quad y \quad \sum_{j=1}^{k} s(j) = 1.$$

se obtiene:

$$s(j) = \frac{1}{k}\left[1 - \frac{\displaystyle\sum_{i=1}^{n} x(i)f(i)}{\displaystyle\sum_{i=1}^{n} f^2(i)}\right] + \left[\frac{\displaystyle\sum_{i=1}^{n} x(i,j)f(i)}{\displaystyle\sum_{i=1}^{n} f^2(i)}\right].$$

Si el ajuste de la tendencia $f(i)$ a los $x(i)$ es bueno, de forma muy aproximada, los $s(j)$ se tiene que:

$$s(j) \approx \frac{\displaystyle\sum_{i=1}^{n} x(i,j)x(i)}{\displaystyle\sum_{i=1}^{n} x^2(i)} = \frac{x(1,j)x(1) + x(2,j)x(2) + \cdots + x(n,j)x(n)}{x^2(1) + x^2(2) + \cdots + x^2(n)}.$$

Esta última expresión supone hacer:

$$\sum_{i=1}^{n}\left[x(i,j) - x(i)s(j)\right]^2 = \min.$$

- **Segunda forma**

Si los errores del modelo:

$$x(i,j) = f(i)s(j) + e(i,j)$$

$$\sum_{j=1}^{k} s(j) = 1$$

no pueden considerarse aleatorios y aumentan en valor absoluto en los períodos de mayor $x(i,j)$, es aconsejable ensayar otro modelo, del tipo:

$$x(i,j) = f(i)s(j)\left[1 + e(i,j)\right]$$

$$\sum_{j=1}^{k} s(j) = 1$$

Imponiendo la segunda condición, obtenemos los $s(j)$ haciendo que la suma de cuadrados de los errores $e(i,j)$ sea mínima. Muy aproximadamente, si el ajuste de la tendencia $f(i)$ a los $x(i)$ es bueno, se llegará a que:

$$s(j) \approx \frac{1}{n} \sum_{i=1}^{n} \left[\frac{x(i,j)}{x(i)} \right] = \frac{1}{n} \left[\frac{x(1,j)}{x(1)} + \frac{x(2,j)}{x(2)} + \cdots + \frac{x(n,j)}{x(n)} \right].$$

A.1.3 Expresiones para el cálculo de las componentes aleatorias

Las componentes aleatorias vienen dadas por las expresiones siguientes:

a) **Modelo aditivo:** $\qquad e(i,j) = x(i,j) - \dfrac{f(i)}{k} - s(j).$

b) **Modelo multiplicativo**

- **Primera forma:** $\qquad e(i,j) = x(i,j) - f(i)s(j).$

- **Segunda forma:** $\qquad e(i,j) = \dfrac{x(i,j)}{f(i)s(j)} - 1.$

Debemos observar los $n \times k$ errores y ver si forman realmente una serie aleatoria; de no ser así, el modelo no se puede considerar bueno.

A.1.4 Notas sobre identificación de modelos ARMA

El problema que se plantea ahora es que, dada una serie estacionaria, hay que identificar cuál de los posibles modelos ARMA describe mejor a la serie. Para ello resulta de gran utilidad definir qué son la *función de autocorrelación* y la *función de autocorrelación parcial* de una serie estacionaria. La forma de los gráficos de la función de autocorrelación y de la función de autocorrelación parcial de una serie $z(t)$ nos sirven para identificar qué tipo de modelo ARMA (p,q) es válido para representar la serie. Como señalamos anteriormente, aquí daremos sólo un bosquejo conceptual sobre el tema, dejando para el lector su desarrollo y profundización en las referencias que sugerimos en la bibliografía.

- **Identificación de una serie aleatoria pura**

  Si todos los términos de la función de autocorrelación y los de la función de autocorrelación parcial son 0, la serie $z(t)$ es aleatoria pura:

$$z(t) = e(t).$$

- **Identificación de un modelo AR (1) o ARMA (1,0)**

Si la función de autocorrelación de una serie $z(t)$ es decreciente (en sentido amplio), y la función de autocorrelación parcial tiene todos los elementos nulos salvo el primero, la serie sigue un modelo AR (1).

Al decir que la función de autocorrelación de una serie es decreciente en sentido amplio, se entiende que la función es decreciente en valor absoluto, como en las figuras A.1 y A.2, o incluso decreciente con oscilaciones, como en la figura A.3:

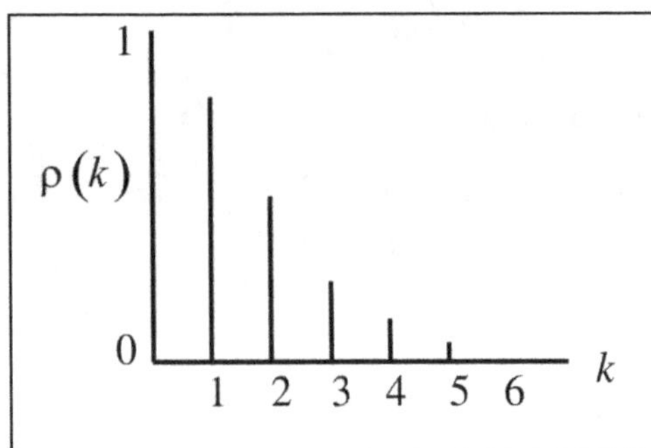

Figura A.1.
FAC de un modelo AR (1).

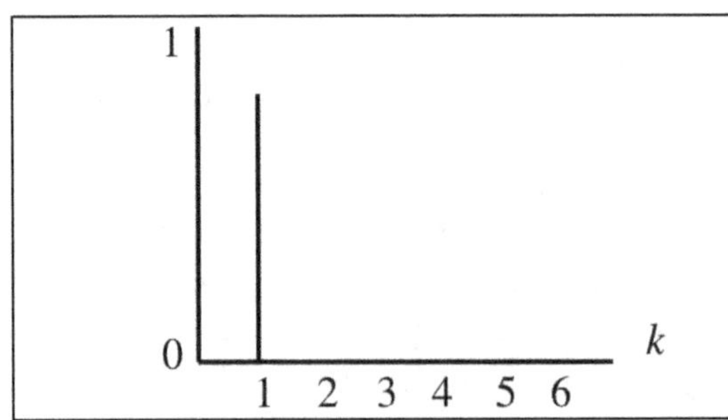

Figura A.2.
FAC de un modelo AR (1).

Las figuras A.3 y A.4 muestran la FAC y la FACP de una serie temporal que sigue un modelo AR(1):

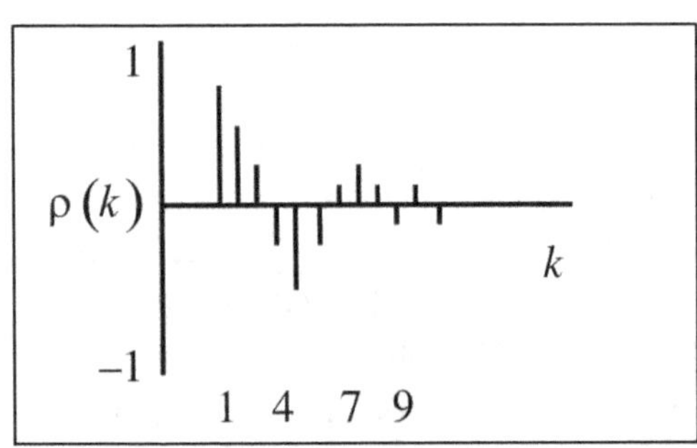

Figura A.3.
FAC de un AR (1).

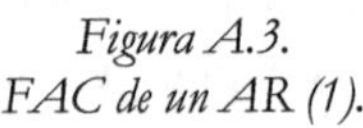

Figura A.4.
FACP de un AR (1).

- **Identificación de un modelo AR (2) o ARMA (2,0)**

Si la FAC de una serie $z(t)$ es decreciente (en sentido amplio) a partir del segundo término, y la FACP tiene todos los elementos nulos salvo los dos primeros, la serie sigue un modelo AR (2).

Las figuras A.5 y A.6 muestran la FAC y la FACP de una serie que sigue un modelo AR (2):

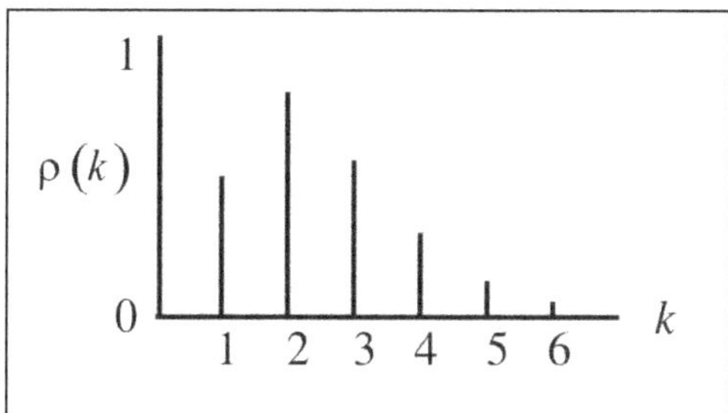

Figura A.5.
FAC de un AR (2).

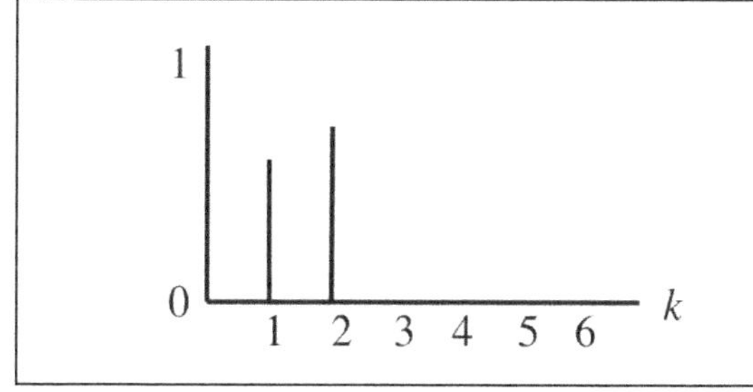

Figura A.6.
FACP de un AR (2).

- **Identificación de un modelo MA (1) o ARMA (0,1)**

Si la FAC de una serie $z(t)$ tiene todos los elementos nulos menos el primero, y la FACP es decreciente en sentido amplio, la serie sigue un modelo MA (1).

Las figuras A.7 y A.8 muestran la FAC y la FACP de una serie que sigue un modelo MA(1).

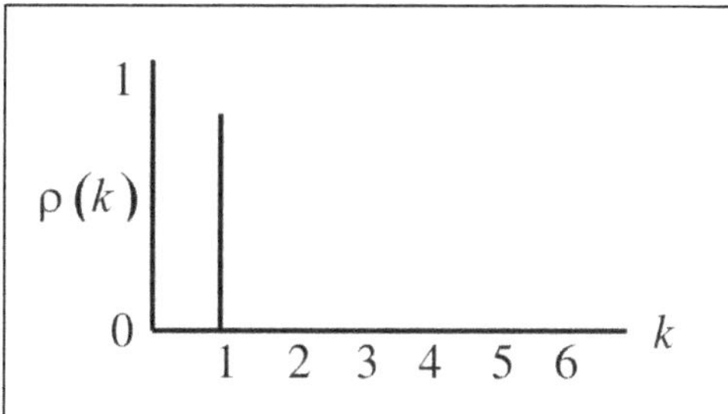

Figura A.7.
FAC de un MA (1).

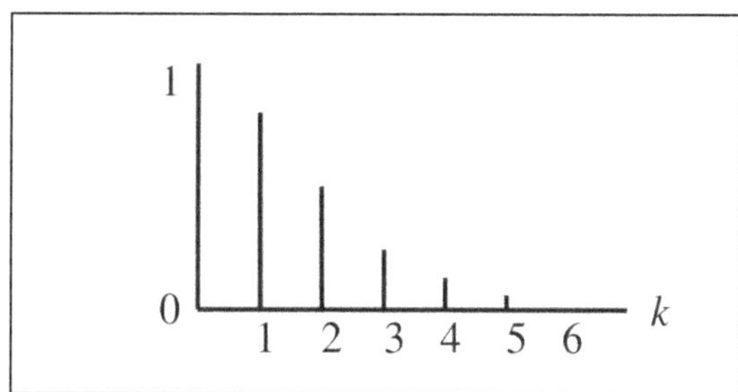

Figura A.8.
FACP de un MA (1).

- **Identificación de un modelo MA (2) o ARMA (0,2)**

Si la FAC de una serie $z(t)$ tiene todos los elementos nulos menos los dos primeros, y la FACP es decreciente en sentido amplio a partir del segundo término, la serie sigue un modelo MA (2).

Las figuras A.9 y A.10 muestran la FAC y la FACP de una serie que sigue un modelo MA (2):

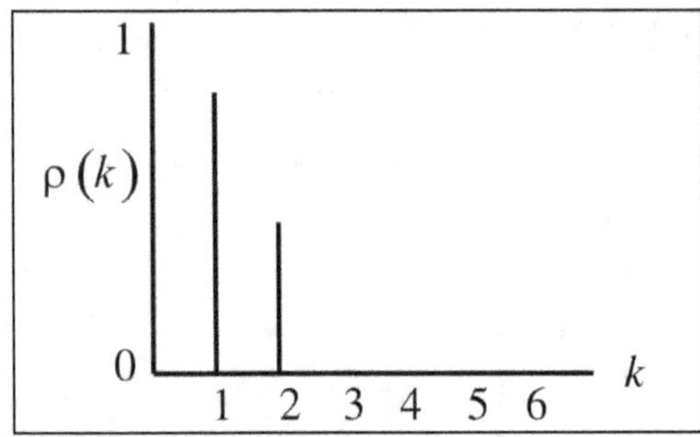

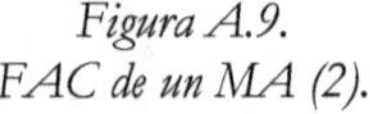

Figura A.9.
FAC de un MA (2).

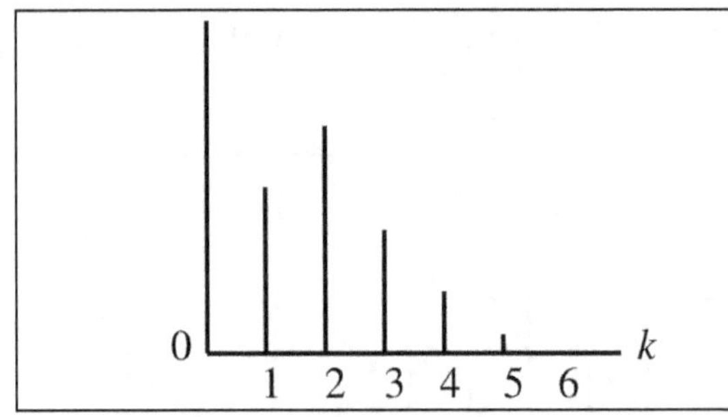

Figura A.10.
FACP de un MA (2).

- ## Identificación de un modelo ARMA (1,1)

Cuando tanto la FAC como la FACP de una serie $z(t)$ son decrecientes en sentido amplio, la serie sigue un modelo ARMA (1,1).

Las figuras A.11 y A.12 muestran la FAC y la FACP de una serie que sigue un modelo ARMA (1,1):

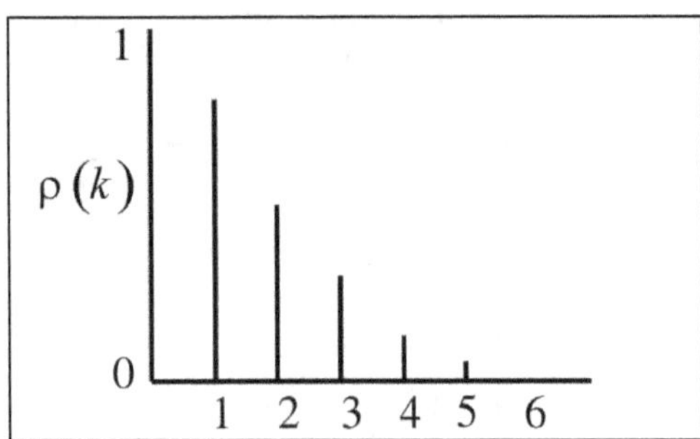

Figura A.11.
FAC de un ARMA (1,1).

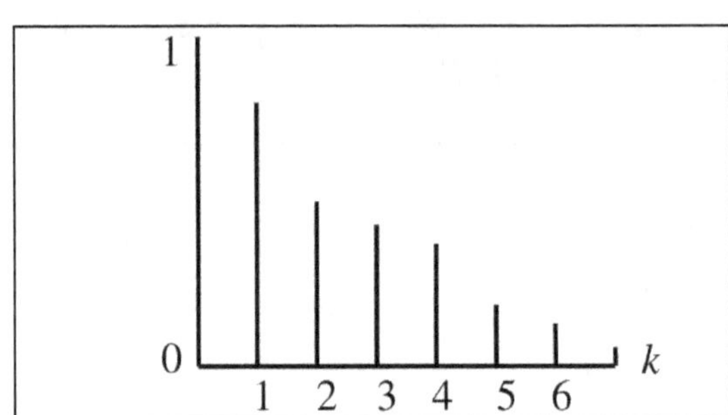

Figura A.12.
FACP de un ARMA (1,1).

A.1.5 Coeficientes para el ajuste de tendencia lineal

COEFICIENTES PARA EL AJUSTE DE LA TENDENCIA LINEAL

Demanda: $f(t) = a + bt$ $t = 1$ por el primer período del año

Número de años	4		5		6		7		8		9		10		11		12	
Coeficientes	a	b	a	b	a	b	a	b	a	b	a	b	a	b	a	b	a	b
Multiplicar el 1er elemento de la serie por	10	-3	8	-2	70	-15	+16	-3	42	-7	80	-12	66	-9	40	-5	286	-33
2°	5	-1	5	-1	49	-9	+12	-2	33	-5	65	-9	55	-7	34	-4	247	-27
3°	0	+1	2	0	28	-3	+8	-1	24	-3	50	-6	44	-5	28	-3	208	-21
4°	-5	+3	-1	1	7	3	+4	0	15	-1	35	-3	33	-3	22	-2	169	-15
5°			-4	2	-14	9	0	1	6	+1	20	0	22	-1	16	-1	130	-9
6°					-35	15	-4	2	-3	+3	5	+3	11	1	10	0	91	-3
7°							-8	3	-12	+5	-10	+6	0	3	4	1	52	+3
8°									-21	+7	-25	+9	-11	5	-2	2	13	+9
9°											-40	+12	-22	7	-8	3	-26	+15
10°													-33	9	-14	4	-65	+21
11°															-20	5	-104	+27
12°																	-143	+33
Dividir el total por M	10		10		105		28		84		180		165		110		858	

Número de años	13		14		15		16		17		18		19		20	
Coeficientes	a	b	a	b	a	b	a	b	a	b	a	b	a	b	a	b
Multiplicar el 1er elemento de la serie por	56	-6	130	-13	224	-21	170	-15	96	-8	646	-51	120	-9	266	-19
2°	49	-5	115	-11	200	-18	153	-13	87	-7	589	-45	110	-8	245	-17
3°	42	-4	100	-9	176	-15	136	-11	78	-6	532	-39	100	-7	224	-15
4°	35	-3	85	-7	152	-12	119	-9	69	-5	475	-33	90	-6	203	-13
5°	28	-2	70	-5	128	-9	102	-7	60	-4	418	-27	80	-5	182	-11
6°	21	-1	55	-3	104	-6	85	-5	51	-3	361	-21	70	-4	161	-9
7°	14	0	40	-1	80	-3	68	-3	42	-2	304	-15	60	-3	140	-7
8°	7	1	25	+1	56	0	51	-1	33	-1	247	-9	50	-2	119	-5
9°	0	2	10	+3	32	+3	34	+1	24	0	190	-3	40	-1	98	-3
10°	-7	3	-5	+5	8	6	17	+3	15	+1	133	+3	30	0	77	-1
11°	-14	4	-20	+7	-16	9	0	+5	6	+2	76	+9	20	+1	56	+1
12°	-21	5	-35	+9	-40	12	-17	+7	-3	+3	19	+15	10	+2	35	+3
13°	-28	6	-50	+11	-64	15	-34	+9	-12	+4	-38	+21	0	+3	14	+5
14°			-65	+13	-88	18	-51	+11	-21	+5	-95	+27	-10	+4	-7	+7
15°					-112	21	-68	+13	-30	+6	-152	+33	-20	+5	-28	+9
16°							-85	+15	-39	+7	-209	+39	-30	+6	-49	+11
17°									-48	+8	-266	+45	-40	+7	-70	+13
18°											323	+51	-50	+8	-91	+15
19°													-60	+9	-112	+17
20°															-133	+19
Dividir el total por M	182		455		840		680		408		2.907		570		1.330	

Tabla A.1.

A.1.6   Coeficientes para el ajuste de tendencia cuadrática

COEFICIENTES PARA EL AJUSTE DE LA TENDENCIA CUADRÁTICA

Demanda $f(t)=a+bt+ct^2$ $t=$ por el primer período del año

Número de años	4			5			6			7			8		
Coeficientes	a	b	c	a	b	c	a	b	c	a	b	c	a	b	c
Multiplicar el 1er elemento de la serie por	+45	-31	+5	+126	-74	10	420	-215	+25	+108	-49	5	189	-77	7
2º	-15	+23	-5	0	+23	-5	84	11	-5	+36	-6	0	81	-19	1
3º	-25	+27	-5	-56	+60	-10	-112	132	-20	-12	+21	-3	3	21	-3
4º	+15	-19	+5	-42	+37	-5	-168	148	-20	-36	+32	-4	-45	43	-5
5º				42	-46	+10	-84	59	-5	-36	+27	-3	-63	47	-5
6º							140	-135	+25	-12	+6	0	-51	33	-3
7º										+25	+36	+5	-9	1	1
8º													63	-49	7
Dividir el total por M	20			70			280			84			168		

Número de años	9			10			11			12		
Coeficientes	a	b	c	a	b	c	a	b	c	a	b	c
Multiplicar el 1er elemento de la serie por	+4.620	-1.708	+140	+1.188	-402	30	+3.510	-1.095	+75	3.003	-869	55
2º	+2.310	-581	+35	+660	-166	10	+2.106	-516	+30	1.911	-451	25
3º	+550	246	-40	242	15	-5	+962	-57	-5	1.001	-111	1
4º	-660	773	-85	-66	141	-15	+78	282	-30	273	151	-17
5º	-1.320	1.000	-100	-264	212	-20	-546	501	-45	-273	335	-29
6º	-1.430	927	-85	-352	228	-20	-910	600	-50	-637	441	-35
7º	-990	554	-40	-330	189	-15	-1.014	579	-45	-819	469	-35
8º	0	-119	+35	-198	95	-5	-858	438	-30	-819	419	-29
9º	1.540	-1.092	+140	44	-54	10	-442	177	-5	-637	291	-17
10º				396	-258	30	234	-204	+30	-273	85	1
11º							1.170	-705	+75	273	-199	25
12º										1.001	-561	55
Dividir el total por M	4.620			1.320			4.290			4.004		

Tabla A.2.

A.1.7 Coeficientes para el ajuste de tendencia cuadrática (cont.)

COEFICIENTES PARA EL AJUSTE DE LA TENDENCIA CUADRÁTICA (continuación)

Demanda: $f(t) = a + bt + ct^2$ $t = 1$ por el primer período del año

Número de años	13			14			15			16		
Coeficientes	a	b	c	a	b	c	a	b	c	a	b	c
Multiplicar el 1er elemento de la serie por	+1.386	-374	+22	-4.680	-1.183	+65	+37.128	-8.827	+455	+16.065	-3.605	+175
2º	+924	-209	+11	+3.240	-701	+35	+26.520	-5.486	+260	+11.781	-2.331	+105
3º	+532	-72	+2	+2.000	-294	+10	+17.272	-2.625	+95	+8.007	-1.227	+45
4º	+210	+37	-5	+960	+38	-10	+9.384	-244	-40	+4.743	-293	-5
5º	-42	+118	-10	+120	+295	-25	+2.856	+1.657	-145	+1.989	+471	-45
6º	-224	+171	-13	-520	+477	-35	-2.312	+3.078	-220	-255	+1.065	-75
7º	-336	+196	-14	-960	+584	-40	-6.120	+4.019	-265	-1.989	+1.489	-95
8º	-378	+193	-13	-1.200	+616	-40	-8.568	+4.480	-280	-3.213	+1.743	-105
9º	-350	+162	-10	-1.240	+573	-35	-9.656	+4.461	-265	-3.927	+1.827	-105
10º	-252	+103	-5	-1.080	+455	-25	-9.384	+3.962	-220	-4.131	+1.741	-95
11º	-84	+16	+2	-720	+262	-10	-7.752	+2.983	-145	-3.825	+1.485	-75
12º	154	-99	+11	-160	-6	+10	-4.760	+1.534	-40	-3.009	+1.059	-45
13º	462	-242	+22	600	-349	+35	-408	-415	+95	-1.683	+463	-5
14º				1.560	-767	+65	5.304	-2.834	260	+153	-303	+45
15º							12.376	-5.733	455	+2.499	-1.239	+105
16º										+5.355	-2.345	+175
Dividir el total por M	2.002			7.280			61.880			28.560		

Número de años	17			18			19			20		
Coeficientes	a	b	c	a	b	c	a	b	c	a	b	c
Multiplicar el 1er elemento de la serie por	4.104	-872	40	7.752	-1.564	68	32.130	-6.171	255	39.501	-7.239	285
2º	3.078	-583	25	5.928	1.076	44	24.990	-4.352	170	31.185	-5.217	195
3º	2.166	-330	12	4.294	-645	23	18.550	-2.733	95	23.639	-3.405	115
4º	1.368	-113	1	2.850	-271	5	12.810	-1.314	30	16.863	-1.803	45
5º	684	68	-8	1.596	46	-10	7.770	-95	-25	10.857	-411	-15
6º	114	213	-15	532	306	-22	3.430	924	-70	5.621	771	-65
7º	-342	322	-20	-342	509	-31	-210	1.743	-105	1.155	1.743	-105
8º	-684	395	-23	-1.026	655	-37	-3.150	2.362	-130	-2.541	2.505	-135
9º	-912	432	-24	-1.520	744	-40	-5.390	2.781	-145	-5.467	3.057	-155
10º	-1.026	433	-23	-1.824	776	-40	-6.930	3.000	-150	-7.623	3.399	-165
11º	-1.026	398	-20	-1.938	751	-37	-7.770	3.019	-145	-9.009	3.531	-165
12º	-912	327	-15	-1.862	669	-31	-7.910	2.838	-130	-9.625	3.453	-155
13º	-684	220	-8	-1.596	530	-22	-7.350	2.457	-105	-9.471	3.165	-135
14º	-342	77	1	-1.140	334	-10	-6.090	1.876	-70	-8.547	2.667	-105
15º	114	-102	12	-494	81	5	-4.130	1.095	-25	-6.853	1.959	-65
16º	684	-317	25	342	-229	23	-1.470	114	30	-4.389	1.041	-15
17º	1.368	-568	40	1.368	-596	44	1.890	-1.067	95	-1.155	87	45
18º				2.584	-1.020	68	5.950	-2.448	170	2.849	-1.425	115
19º							10.710	-4.029	255	7.623	-2.973	195
20º										13.167	-4.731	285
Dividir el total por M	7.752			15.504			67.830			87.780		

Tabla A.3.

A.2 Complementos sobre el modelo de regresión simple

He aquí un nuevo ejemplo para ilustrar y comprender mejor el objeto de estudio del modelo lineal de regresión.

Supongamos que la cantidad incierta o variable aleatoria «peso de una persona adulta» siguiera una distribución normal con media 73 kg y desviación estándar 12 kg. Si nos preguntan cuál es nuestra mejor estimación del peso de una determinada persona (que desconocemos y no podemos ver), diríamos que es 73 kg. Podríamos decir, además, que hay una probabilidad del 68 % de que su peso esté entre 61 y 85 kg (73 ± una desviación estándar). Diríamos también que hay una probabilidad del 95 % de que su peso esté entre 49 y 97 kg (73 ± dos desviaciones estándar). Podríamos dar la distribución completa de nuestra incertidumbre sobre el peso de esta persona e incluso la probabilidad de que ese peso esté en cualquier determinado intervalo. Pero no podríamos decir nada más.

Sin embargo, si nos dijeran que esta persona mide 2 m estaríamos dispuestos a pensar que su peso es muy superior a 73 kg, y si nos dijeran que su altura es de 1,5 m pensaríamos que su peso es inferior a 73 kg. Esto es así porque pensamos que el peso de una persona (variable que se debe explicar Y) guarda relación con su altura (variable explicativa X), y que si poseemos información sobre la altura de una persona estamos en mejores condiciones de estimar su peso. Vamos a estudiar cómo podemos incorporar esta nueva información al conocimiento que tenemos de nuestra variable de interés. Es decir, sabiendo que una persona tiene una determinada altura, cuál es nuestra mejor estimación de su peso, cuáles son los intervalos de confianza sobre su peso a distintos niveles de probabilidad y, en general, vamos a construir la distribución de su peso en función de la altura que sabemos que tiene.

En concreto, si tenemos claras convicciones de que la relación que existe entre el peso y la altura de las personas es lineal, podemos pensar en el siguiente modelo:

$$Y = 1.225\,X - 144 + e\,,$$

en donde e es una componente aleatoria, representativa de la variación natural de las cantidades que están bajo estudio. Quede claro que en todo momento será necesario validar la hipótesis de linealidad, es decir, debemos verificar que la relación existente entre el peso y la altura varía de forma lineal. En caso de que así no fuera, será necesario evaluar otra clase de modelos, por ejemplo, los modelos no lineales. Los alcances de este trabajo exceden con creces al tratamiento de tales modelos.

A una persona cuya altura sea de 200 cm, le asignaremos un peso de 101 kg ($1.225 \times 200 - 144$). Evidentemente, esa persona pesará lo que sea, y la diferencia entre lo que realmente pese y los 101 kg que le asigna nuestro modelo se deberá a diversas características de esta persona. Esta diferencia es lo que en la ecuación anterior se indica con el término «e», e indica el error del modelo con respecto a la realidad. Este error se explica porque el peso de una persona no depende exclusivamente de su altura, sino que hay otras variables que influyen en él. Se supone, no obstante, que la altura es una de las variables más relevantes en la determinación del peso, y que el error que se comete al dar el peso de una persona según este modelo habitualmente será inferior al que se cometería si no utilizásemos esta información.

Una variable Y suele depender de distinto modo de diversas variables X. Evidentemente, al hacer previsiones de Y con un modelo como el que estamos considerando (que se llama modelo de regresión lineal simple), hemos de escoger una variable X explicativa de la que se tenga información. De nada serviría relacionar una variable Y con una variable X de la que no conocemos su valor.

A.2.1 Curva de regresión en media

Dadas dos variables Y y X, medidas sobre una población de elementos, para cada valor x de la variable X, la media de los valores de Y de los elementos tales que la variable explicativa X toma el valor x, se denota por $M\left(Y|x\right)$. A la curva que a cada x le hace corresponder $M\left(Y|x\right)$ se la llama curva de regresión en media. La curva de regresión en media de Y sobre X la definen los puntos (x, y), donde $y = M\left(Y|x\right)$.

El ejemplo del punto anterior facilitará que comprendamos esta definición. La variable Y, «peso de las personas», tiene una media $M(Y)$. Podemos calcular en vez de la media del peso de todas las personas adultas, la media del peso de sólo las personas que tienen una determinada altura. Así, $M(Y|150)$ sería la media de los pesos de las personas que miden 150 cm; $M(Y|151)$ sería la media de los pesos de las personas que miden 151 cm. Este cálculo lo podríamos hacer para todas las posibles alturas de las personas adultas. A la función que hace que a cada altura le corresponda la media de los pesos de las personas que tienen esa determinada altura, se le llama *curva de regresión en media* de la variable peso sobre la variable altura.

En general, la curva de regresión en media de Y sobre X es la función que a cada posible valor x de X le hace corresponder la media de Y restringida a los elementos de la población que tienen ese valor de X. La figura A.13 muestra la curva de regresión en media de hipotéticas variables Y e X:

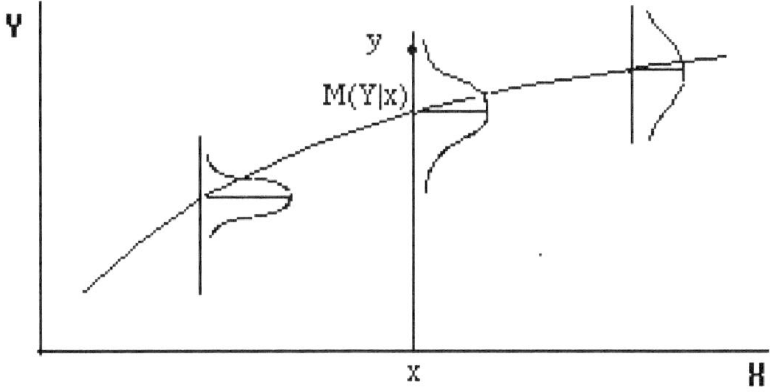

Figura A.13. Curva de regresión en media.

Recordando lo indicado en el punto correspondiente a «Curva de regresión mínimo-cuadrática», resulta útil destacar el siguiente teorema, cuya demostración omitiremos por practicidad: «Dadas dos variables X e Y medidas sobre una población de elementos, la curva de regresión en media de Y sobre X es la misma que la curva de regresión mínimo-cuadrática de Y sobre X».

Siguiendo a este teorema, de aquí en adelante hablaremos únicamente de curvas de regresión de Y sobre X, sin indicar el hecho de que sea en media o en mínimo-cuadrática.

Dada la curva $y = g(x)$ de regresión de Y sobre X, el modelo que explicita la relación existente entre aquellas variables tomará la forma:

$$y = g(x) + e$$

que consta de dos sumandos muy diferenciados. El primer sumando, $g(x)$, expresa la relación determinista entre X e Y, y el segundo, «e», que se llama ruido o error, y que representa la suma de todos aquellos factores desconocidos e imprevisibles, incluidos errores de medida inevitables, que hacen que dado el valor x de un elemento de la población, no quede completamente determinado su correspondiente valor y.

A.2.2 Construcción del modelo a partir de datos muestrales

Como se indicó anteriormente, cuando queremos encontrar la curva de regresión de una variable Y sobre una variable X, no conocemos los valores que toman estas dos variables en todos los individuos de la población. El problema que abordamos ahora es el de estimar la curva de regresión a partir de esta muestra. La curva de regresión en media no se podrá calcular, porque para ello necesitaremos saber para cada valor x de la variable X la media $M(Y|x)$ de los valores de la variable Y restringida a los elementos de la población que tengan ese valor x para la variable X. Esta media la tendríamos que estimar tomando los elementos de la muestra, pero habitualmente habrá muy pocos elementos de la muestra para los cuales la variable X tome el valor concreto $x = x_0$.

En nuestro ejemplo anterior, si Y son los pesos de las personas adultas y X sus alturas, $M(Y|X = 150)$ se podrá estimar calculando la media de los pesos de las personas de la muestra que tengan una altura de 150 cm. Para algún valor de X, nuestra muestra tendrá un solo elemento y no sería razonable pensar que la media de los pesos de las personas que tienen esa determinada altura es el peso de esa persona de la muestra. Para otros valores de X, quizá la muestra no contenga ningún elemento. Para otros, tal vez haya dos o tres elementos. En cualquier caso, no podremos estimar la curva de regresión en media con los datos de la muestra que tenemos.

Lo que haremos en este caso es calcular la curva de regresión mínimo-cuadrática de Y sobre X: calcularemos la curva $y = g(x)$ que satisfaga que:

$$\sum_{i=1}^{n}\left[y_i - g\left(x_i\right)\right]^2 = \text{mínimo}$$

siendo n el número de elementos de la muestra y (x_i, y_i) los valores que toman las variables X e Y en el elemento i-ésimo de la muestra.

Si no nos restringiéramos a una familia específica de curvas g, no sería posible el cálculo de sus parámetros. Los datos y la experiencia nos orientarán sobre el tipo de curva que cabe escoger. Sin embargo, estudiaremos fundamentalmente las funciones lineales (rectas) por su importancia, por ser las más simples y porque mediante transformaciones adecuadas prácticamente podremos convertir en lineal, con suficiente aproximación, cualquier tipo de relación.

Supongamos, pues, que la función de regresión Y sobre X es lineal. El modelo que dado un valor x de X proporcionará toda la información posible sobre sus correspondientes y la de Y, será:

$$y = \alpha + \beta x + \varepsilon.$$

Sin embargo, por disponer sólo de una muestra, no podremos hallar los verdaderos valores α y β y sí sus estimaciones $\hat{\alpha} = a$ y $\hat{\beta} = b$ al imponer sobre la muestra que la suma de los cuadrados de los errores sea mínima; así obtenemos:

$$b = \frac{\displaystyle\sum_{i=1}^{n} x_i y_i - n\,\overline{x}\,\overline{y}}{\displaystyle\sum_{i=1}^{n} x_i^2 - n\overline{x}^2}$$

$$a = \overline{y} - b\overline{x}$$

es decir, se logra una recta de regresión estimada a partir de la muestra:

$$y = a + bx$$

y el modelo estimado que nos relacionará las variables X e Y:

$$Y = a + bX + e.$$

Es conveniente formular dos hipótesis más para poder continuar construyendo el modelo de regresión lineal a partir sólo de los datos de una muestra.

- ***Primera hipótesis.*** «La distribución de los errores del modelo con respecto de la realidad es la misma para cualquier valor de la variable X, y los errores del modelo son independientes del valor de X».

- ***Segunda hipótesis.*** «La distribución de los errores para cualquier valor de la variable X es normal».

Una consecuencia importante de la primera hipótesis es que los errores del modelo son intercambiables. La razón para exigir esta intercambiabilidad es la siguiente: cuando infiriéramos el valor de la variable Y para un nuevo elemento usando la recta de regresión, sabríamos que este modelo nos conducirá a un error. El tamaño de este error sería similar al error que el modelo ha dado a los elementos de la muestra que tuvieran el mismo valor de X que el elemento que estamos considerando. Pero como ya hemos dicho antes, tal vez haya sólo uno, dos o incluso ningún elemento de la muestra con estas características. Por esta razón no se podría encontrar la distribución de los errores, salvo que supongamos que el error puede proceder de los que el modelo da, aplicado a cualquier elemento de la muestra.

La suposición de normalidad en el error se debe a que si Y tiene a X como única variable explicativa relevante, y el modelo es el adecuado, los errores sólo los pueden ocasionar múltiples causas desconocidas e irrelevantes.

Resumamos las hipótesis que se suponen cuando se pretende estimar la regresión de una variable Y sobre X :

a) La relación entre Y y X es una relación lineal.

b) La distribución de los errores del modelo es la misma, sea cual sea el elemento de la población que estemos considerando.

c) La distribución de los errores del modelo es normal.

Si alguna de estas hipótesis no se verifica, el modelo que se está construyendo será incorrecto. Puede parecer que las condiciones de validez de este modelo son muy restrictivas, pero en realidad no es así. Si la relación entre X e Y no es lineal, posiblemente se alcanzará la linealidad después de transformar los datos de la variable X. Las transformaciones más habituales son:

$$T(x) = x^2, \qquad T(x) = \sqrt{x}, \qquad T(x) = \frac{1}{x}, \qquad T(x) = \log x$$

y en vez de calcular la recta de regresión de Y sobre X (que no guardan una relación lineal), se construye la recta de regresión de Y sobre la variable $T(x)$.

A.2.3 Previsiones con modelos de regresión

Una vez estimada la recta de regresión entre dos variables a partir de una muestra, $(x_i, y_i), i = 1, 2, \ldots, n$, estamos en condiciones de hacer previsiones con este modelo. Supongamos que aparece un nuevo elemento de la población del que conocemos el valor de la variable X en él, y supongamos también que vale x_k. Queremos inferir el valor que la variable Y toma en este elemento de la población (siguiendo con el anterior ejemplo, tenemos a una nueva persona, de la que conocemos su altura y queremos inferir su peso). El valor de esta variable Y, que denotaremos y_k, depende del valor x_k, por lo que también lo expresaremos, cuando creamos oportuno, mediante $y|x_k$. Así tendremos:

$$y_k = y|x_k = a + bx_k + e,$$

ya que los errores de este modelo siguen una distribución normal, el valor de y_k seguirá por ello una distribución normal con media y varianza desconocidas, pero estimadas por:

$$\hat{M}(y|x_k) = a + bx_k$$

$$\hat{V}(y|x_k) = s^2 \left[1 + \frac{1}{n} + \frac{(x_k - \overline{x})^2}{\sum_{i=1}^{n}(x_i - \overline{x})^2} \right].$$

Dada la media y la varianza de y, podemos calcular los intervalos de previsión. Puede extrañarnos que la varianza de Y tenga esta expresión tan compleja y no sea simplemente V_E. La razón es que el error de la previsión dada por el modelo con respecto de la realidad no sólo nos la ofrece el término e, sino también el hecho de que a y b no son los verdaderos parámetros del modelo, sino la mejor estimación que tenemos de ellos a partir de la muestra de que disponemos.

Conviene tener en cuenta, sin embargo, que si el número de los datos n de la muestra es suficientemente grande, y el valor x_k está suficientemente próximo a la media, la varianza de la variable Y, conocido el valor de X, se reduce a la varianza de los errores residuales del modelo de regresión.

A.2.4 Recapitulación sobre el modelo lineal

Concluye este apéndice con un resumen de los pasos necesarios para seguir al intentar construir un modelo de regresión lineal simple. Partimos de una variable Y cuyo comportamiento queremos explicar y prever:

a) El primer objetivo es identificar la variable X de la que dispongamos información, y de la que pensamos que los valores de Y dependen de forma relevante de los valores de X.

b) A continuación confeccionamos un gráfico con los datos que dispongamos de la variable Y contra la variable X, y observamos si hay una relación lineal entre ambas. Si no la hubiera, intentaríamos transformar los datos de la variable X de forma que hubiera una relación lineal entre Y y la variable X transformada. Esto no siempre será posible.

c) Cuando sepamos que hay una relación lineal entre ambas variables, buscaremos en el gráfico los posibles puntos anómalos. Estos puntos anómalos son aquellos para los que la relación entre la variable Y y la variable X no sigue las mismas pautas que en los demás puntos.

d) A continuación estimamos los parámetros del modelo mediante las fórmulas dadas en la nota o con la ayuda de un ordenador. Una vez estimado el modelo, hemos de comprobar lo siguiente:

- Que el parámetro b es robusto, es decir, que el t-estadístico es, en valor absoluto, superior a 2. En caso contrario no podemos asegurar que haya una relación lineal entre ambas variables.

- Que el coeficiente F supera el nivel crítico de acuerdo con la distribución F de Fisher-Snedecor, con n_R y n_E grados de libertad.

e) Comprobamos que la desviación estándar de los errores es sustancialmente menor que la desviación estándar de la variable Y. En caso contrario, aunque haya relación lineal entre ambas variables, el hecho de tener información sobre la variable X reduce poco la incertidumbre que tenemos sobre la variable Y.

f) Mirando el coeficiente R^2, observamos la proporción de la varianza de Y que queda explicada por el modelo.

g) Comprobamos que los errores son aleatorios, independientes, intercambiables y que puede considerarse que siguen una distribución normal.

Después de todas estas comprobaciones, podemos dar por bueno el modelo de regresión lineal y estamos en condiciones de utilizarlo para hacer previsiones.

A.2.5　Valores percentiles 95 % de la distribución F de Fisher-Snedecor

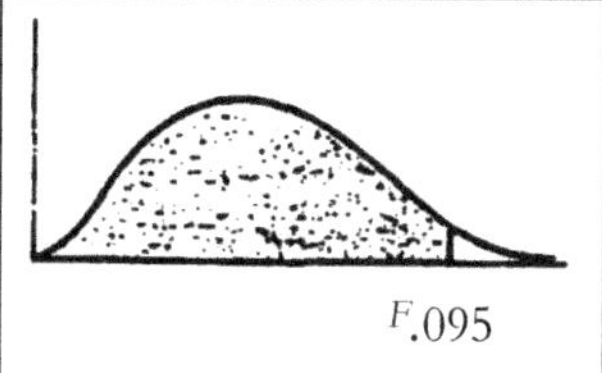

Valores percentiles 95 % de la distribución F

n_1 = grados de libertad del numerador
n_2 = grados de libertad del denominador
(área sombreada = 0,95)

$F_{.095}$

n_2 \ n_1	1	2	3	4	5	6	8	12	16	20	30	40	50	100	=
1	161,4	199,5	215,7	224,6	230,2	234,0	238,0	243,9	246,3	248,0	250,1	251,1	252,2	253,0	254,3
2	18,51	19,00	19,16	19,25	19,30	19,33	19,37	19,41	19,43	19,45	19,46	19,46	19,47	19,49	19,50
3	10,13	9,55	9,28	9,12	9,01	8,94	8,85	8,74	8,69	8,66	8,62	8,60	8,58	8,58	8,53
4	7,71	6,94	6,59	6,39	6,26	6,16	6,04	5,91	5,84	5,80	5,75	5,71	5,70	5,66	5,63
5	6,61	5,79	5,41	5,19	5,05	4,95	4,82	4,68	4,60	4,56	4,50	4,46	4,44	4,40	4,36
6	5,99	5,14	4,76	4,53	4,39	4,28	4,15	4,00	3,92	3,87	3,81	3,77	3,75	3,71	3,67
7	5,59	4,74	4,85	4,12	3,97	3,87	3,73	3,57	3,49	3,44	3,38	3,34	3,32	3,28	3,23
8	5,32	4,46	4,07	3,84	3,69	3,58	3,44	3,28	3,20	3,15	3,08	3,05	3,03	2,98	2,93
9	5,12	4,26	3,36	3,63	3,48	3,37	3,23	3,07	2,98	2,93	2,96	2,82	2,80	2,76	2,71
10	4,96	4,10	3,71	3,48	3,33	3,22	3,07	2,91	2,82	2,77	2,70	2,67	2,64	2,59	2,54
11	4,84	3,98	3,59	3,36	3,20	3,09	2,95	2,79	2,70	2,65	2,70	2,58	2,50	2,45	2,40
12	4,75	3,89	3,49	3,25	3,11	3,00	2,85	2,69	2,60	2,54	2,46	2,42	2,40	2,35	2,30
13	4,67	3,81	3,41	3,18	3,03	2,92	2,77	2,60	2,51	2,46	2,38	2,34	2,32	2,26	2.21
14	4,60	3,74	3,34	3,11	2,96	2,85	2,70	2,53	2,44	2,39	2,31	2,37	2,24	2,19	2,13
15	4,54	3,68	3,29	3,06	2,90	2,79	2,64	2,48	2,39	2,33	2,25	2,21	2,18	2,12	2,07
16	4,49	3,63	3,24	3,01	2,85	2,74	2,59	2,42	2,33	2,28	2,20	2,16	2,13	2,07	2,01
17	4,45	3,59	3,20	2,96	2,81	2,70	2,55	2,38	2,29	2,23	2,15	2,11	2,08	2,02	1,96
18	4,41	3,55	3,16	3,06	2,77	2,66	2,51	2,34	2,25	2,19	2,11	2,07	2,04	1,98	1,92
19	4,33	3,52	3,13	2,90	2,74	2,63	2,48	2,31	2,21	2,21	2,07	2,02	2,00	1,94	1,88
20	4,35	3,49	3,10	2,87	2,71	2,60	2,45	2,28	2,18	2,12	2,04	1,99	1,96	1,90	1,84
22	4,30	3,44	3,05	2,82	2,66	2,55	2,40	2,23	2,18	2,07	1,98	1,93	1,91	1,94	1,78
24	4,26	3,40	3,01	2,78	2,62	2,51	2,36	2,18	2,09	2,08	1,94	1,89	1,86	1,80	1,73
26	4,23	3,37	2,98	2,74	2,59	2,47	2,32	2,15	2,05	1,99	1,90	1,85	1,82	1,76	1,69
28	4,20	3,34	2,95	2,71	2,56	2,45	2,29	2,12	2,02	1,96	1,87	1,81	1,78	1,72	1,65
30	4,27	3,32	2,92	2,69	2,53	2,42	2,27	2,09	1,99	1,93	1,34	1,79	1,76	1,69	1,62
40	4,08	3,23	2,84	2,61	2,45	2,34	2,18	2,00	1,90	1,84	1,74	1,69	1,66	1,89	1,51
50	4,08	3,18	2,79	2,56	2,40	2,29	2,13	1,95	1,85	1,78	1,69	1,68	1,60	1,82	1,44
60	4,00	3,16	2,76	2,53	2,37	2,25	2,10	1,92	1,81	1,75	1,66	1,59	1,56	1,48	1,39
70	3,98	3,13	2,74	2,50	2,35	2,23	2,07	1,89	1,79	1,72	1,62	1,56	1,53	1,45	1,35
80	3,96	3,11	2,72	2,48	2,33	2,21	2,05	1,88	1,77	1,70	1,60	1,54	1,51	1,42	1,32
100	3,94	3,09	2,70	2,46	2,30	2,19	2,03	1,85	1,75	1,68	1,67	1,51	1,48	1,39	1,28
150	3,91	3,06	2,67	2,43	2,27	2,16	2,00	1,82	1,71	1,64	1,54	1,47	1,44	1,34	1,22
200	3,89	3,04	2,65	2,41	2,26	2,14	1,98	1,80	1,69	1,62	1,52	1,45	1,42	1,32	1,19
400	3,86	3,02	2,62	2,39	2,23	2,12	1,96	1,78	1,67	1,60	1,49	1,42	1,38	1,28	1,13
=	3,84	2,99	2,60	2,37	2,21	2,09	1,94	1,75	1,64	1,57	1,46	1,40	1,32	1,24	1,00

Tomada de: G.W. Snedecor y W.G. Cochran, *Statistical Methods* (6ª edición, 1967), imprenta de la Universidad del Estado de Iowa. Ames, Iowa, con permiso de los autores y del editor.

Tabla A.4.

A.3 Complementos sobre el modelo de regresión múltiple

Del mismo modo que ya se indicó, aquí sólo se aportan algunas pautas útiles para utilizar correctamente el modelo lineal de regresión, remitiendo al lector interesado a la bibliografía que sugerimos al final de este libro.

A.3.1 Construcción de un modelo de regresión lineal múltiple

El primer paso natural es identificar la variable Y que queremos estudiar; luego debemos escoger todas las variables disponibles que pensamos puedan tener alguna influencia en el valor de Y. A estas variables las denotamos por $X_1, X_2, \ldots, X_k$. Entre ellas están las variables que escogeremos para construir el modelo.

El paso siguiente es representar en un gráfico la variable Y con cada una de las variables X_i, para ver si hay una relación lineal entre ellas o si alguna precisa de cualquier transformación. Estos mismos gráficos nos permitirán detectar los puntos anómalos, que se retirarán de la muestra.

Una vez determinadas las posibles variables que intervendrán en el modelo, debemos escoger la que más alta correlación guarda con la variable dependiente Y. Si hubiera diversas variables con similar alta correlación con Y, podemos utilizar otros criterios para escoger una de ellas. Escogeríamos la que intuitivamente nos pareciera que guarda más relación con Y, o la que resultara más fácil de predecir su valor (no olvidemos que el modelo de regresión requiere que los valores de las variables independientes sean conocidos. Esto no siempre es así, y a veces hay que prever los valores que van a tomar). Cuando se ha seleccionado la primera variable para introducir en el modelo, deberemos descartar todas aquellas variables que estén muy correlacionadas con la variable seleccionada. Un criterio razonable, aunque debe aplicarse con flexibilidad, es el de descartar todas las variables X que tengan una correlación superior a 0,7 con la variable seleccionada. Entre las variables que queden para escoger, elegiremos aquella que tenga más alta correlación con Y, y volveremos a descartar todas las que, al no haber sido descartadas antes tengan una correlación con la variable seleccionada superior a 0,7. Este proceso lo repetimos hasta que todas las variables hayan sido seleccionadas o descartadas.

La razón para no incluir en un modelo de regresión múltiple dos variables independientes muy correlacionadas es porque ambas contienen mucha información común que es redundante para el modelo. Un ejemplo nos ayudará a aclarar el porqué. Supongamos que tenemos el siguiente modelo de regresión de una variable dependiente con dos independientes:

$$Y = 4 + 2X_1 - X_2.$$

Según este modelo, un aumento de una unidad en X_2 implica una disminución de Y en una unidad. Supongamos ahora que X_1 y X_2 estuvieran muy correlacionadas. En concreto, para hacer el razonamiento más sencillo, podemos suponer que su correlación fuera 1, y que la relación exacta entre X_1 y X_2 fuera:

$$X_1 = 3X_2 .$$

En este caso podríamos escribir:

$$Y = 4 + X_1 + X_1 - X_2 = 4 + X_1 + 3X_2 - X_2 = 4 + X_1 + 2X_2$$

quedando el modelo como:

$$Y = 4 + X_1 + 2X_2 .$$

Este modelo, que sería exactamente igual al anterior, implicaría que un aumento de una unidad en X_2 llevaría consigo un incremento de Y en 2 unidades. El mismo modelo implicaría cosas contrarias. Los parámetros del modelo no estarían identificados. Si en vez de tener ambas variables X_1 y X_2 correlación 1 tuvieran una correlación un poco menor, pero todavía una alta correlación, pasaría algo muy similar a lo anterior. Los parámetros del modelo sí que estarían identificados, pero tendrían una gran sensibilidad a los datos de la muestra con que son estimados. Es decir, tendrían una desviación estándar elevada y no serían robustos.

Una vez se han escogido unas variables y se han descartado otras, se pasa a estimar los parámetros y los estadísticos que sirven para detectar si el modelo es bueno.

El estadístico F debe ser superior a la fractila $0,95$ de una distribución $F(n_1, n_2)$, de parámetros $n_1 = n_R$ y $n_2 = n_E$.

Los t-ratios de los coeficientes deben ser superiores a 2 en valor absoluto, y los errores del modelo independientes e intercambiables. Podría ser que el coeficiente F de un modelo fuera superior al nivel crítico y, sin embargo, el t-ratio de alguno de los parámetros ser inferior a 2 en valor absoluto. En este caso se debe reestimar el modelo retirando la variable cuyo parámetro no es robusto.

Normalmente, después de seguir el proceso descrito y según qué variables se han seleccionado y cuáles se han descartado, puede llegarse a varios modelos. Deben estimarse todos ellos y quedarse con el que incluya las variables que más creamos que deban entrar en el modelo y que tenga buenos estadísticos en términos de robustez y coeficiente F. El valor de R^2 también puede ayudar a escoger el modelo. De todas formas, si los modelos escogidos no son malos, todos deben dar previsiones similares.

Una vez seleccionado un modelo se pueden hacer previsiones de un modo análogo a como se hacía en los modelos de regresión lineal simple.

A.3.2 Un ejemplo numérico

Para acabar de entender el modelo de regresión lineal, lo aplicaremos al problema relativo a estudiar el producto interior bruto (PIB) de las comunidades autónomas de España.

a) Determinación de las variables

Nuestra variable de interés Y es el PIB por comunidad autónoma. A continuación damos, en la siguiente tabla, un listado de los datos. Todos los datos son del año 1992, salvo la población activa, que corresponden al año 1993:

	PIB	POB.	SUP.	DEN.	P. ACT.	INV.
Andalucía	7.511	6.972	87.268	80	2.554	83
Aragón	1.988	1.188	47.650	25	474	9
Asturias	1.473	1.092	10.565	103	397	6
Baleares	1.518	711	5.014	142	285	27
Canarias	2.226	1.502	7.242	207	605	12
Cantabria	753	528	5.289	100	200	10
Castilla-La Mancha	2.018	1.663	79.238	21	615	9
Castilla-León	3.472	2.550	94.193	27	982	15
Catalunya	12.184	6.076	31.930	190	2.574	450
Com. valenciana	6.261	3.866	23.305	166	1.597	159
Extremadura	1.057	1.064	41.602	26	407	1
Galicia	3.453	2.731	29.434	93	1.164	41
Madrid	10.049	4.967	7.995	621	1.923	544
Murcia	1326	1.051	11.317	93	405	8
Navarra	939	519	10.421	50	201	13
País Vasco	3.526	2.107	7.261	290	880	48
La Rioja	446	264	5.034	52	98	5

Tabla A.5. Valores que toman diversas variables de las comunidades autónomas de España.

Lo primero que tenemos que hacer es determinar de qué variables puede depender el PIB de una comunidad. Cómo hemos dicho, conviene ser generoso al proponer posibles variables candidatas. Será la propia metodología de construcción del modelo la que se encargará de desecharlas. No obstante, por no hacer el ejemplo muy pesado, y para facilitar la comprensión de la metodología, vamos a proponer sólo cinco variables: población (medida en miles de habitantes), superficie (medida en km²), densidad (medida en habitantes por km²), población activa (medida en miles de personas) e inversión extranjera hecha en cada comunidad (medida en miles de millones de pesetas).

A continuación, siempre es conveniente utilizar herramientas de estadística exploratoria, como por ejemplo gráficos de cada variable independiente X con la variable Y, para detectar posibles datos anómalos y comprobar que hay una relación líneal entre las variables. Estos gráficos se muestran en las figuras siguientes:

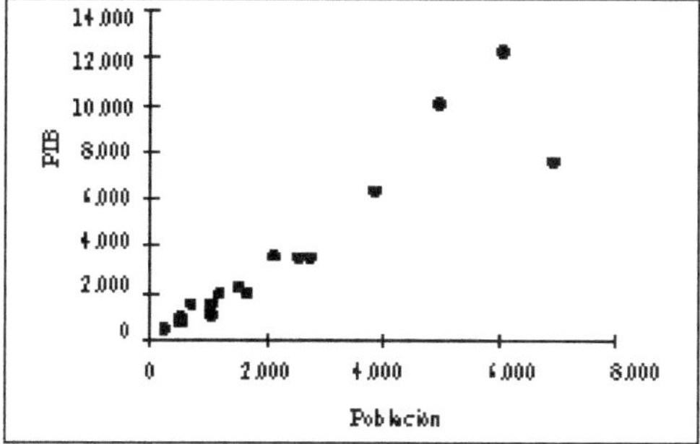

Figura A.14. *Relación entre el PIB y la población de las comunidades autónomas.*

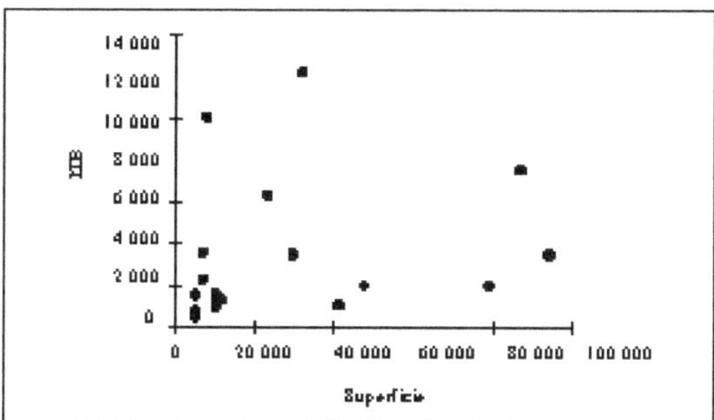

Figura A.15. *Relación entre el PIB y la superficie de las comunidades autónomas.*

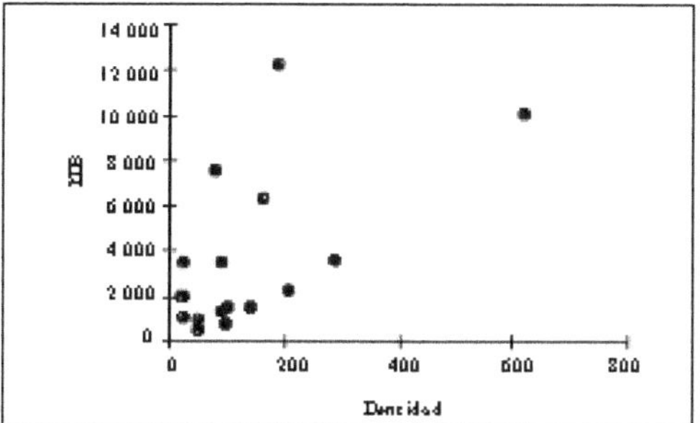

Figura A.16. *Relación entre el PIB y la densidad de las comunidades autónomas.*

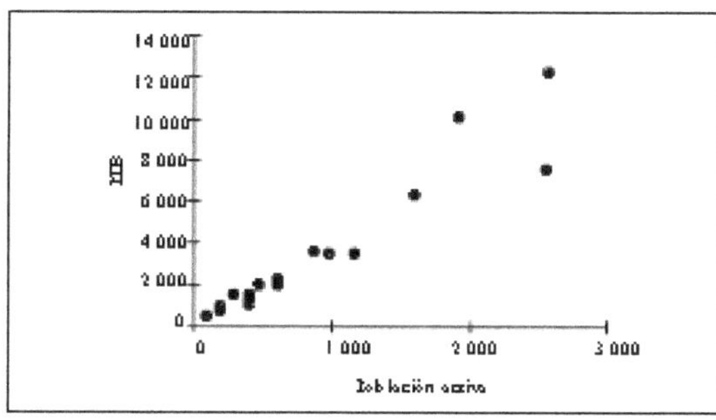

Figura a.17. *Relación entre el PIB y la población activa de las comunidades autónomas.*

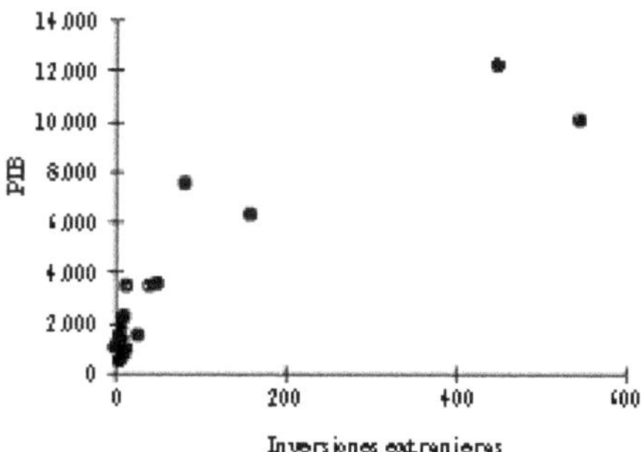

Figura A.18. *Relación entre el PIB y las inversiones extranjeras.*

Comprobamos que tanto la variable población como la de densidad y población activa guardan una relación más o menos lineal con el PIB. Sin embargo, no parece que exista ninguna relación entre el PIB de una comunidad autónoma y su superficie. Podemos proceder de dos maneras al tratar con esta variable. La primera es retirarla y no considerarla más en nuestro modelo. La otra posibilidad es mantenerla como variable candidata y comprobar que, efectivamente, no aparece en ningún modelo válido. Por motivos pedagógicos, de momento la mantendremos y veremos cómo desaparece más adelante.

También comprobamos que el PIB de cada comunidad autónoma no guarda una relación claramente lineal con las inversiones extranjeras. Parece que es necesario transformar la variable inversiones extranjeras extrayendo su raíz cuadrada. La figura A.19 muestra cómo la relación entre el PIB y la variable raíz cuadrada de las inversiones extranjeras sí que tiene un aspecto lineal:

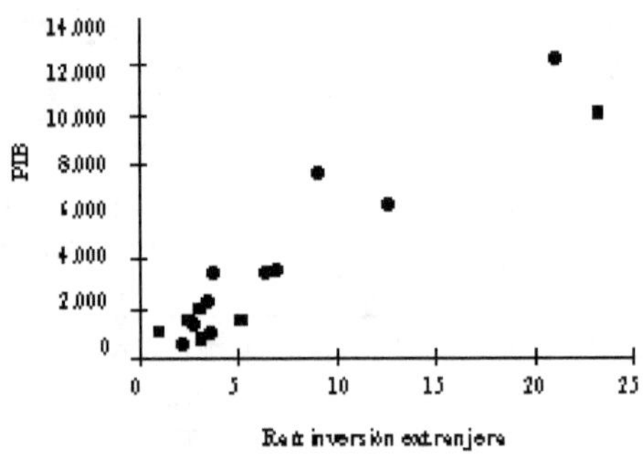

Figura A.19. Relación entre el PIB y la variable raíz cuadrada de las inversiones extranjeras.

Así, las variables que consideraremos en la construcción del modelo son:

Y = PIB.

X_1 = Población.

X_2 = Superficie.

X_3 = Densidad.

X_4 = Población activa.

X_5 = Raíz cuadrada de las inversiones extranjeras.

La matriz de correlaciones de Y con estas cinco variables nos da una idea de la medida de la dependencia que existe entre las variables, tomadas a pares. Mediante el uso del *software*, obtenemos esta matriz:

	Y	X_1	X_2	X_3	X_4	X_5
Y	1,00					
X_1	0,93	1,00				
X_2	0,18	0,40	1,00			
X_3	0,59	0,41	−0,41	1,00		
X_4	0,95	1,00	0,36	0,42	1,00	
X_5	0,95	0,79	−0,07	0,76	0,82	1,00

Una vez consideradas las variables explicativas y sus correlaciones entre sí, intentaremos encontrar un modelo adecuado que ajuste los datos de un modo estadísticamente razonable. Para ello ensayaremos con tres modelos propuestos, los cuales explicaremos a continuación y discutiremos las ventajas de adoptar cada uno de ellos para explicar las relaciones funcionales entre las variables.

b) **Primer modelo propuesto**

Las variables más correlacionadas con Y son X_4 y X_5. Escogemos primero una de ellas, por ejemplo X_4, y descartamos todas las variables que tienen una correlación con ella superior a 0,7. De esta manera descartamos X_1 y X_5. De las dos que quedan (X_2 y X_3), escogemos la más correlacionada con Y, que es X_3. A continuación tenemos que ver si la que queda, X_2, tiene una correlación con X_3 superior a 0,7. No es así, pues la correlación entre X_2 y X_3 es –0,41.

Así, nuestro primer modelo incluye las variables X_2, X_3 y X_4. Los parámetros y los estadísticos de este modelo aparecen en la tabla siguiente:

```
Fuente       G.L.      Suma cuadrados        Varianza              F          p
Explicada     3       180111391,269      60037130,423        76,935      0,000
Residual     13        10144721,202        780363,169


R2................:        0,947
R.................:        0,973
Desv. tipo residual:    883,382


Coeficientes de la ecuación de regresión:


          Variable        Coef.        Desv. tipo            t            p
   X2     superficie      -0,008          0,010          -0,741       0,471
   X3     densidad         4,307          2,238           1,924       0,075
   X4     pobl.activa      3,866          0,400           9,663       0,000
    Término indep.      -301,985        442,731      -0,682          0,506
```

Tabla A.6. Resultados del modelo de regresión con las variables X_2, X_3 *y* X_4.

La tabla anterior es habitual en los resultados de una regresión lineal múltiple, como suele generar cualquier programa estadístico de análisis de datos. Además de los grados de libertad, suma de cuadrados y varianzas de los distintos tipos de errores, aparece el coeficiente F, que toma un valor de 76,935 y, al lado, un p valor igual a 0,000. Esto significa que este valor de F es el correspondiente al de la fractila 100 de una distribución $F(3,13)$. El valor de F es, por tanto, superior al de la fractila 0,95 de esta distribución, y puede decirse que sí existe una relación lineal entre la variable dependiente Y y las tres variables independientes escogidas en el modelo.

Sin embargo, al examinar los t-ratios de los coeficientes, observamos que el coeficiente de X_2 no es robusto (la probabilidad de que el verdadero coeficiente sea del mismo signo que el que aparece en la tabla sólo es de 0,471). Por esta razón, la variable X_2 hemos de quitarla del modelo. El t-ratio de la variable X_3 tampoco es superior a dos; sin embargo, es muy próximo a este valor. Además, cuando reestimemos el modelo excluyendo la variable X_2, posiblemente se convertirá en robusto. Ya se dijo antes que la robustez del término independiente era algo poco importante.

Como ya presuponíamos, esta variable X_2 (superficie de la comunidad autónoma) no podía entrar en el modelo. Por un lado, la figura A.18 muestra que no hay relación lineal entre esta variable y el PIB. Por otro, la matriz de correlaciones muestra que estas dos variables están muy poco correlacionadas.

Por tanto, vamos a estimar este mismo modelo retirando la variable X_2. Los resultados se indican en la tabla siguiente:

```
Tabla del análisis de la varianza:


Fuente       G.L.   Suma cuadrados      Varianza            F          p
Explicada     2      179683281,769    89841640,885      118,964    0,000
Residual     14       10572830,701      755202,193


R2...............:        0,944
R................:        0,972
Desv. tipo residual:    869,024


Coeficientes de la ecuación de regresión:


   Variable              Coef.         Desv.tipo      Valor t        p
   X3    densidad        5,411          1,643          3,293      0,005
   X4    pobl. activa    3,674          0,300         12,254      0,000
         término indep.-506,492       340,460         -1,488      0,157
```

Tabla A.7. Resultados del modelo de regresión con las variables X_3 *y* X_4.

Vemos en este caso que todos los estadísticos del modelo hacen que éste sea válido. El coeficiente F es 118,9, que comparado con la fractila 0,95 de una distribución $F(3,13)$, que es 3,24, hace significativa la relación lineal entre la variable Y y las variables independientes del modelo. Los t-ratios de los coeficientes son todos superiores a 2 en valor absoluto, por lo que de momento el modelo cumple todas las especificaciones necesarias. Además, de acuerdo con el resultado del coeficiente de determinación múltiple, R^2, este modelo explica el 94,4 % de la varianza de la variable Y.

El modelo obtenido es, por tanto:

$$Y = -506.492 + 5.41 X_3 + 3.67 X_4$$

con todos los estadísticos que nos muestra la última tabla presentada.

Sólo resta fijarnos en los residuos del modelo. La figura A.20 muestra una gráfica de los residuos contra los valores de Y; observamos que estos residuos no son independientes de los valores de Y. Cuanto mayor es el valor de la variable Y, mayores son los residuos que este modelo proporciona; por tanto, estos residuos no son intercambiables, y el modelo que hemos construido no puede utilizarse para inferir los valores del PIB en una comunidad autónoma a partir de su densidad de población y de su población activa.

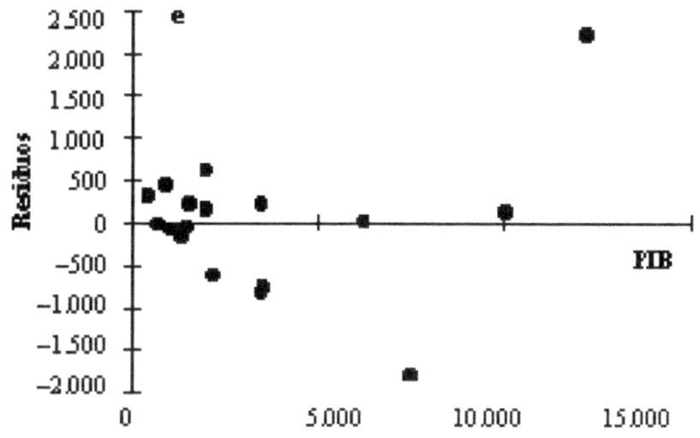

Figura A.20. Residuos del modelo de regresión con las variables X_2, X_3 y X_4.

c) Segundo modelo propuesto

Seleccionemos otro modelo por el mismo procedimiento descrito en la sección anterior. Escogemos ahora la variable X_5 y descartamos todas las que mantengan una gran correlación con ésta. Con la regla de descartar todas las que tengan un coeficiente de correlación con X_5 superior a 0,7, descartaríamos todas las variables, salvo X_2. Sin embargo, sabemos que X_2 no es una variable que nos guste, por todas las razones que hemos expuesto antes. Es el momento de relajar el criterio del 0,7, que, como hemos dicho, debe aplicarse con flexibilidad. De las variables que nos quedan, X_1, X_3 y X_4, la que menos correlacionada está con X_5 es X_3, por lo que será la única que no descartaremos, y así solamente quedarán en nuestro modelo las variables X_3 y X_5. Los parámetros y coeficientes del modelo se indican en la tabla siguiente:

```
Tabla del análisis de la varianza:

Fuente      G.L.   Suma cuadrados      Varianza              F          p
Explicada    2      177532514,050    88766257,025        97,671     0,000
Residual    14       12723598,421      908828,459


R2...............:       0,933
R................:       0,966
Desv. tipo residual:   953,325


Coeficientes de la ecuación de regresión:

        Variable            Coef.       Desv. tipo      Valor t        p
  X3    densidad           -6,926         2,495         -2,776      0,014
  X5    raíz(inv)         616,562        55,728         11,064      0,000
        término indep.    359,660       340,004          1,058      0,301
```

Tabla A.8. Resultados del modelo de regresión con las variables X_3 *y* X_4.

El coeficiente F de este modelo es suficientemente grande y los parámetros son robustos, por lo que nos fijaremos en los errores para ver si son aleatorios. La figura A.21 muestra el gráfico de los errores contra la variable dependiente, en el que podemos observar que éstos son independientes del valor de Y, parecen intercambiables y no hay razones para pensar que no sean aleatorios, por lo que damos por bueno este modelo:

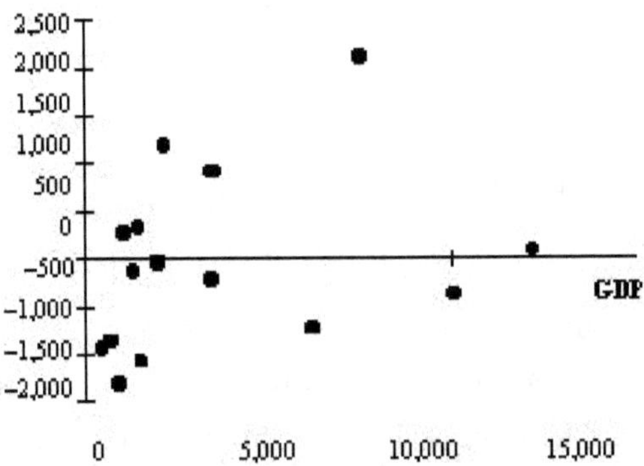

Figura A.21. Residuos del modelo de regresión con las variables X_3 *y* X_5.

La ecuación final de este segundo modelo es:

$$Y = -359.66 - 6.93X_3 + 6.16X_5$$

d) Tercer modelo propuesto

La variable X_1 también está muy correlacionada con Y, por lo que la podemos escoger como primera variable de un modelo. Escogida X_1, tenemos que descartar X_4 y X_5. De las dos que nos quedan elegimos X_3, por dos razones: entre ambas, es la que está más correlacionada con Y y además la otra variable, X_2, hemos razonado antes que no queremos tenerla en el modelo.

La tabla siguiente muestra los parámetros y estadísticos del modelo. El modelo satisface de momento todos los requerimientos para ser tomado por válido.

Este modelo, por tanto, estará representado por:

$$Y = -462.68 + 1.41X_1 + 5.88X_3.$$

Sin embargo, la figura A.22 muestra el gráfico de los errores, donde se advierte que éstos no son independientes del valor del PIB, por lo que este modelo también hay que descartarlo.

```
Tabla del análisis de la varianza:

Fuente      G.L.   Suma cuadrados        Varianza           F         p
Explicada    2      174060493,636      87030246,818      75,232    0,000
Residual    14       16195618,835       1156829,917


R2................:       0,915
R.................:       0,956
Desv. tipo residual:   1075,560

Coeficientes de la ecuación de regresión:

        Variable               Coef.      Desv.tipo     Valor t       p
  X1   Población               1,406         0,146        9,652     0,000
  X3   Densidad                5,883         2,022        2,909     0,011
Término indep.......        -462,685       421,956       -1,097     0,286
```

Tabla A.9. Resultados del modelo de regresión con las variables X_1 y X_3.

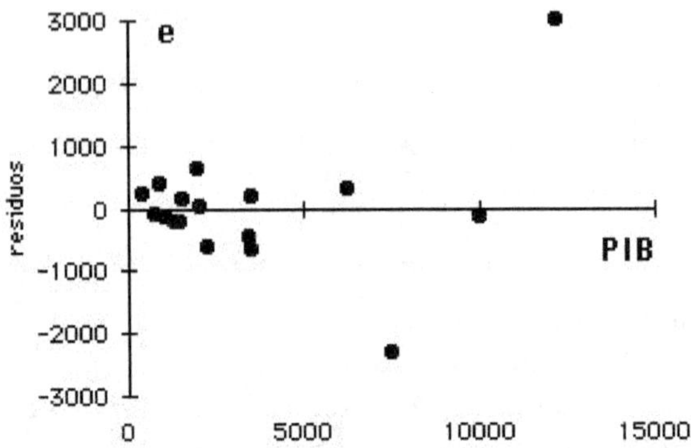

Figura A.22. Residuos del modelo de regresión con las variables X_1 *y* X_3.

e) Elección del modelo

Como hemos visto, el mejor modelo de los que hemos propuesto ha sido el segundo, con lo cual, éste es un buen comienzo para continuar el estudio. No obstante la «bondad» de este modelo, es conveniente tener en cuenta todos los modelos posibles que pueden considerarse utilizando las citadas variables, lo cual no ofrece mayor dificultad cuando se utilizan paquetes estadísticos de análisis de datos. Mencionaremos solamente los métodos de selección de modelos más frecuentes, que son: *a)* la regresión paso a paso *(stepwise regression)* y *b)* «todos los modelos posibles» *(all possible models)*, en donde se propone un *ranking* de modelos utilizando todas las variables consideradas en el problema.

Al encontrar el modelo más adecuado y ya validado el cumplimiento de todas sus hipótesis, el paso natural que sigue es el de efectuar las previsiones para los valores deseados de las variables explicativas.

Apéndice B

Anexos del capítulo 3

Como se indica en el apéndice A, aquí tampoco se sigue un tratamiento exhaustivo de los temas relacionados con lo tratado en el capítulo 3. Sugerimos al lector interesado en seguir profundizando estos temas, recurrir a la bibliografía del final de este libro.

B.1 Algunos aspectos básicos de la distribución normal

Recordaremos sintéticamente que una distribución normal caracterizada por su media μ y su desviación estándar σ tendrá una función de densidad de probabilidad $f_Y\left(y|\mu,\sigma\right)$ representada por la figura siguiente:

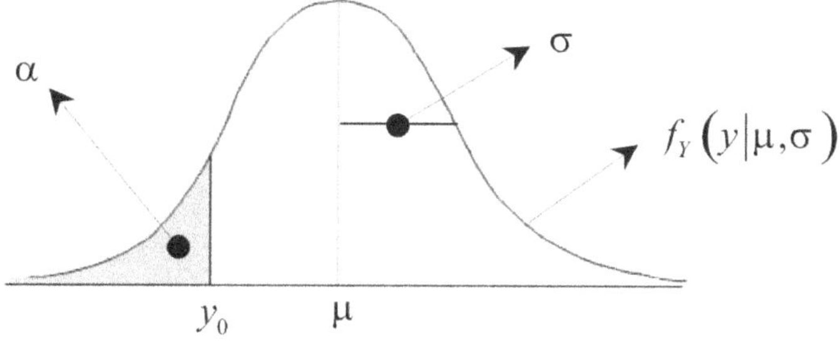

Figura B.1.

En estas condiciones, para calcular la probabilidad que la variable normal Y tome un valor menor o igual que y_0, podemos observar gráficamente que esto equivale a determinar el área α debajo de la curva $f_Y\left(y|\mu,\sigma\right)$, a la izquierda del punto y_0.

A medida que consideremos valores de la variable que se acerquen cada vez más a la media μ, el valor del área α irá tendiendo al valor 0,5 por razones de simetría. Si se toman puntos cada vez más alejados de la media hacia la derecha, el área bajo la curva tenderá a su valor máximo, que es la unidad.

Esta situación se puede representar de forma gráfica mediante la función de distribución, también llamada *función de densidad acumulada*, que permite determinar cómo varía el área debajo de la curva $f_Y\left(y\mid\mu,\sigma\right)$ a medida que la variable y toma valores que van desde $-\infty$ a ∞. Esta función acumulada suele denotarse mediante $F_Y\left(y\right)$. Para el caso que nos ocupa, la variable bajo estudio, Y, suponemos que tiene una distribución $N\left(\mu,\sigma\right)$, con lo cual la función de densidad acumulada puede indicarse como:

$$F_Y\left(y\mid\mu,\sigma\right)=P\left(Y\le y_0\right).$$

Si representamos esta situación en un par de ejes cartesianos, colocando en abscisas los valores que toma la variable Y y en ordenadas los valores de área debajo de la curva que va quedando para cada valor y, obtenemos una figura similar a la siguiente:

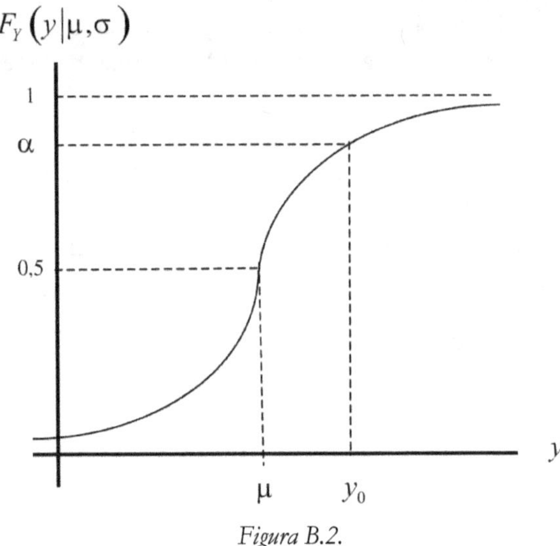

Figura B.2.

Por tanto, para un valor de la variable y_0, corresponderá un valor de área bajo la curva y a su izquierda igual a $F_Y\left(y_0\mid\mu,\sigma\right)=P\left(Y\le y_0\right)=\alpha$.

Mediante la utilización de funciones que vienen prácticamente con todas las hojas de cálculo, es posible realizar al menos dos cálculos básicos teniendo en cuenta lo ya dicho:

a) Dados los valores de la media, la desviación estándar y un punto y_0, *calcular el valor de área* que queda a izquierda de dicho punto, debajo de la curva $f_Y\left(y_0\mid\mu,\sigma\right)$. Para ello, por ejemplo utilizando MS Excel, se puede aplicar la función NORMDIST(), que devolverá el valor de α.

b) Dados los valores de la media, la desviación estándar y un área α, *calcular el valor de la variable* al que corresponde dicha α. Para ello se puede utilizar, por ejemplo, la función NORMINV() de MS Excel, que devolverá el valor del punto buscado, y_0.

Si tomamos ésta metodología de cálculo, el problema inmediato que se presenta es que tanto la media como la desviación estándar pueden alcanzar más de un valor, con lo cual se tendrá una curva –tanto de función de densidad como de función de distribución– para cada par de valores (μ, σ) que se consideren. Por lo tanto, es frecuente utilizar la llamada distribución normal estándar, que es aquella distribución especial en donde la media toma el valor 0 y la desviación tipo, la unidad. En símbolos, cuando $\mu = 0$ y $\sigma = 1$, la distribución resultante se llama normal estándar, denotada como $N(0,1)$. Mediante un proceso sencillo de transformación,[1] es posible convertir cualquier distribución $N(\mu, \sigma)$ en una $N(0,1)$. Esta distribución también tiene naturaleza normal, con lo cual será posible representar gráficamente sus funciones de densidad y de distribución, obteniéndose figuras similares a las B.1 y B.2.

Lo interesante de esta estandarización es que la misma tiene un par de valores para la media y para la desviación estándar bien definido, lo cual hace pensar que, dado que es posible llevar cualquier distribución normal a una $N(0,1)$, entonces el cálculo se simplifica notablemente.

Del mismo modo que en el caso de una distribución normal genérica $N(\mu, \sigma)$, es posible utilizar funciones de hoja de cálculo que permiten hacer los mismos cálculos que los presentados anteriormente aunque para la distribución normal estándar:

a) Dados los valores de la media ($\mu = 0$), la desviación estándar ($\sigma = 1$) y un punto z_0, calcular el valor de área que queda a izquierda de dicho punto, debajo de la curva normal estándar $f_Z(z_0 | 0,1) = f_Z(z_0)$. Para ello, por ejemplo utilizando MS Excel, se puede utilizar la función NORMSDIST(), que devolverá el valor de α.

b) Dados los valores de la media ($\mu = 0$), la desviación estándar ($\sigma = 1$) y un valor de área α, calcular el valor de la variable al que corresponde dicha α. Para ello, se puede utilizar por ejemplo la función NORMSINV() de MS Excel, que devolverá el valor del punto buscado, z_0.

---

[1] En las referencias incluidas al final del libro, el lector encontrará los detalles de esta transformación, denominada muchas veces «estandarización», cuya comprensión no suele representar ninguna dificultad.

Distribución **NORMAL** estandarizada
Áreas de cola hacia la derecha

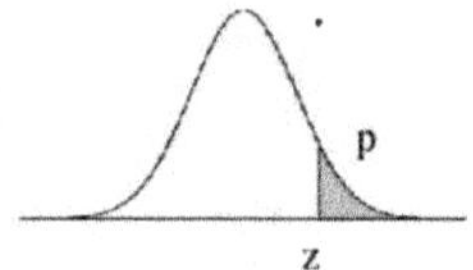

z	0	1	2	3	4	5	6	7	8	9
0,0_	0,5000	0,4960	0,4920	0,4880	0,4840	0,4801	0,4761	0,4721	0,4681	0,4641
0,1_	0,4602	0,4562	0,4522	0,4483	0,4443	0,4404	0,4364	0,4325	0,4286	0,4247
0,2_	0,4207	0,4168	0,4129	0,4090	0,4052	0,4013	0,3974	0,3936	0,3897	0,3859
0,3_	0,3821	0,3783	0,3745	0,3707	0,3669	0,3632	0,3594	0,3557	0,3520	0,3483
0,4_	0,3446	0,3409	0,3372	0,3336	0,3300	0,3264	0,3228	0,3192	0,3156	0,3121
0,5_	0,3085	0,3050	0,3015	0,2981	0,2946	0,2912	0,2877	0,2843	0,2810	0,2776
0,6_	0,2743	0,2709	0,2676	0,2643	0,2611	0,2578	0,2546	0,2514	0,2483	0,2451
0,7_	0,2420	0,2389	0,2358	0,2327	0,2296	0,2266	0,2236	0,2206	0,2177	0,2148
0,8_	0,2119	0,2090	0,2061	0,2033	0,2005	0,1977	0,1949	0,1922	0,1894	0,1867
0,9_	0,1841	0,1814	0,1788	0,1762	0,1736	0,1711	0,1685	0,1660	0,1635	0,1611
1,0_	0,1587	0,1562	0,1539	0,1515	0,1492	0,1469	0,1446	0,1423	0,1401	0,1379
1,1_	0,1357	0,1335	0,1314	0,1292	0,1271	0,1251	0,1230	0,1210	0,1190	0,1170
1,2_	0,1151	0,1131	0,1112	0,1093	0,1075	0,1056	0,1038	0,1020	0,1003	0,0985
1,3_	0,0968	0,0951	0,0934	0,0918	0,0901	0,0885	0,0869	0,0853	0,0838	0,0823
1,4_	0,0808	0,0793	0,0778	0,0764	0,0749	0,0735	0,0721	0,0708	0,0694	0,0681
1,5_	0,0668	0,0655	0,0643	0,0630	0,0618	0,0606	0,0594	0,0582	0,0571	0,0559
1,6_	0,0548	0,0537	0,0526	0,0516	0,0505	0,0495	0,0485	0,0475	0,0465	0,0455
1,7_	0,0446	0,0436	0,0427	0,0418	0,0409	0,0401	0,0392	0,0384	0,0375	0,0367
1,8_	0,0359	0,0351	0,0344	0,0336	0,0329	0,0322	0,0314	0,0307	0,0301	0,0294
1,9_	0,0287	0,0281	0,0274	0,0268	0,0262	0,0256	0,0250	0,0244	0,0239	0,0233
2,0_	0,0228	0,0222	0,0217	0,0212	0,0207	0,0202	0,0197	0,0192	0,0188	0,0183
2,1_	0,0179	0,0174	0,0170	0,0166	0,0162	0,0158	0,0154	0,0150	0,0146	0,0143
2,2_	0,0139	0,0136	0,0132	0,0129	0,0125	0,0122	0,0119	0,0116	0,0113	0,0110
2,3_	0,0107	0,0104	0,0102	0,0099	0,0096	0,0094	0,0091	0,0089	0,0087	0,0084
2,4_	0,0082	0,0080	0,0078	0,0075	0,0073	0,0071	0,0069	0,0068	0,0066	0,0064
2,5_	0,0062	0,0060	0,0059	0,0057	0,0055	0,0054	0,0052	0,0051	0,0049	0,0048
2,6_	0,0047	0,0045	0,0044	0,0043	0,0041	0,0040	0,0039	0,0038	0,0037	0,0036
2,7_	0,0035	0,0034	0,0033	0,0032	0,0031	0,0030	0,0029	0,0028	0,0027	0,0026
2,8_	0,0026	0,0025	0,0024	0,0023	0,0023	0,0022	0,0021	0,0021	0,0020	0,0019
2,9_	0,0019	0,0018	0,0018	0,0017	0,0016	0,0016	0,0015	0,0015	0,0014	0,0014
3,0_	0,0013	0,0013	0,0013	0,0012	0,0012	0,0011	0,0011	0,0011	0,0010	0,0010
3,1_	0,0010	0,0009	0,0009	0,0009	0,0008	0,0008	0,0008	0,0008	0,0007	0,0007
3,2_	0,0007	0,0007	0,0006	0,0006	0,0006	0,0006	0,0006	0,0005	0,0005	0,0005
3,3_	0,0005	0,0005	0,0005	0,0004	0,0004	0,0004	0,0004	0,0004	0,0004	0,0003
3,4_	0,0003	0,0003	0,0003	0,0003	0,0003	0,0003	0,0003	0,0003	0,0003	0,0002
3,5_	0,0002	0,0002	0,0002	0,0002	0,0002	0,0002	0,0002	0,0002	0,0002	0,0002
3,6_	0,0002	0,0002	0,0001	0,0001	0,0001	0,0001	0,0001	0,0001	0,0001	0,0001
3,7_	0,0001	0,0001	0,0001	0,0001	0,0001	0,0001	0,0001	0,0001	0,0001	0,0001
3,8_	0,0001	0,0001	0,0001	0,0001	0,0001	0,0001	0,0001	0,0001	0,0001	0,0001
3,9_	4,8E-05	4,6E-05	4,4E-05	4,2E-05	4,1E-05	3,9E-05	3,7E-05	3,6E-05	3,4E-05	3,3E-05
4,0_	3,2E-05	3,0E-05	2,9E-05	2,8E-05	2,7E-05	2,6E-05	2,5E-05	2,4E-05	2,3E-05	2,2E-05
4,5_	3,4E-06	3,2E-06	3,1E-06	3,0E-06	2,8E-06	2,7E-06	2,6E-06	2,4E-06	2,3E-06	2,2E-06
5,0_	2,9E-07	2,7E-07	2,6E-07	2,5E-07	2,3E-07	2,2E-07	2,1E-07	2,0E-07	1,9E-07	1,8E-07
5,5_	1,9E-08	1,8E-08	1,7E-08	1,6E-08	1,5E-08	1,4E-08	1,4E-08	1,3E-08	1,2E-08	1,1E-08
6,0_	9,9E-10	9,3E-10	8,8E-10	8,2E-10	7,7E-10	7,3E-10	6,8E-10	6,4E-10	6,0E-10	5,7E-10

Tabla B.1.

B.2   Utilización de la tabla de distribución normal estándar

Existe también una tabla de uso muy extendido que permite calcular las distintas áreas debajo de la curva normal estandarizada para los diferentes valores de la variable considerada. Las mismas pueden encontrarse en la mayoría de las referencias sobre temas de estadística. La tabla B.1 es arquetípica para el cálculo de áreas o «colas» de una normal estándar para los diferentes valores de una variable estandarizada z .

Esta tabla indica la probabilidad de ocurrencia de un valor menor de z desviaciones estándar con respecto a la media. Con el fin de que la presentación sea compacta, las columnas se utilizan para mostrar el lugar del segundo decimal. Por ejemplo, para encontrar la probabilidad de que un valor se encuentre a $1,26\,\sigma$ unidades de la media, entramos en la tabla por la fila correspondiente a 1,2 y por la columna de 0,06, y obtenemos en la intersección de ambas el valor buscado, que es igual a $0,1038 = 10,38\ \%$:

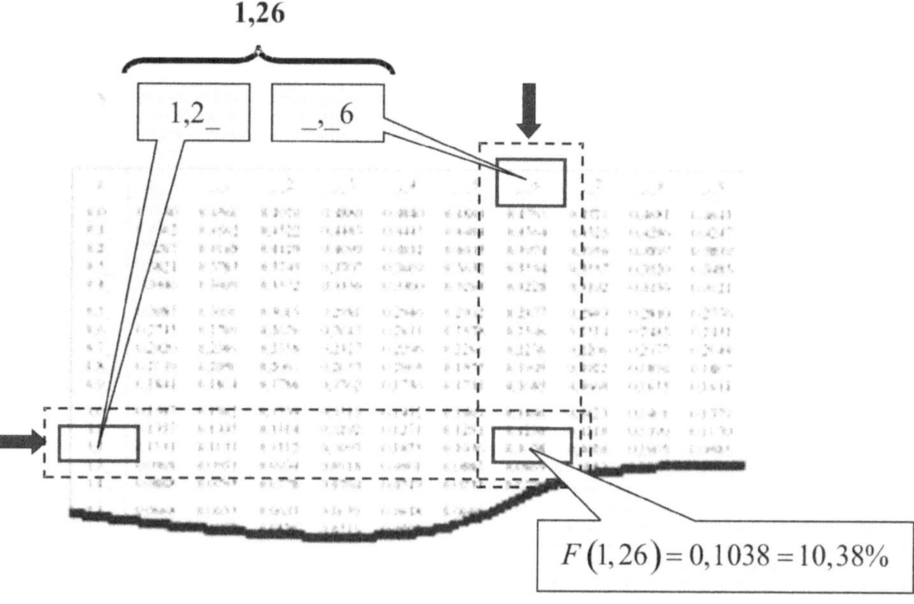

Tabla B.2.

Puesto que la curva es simétrica en torno a 0, la probabilidad de que los valores sean z desviaciones estándar *sobre* la media, también se pueden obtener de la tabla, como su complemento hasta llegar a 1. De esta forma, la probabilidad de obtener un valor inferior a $1,26\,\sigma$ por debajo de la media será igual a: $1 - 10,38\ \% = 89,62\ \%$.

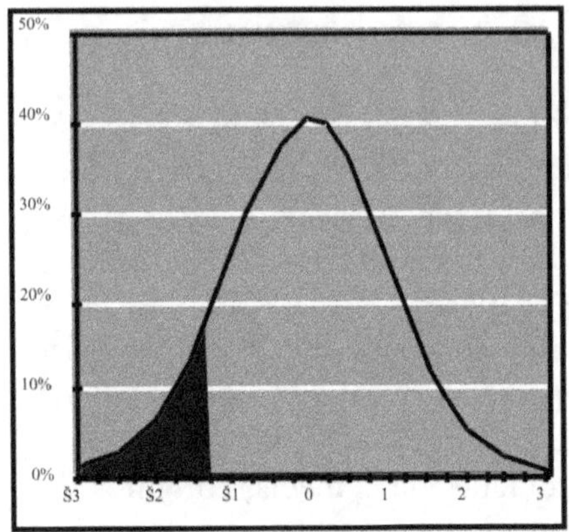

Figura B.3.

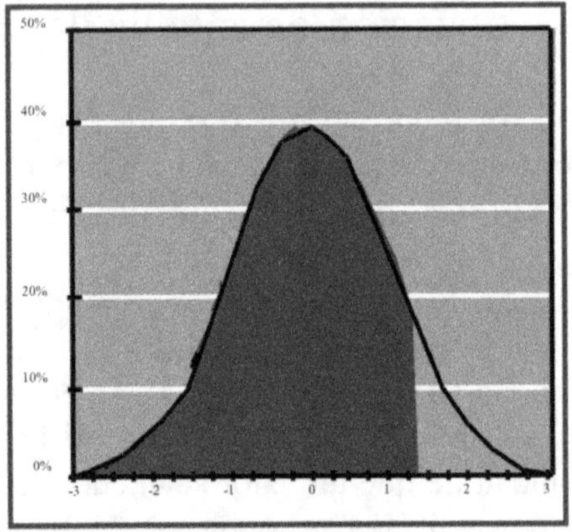

Figura B.4.

Apéndice C

Anexos del capítulo 4

Éste es un apéndice para delinear una política de pedido (capítulo 4) mediante criterios aproximados, aunque objetivos, como son los explicados en Ehrhardt (1979), Ehrhardt y Mosier (1984) y Wagner *et al.* (1965). Sugerimos al lector interesado en seguir profundizando en estos temas que recurra a la bibliografía que recomendamos al final del libro, en particular a Riverola (2000).

C.1 Determinación de una política (s, S) por un método aproximado

Como se dijo en el capítulo 4, el modelo de stock sometido a estudio implica una revisión periódica (un período), un sistema de stock de artículo único en el que la demanda no servida se va acumulando, un plazo de entrega fijo L entre el envío y la recepción de un pedido, y las demandas durante los períodos de revisión se distribuyen de forma independiente e idéntica, con una media μ y una desviación estándar σ. Los costes de reposición están compuestos por el coste de preparación K. Al final de cada período de revisión se produce un coste h o p para cada unidad disponible o no servida, respectivamente. El criterio de optimización consiste en la minimización del coste esperado no descontado por período, en un horizonte infinito.

En Ehrhardt (1979), se propone una aproximación por potencias como un algoritmo de cálculo sencillo, para obtener los valores óptimos aproximados de s y S. Como información sobre la demanda, sólo requiere la media y la varianza y proporciona una aproximación excelente de optimización para una amplia gama de configuraciones de parámetros. El modelo se modificó en el último ensayo en Ehrhardt y Mosier (1984) para corregir dos defectos: *a)* para evitar $D \to 0$ (ya que $D = S - s$), que ocurre cuando la varianza de la demanda de plazo de entrega $\sigma_L \to 0$, y *b)* para corregir un defecto dimensional que producía el efecto de cambiar los valores del modelo si se modificaban las unidades de demanda.

La aproximación por potencias que provoca la revisión es la siguiente:

$$D = S - s = 1{,}30 \cdot \mu^{0{,}494} \cdot \left(\frac{K}{h} \right)^{0{,}506} \cdot \left(1 + \frac{\sigma_L^2}{\mu^2} \right)^{0{,}116} \tag{1}$$

$$z = \sqrt{\frac{D \cdot h}{\sigma_L \cdot p}} \tag{2}$$

$$s = 0{,}973 \cdot \mu_L + \sigma_L \cdot \left(\frac{0.183}{z} + 1063 - 2192 \cdot z \right) \tag{3}$$

en donde:
$$\mu_L = (L+1) \cdot \mu \tag{4}$$

$$\sigma_L = \sigma \cdot \sqrt{L+1}\,. \tag{5}$$

Cuando la cantidad D/μ es suficientemente pequeña, digamos menor que 1,5, se aplica la corrección de Wagner *et al.* El resultado es el siguiente:

$$S_0 = (L+1) \cdot \mu + \sigma \cdot \sqrt{L+1} \cdot N \cdot \left(\frac{p}{p+h} \right). \tag{6}$$

Si D/μ es mayor que 1,5   s, entonces $S = s + D$, en donde:

$$s = \min\left(s, S_0\right)$$

$$S = \min\left(S, S_0\right).$$

A partir de lo anterior, podemos hacer las siguientes observaciones, dando a las ecuaciones descritas un cierto fundamento intuitivo:

- El *stock* de seguridad es proporcional a la *desviación estándar* de la demanda durante el plazo de entrega. Por esa razón (5) realiza el cálculo para dicha desviación estándar.

- La fórmula (1) es una variación de *la cantidad económica de pedido (EOQ)* adaptada al caso de una demanda incierta. Con ella calculamos D: el *tamaño del lote que hay que pedir.*

- La fórmula (3) calcula el *stock de seguridad* mediante una fórmula aproximada basada en σ_L (desviación estándar de la demanda durante el período de entrega) y en z (corrección de las rupturas de *stock*).

- Por último, el valor de S es igual al *stock* de seguridad más el lote pedido.

- La corrección (6) previene pequeños defectos. Téngase en cuenta que la aproximación no será válida en caso de que la desviación estándar de la demanda, σ, sea cero.

C.2 Principios teóricos sobre la planificación táctica de rutas

La mayoría de los algoritmos de resolución de este tipo de problemas son de tipo heurístico, dado que no se pueden resolver por procedimientos exactos.

Estos algoritmos están basados en suponer que el conjunto de itinerarios tiene el aspecto de una *flor*, por lo que cada uno de ellos, con origen y destino en el almacén, se suelen recibir con la denominación de *pétalo*, como podemos observar en la figura C.1:

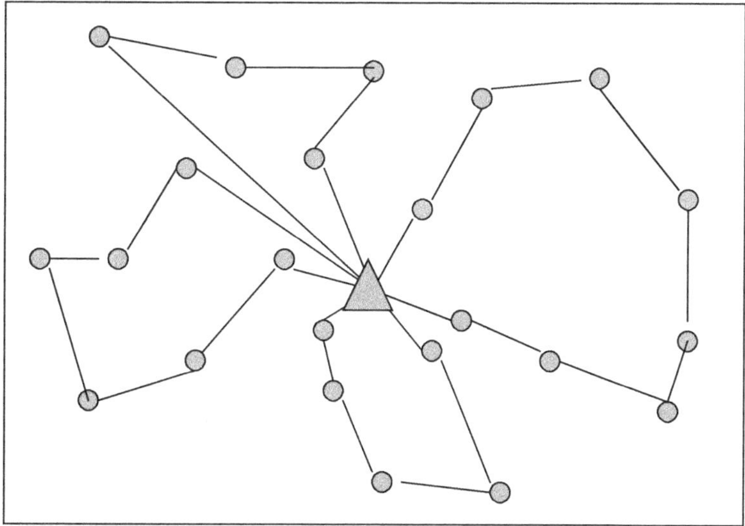

Figura C.1.

Uno de los algoritmos más populares de resolución de este problema es el llamado *Algoritmo de Clarke y Wright*. Este algoritmo se basa en la utilización del *ahorro:* dados dos puntos (i, j), el ahorro correspondiente a s_{ij} se define como:

$$s_{ij} = d_{0i} + d_{0j} + d_{ij}$$

donde las d son las distancias. Existen en el mercado varios paquetes de aplicaciones para investigación de operaciones que permiten resolver este problema de manera relativamente sencilla.

C.2.1 Heurísticas para el caso plano y simétrico

Los casos plano y simétrico, como se dijo en el capítulo 4, constituyen una piedra de toque para los métodos aproximados, que deben competir con la intuición humana tanto en velocidad como en capacidad de hallar caminos más cortos.

En lo que sigue presentamos un procedimiento heurístico extremadamente sencillo, pero que proporciona resultados sorprendentemente buenos. Además, en alguna de las versiones, complementa la intuición pura, ya que es fácil de aplicar *by inspection*, es decir, «a ojo».

La primera observación que hace posible esta heurística es que si los puntos que se deben visitar pueden situarse como vértices de un polígono convexo, el recorrido óptimo estará constituido por los lados del propio polígono. En un caso general, el procedimiento considera el menor polígono convexo que contiene todos los puntos para visitar, muy fácil de construir por inspección. Este recorrido, y las ciudades que contiene, se utilizan para iniciar un procedimiento recursivo que intercala en el recorrido, uno a uno, el resto de puntos. Usando distintos criterios de elección, se obtienen distintas formas del procedimiento. El criterio más sencillo es el siguiente:

Dado un recorrido provisional, vamos a intercalar un punto adicional entre los que aún no están asignados.

a) Cada punto determina un triángulo con cada segmento (arco) del recorrido provisional. Selecciónese un punto a y un segmento M tal que, para el triángulo determinado por ellos, el ángulo con que se ve el segmento M desde el punto a sea lo mayor posible entre todos los puntos y arcos posibles. El nuevo punto debe intercalarse en el recorrido provisional en el lugar opuesto al ángulo máximo.

La figura C.2 ilustra la aplicación de esta regla. El camino provisional está constituido por los lados del triángulo ABC. El punto D determina tres ángulos, ADB, ADC y BDC, uno para cada lado M del camino inicial. El ángulo mayor es el ADB, por lo que D se intercalará entre A y B como se muestra en la figura C3.

b) Una vez asignado un nuevo punto, se obtiene un nuevo camino provisional y el procedimiento vuelve a aplicarse considerando todos los puntos restantes, siempre referidos al recorrido ya obtenido.

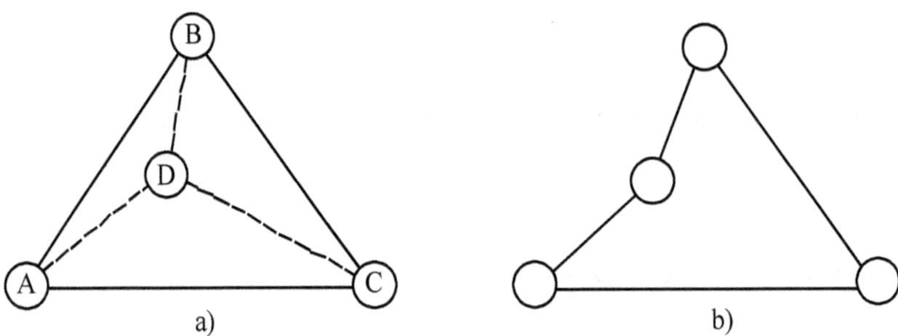

Figura C.2.

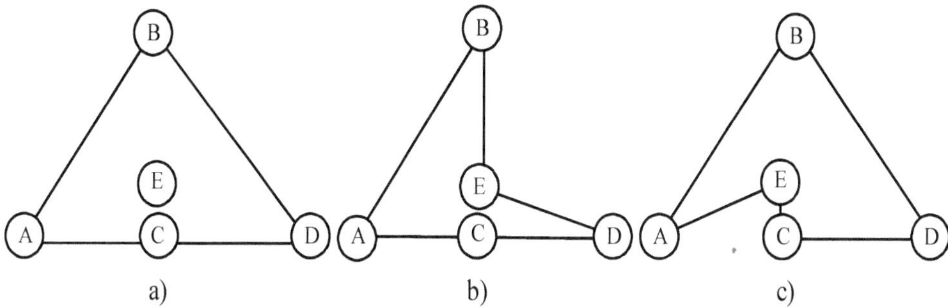

Figura C.3.

La regla del ángulo máximo presenta algún comportamiento patológico. En concreto considérese la situación de la figura C.3. En a), la regla del máximo ángulo insertaría el punto E entre los puntos B y D, como se muestra en b). Obtendríamos un resultado mejor insertando E en la forma que muestra la parte c) de la misma figura.

Resulta relativamente fácil construir una nueva regla de decisión que no tenga un comportamiento tan obviamente patológico, a costa de complicar ligeramente las cosas. En vez de considerar el triángulo formado por cada punto no asignado y los segmentos del camino provisional, se considera la elipse con focos en puntos consecutivos del camino provisional y que pasa por uno de los puntos no asignados. El criterio que se utiliza es:

Elegir aquel punto no asignado para el que la elipse
tenga la máxima excentricidad.

El resto del procedimiento es análogo al caso anterior.

Como la intuición geométrica tiene problemas con esta regla, es preciso apelar a los textos de geometría para poder calcular la excentricidad en cuestión. La excentricidad de una elipse es la relación entre sus (semi)ejes mayor y menor. En concreto, puede probarse que dados tres puntos con distancias respectivas determinadas en la figura C.2, la excentricidad de la elipse correspondiente es una función creciente del ratio:

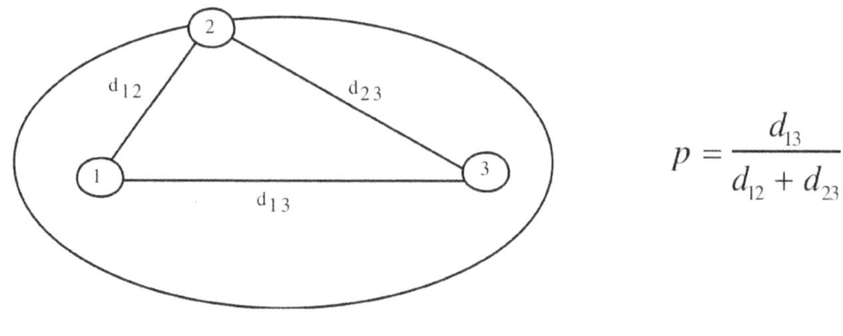

$$p = \frac{d_{13}}{d_{12} + d_{23}}$$

Figura C.4.

Por tanto, basta con calcular el valor de p para cada combinación de un punto y un segmento y elegir el punto para el cual la ratio correspondiente tenga el mayor valor de p. Aunque algo menos fácil de aplicar a mano, el procedimiento es muy simple de mecanizar.

En Andreu (1978) y en Riverola (2000), el lector encontrará un ejemplo de resolución de este problema de forma clara y completa utilizando este algoritmo.

Bibliografía

Para el lector interesado en profundizar en los aspectos teóricos y en las aplicaciones a problemas frecuentes de los temas tratados en este trabajo, sugerimos consultar las siguientes referencias:

R.1 Referencias básicas

Achen, Christopher H. (1989). *Interpreting and Using Regression.* Sage Publications.

Agell, Pedro (1986). *Distribución normal.* (Nota Técnica TMN-189). Universidad de Navarra, IESE Business School.

Agell, Pedro (1987). *Series temporales (descomposición clásica).* (Nota Técnica TMN-154). Universidad de Navarra, IESE Business School.

Agell, Pedro (1987). *Distribución normal.* (Nota Técnica TMN-189). Universidad de Navarra, IESE Business School.

Agell, Pedro y Ariño, Miguel Á. (1998). *Regresión lineal simple.* (Nota Técnica ADN-252). Universidad de Navarra, IESE Business School.

Andreu, Rafael (1978). *Los viajes de Julio Vert.* (Caso TM-94). Universidad de Navarra, IESE Business School.

Ariño, Miguel Á. (1998). *Modelos ARMA para series temporales.* (Nota Técnica ADN-245). Universidad de Navarra, IESE Business School.

Ariño, Miguel Á. (1998). *The Normal Distribution.* (Nota Técnica ADN-251-E). Universidad de Navarra, IESE Business School.

Ariño, Miguel Á. y Agell, Pedro (1998a). *Las previsiones en la empresa.* (Nota Técnica ADN-248). Universidad de Navarra, IESE Business School.

Ariño, Miguel Á. y Agell, Pedro (1998b). *Regresión lineal múltiple.* (Nota Técnica ADN-246). Universidad de Navarra, IESE Business School.

Berry, William D. (1989). *Multiple Regression in Practice.* Sage Publications.

Box, George E. P.; Hunter, William y Hunter, J. Stuart (1988). *Estadística para Investigadores.* Editorial Reverté.

Brockwell, Peter J. y Davis, Richard A. (2002). *Introduction to Time Series and Forecasting.* Springer.

Chatfield, Chris (1996). *The Analysis of Time Series: An Introduction.* 5.ª ed. Chapman & Hall /CRC.

Chatterjee, Samprit, Hadi; Ali S. y Price, Bertram (1999). *Regression Analysis by Example.* 3ª ed. John Wiley & Sons.

Dunn, Olive J. y Clark, Virginia A. (1987). *Applied Statistics: Analysis of Variance and Regression.* 2.ª ed. John Wiley & Sons.

Graybill, Franklin A. e Iyer, Hariharan (1994). *Regression Analysis: Concepts and Applications.* Brokers Cole.

Groebner, David F.; Shannon, Patrick W.; Fry, Kent D. (2001). *Business Statistics. A decision-making approach.* 5.ª ed. Prentice-Hall.

Krajewski, Lee J. y Ritzman, Larry P. (1999). *Operations Management: Strategy and Analysis* 6.ª ed. Prentice-Hall.

Lewis-Beck, Michael S. (1989). *Applied regression: an introduction.* Sage Publications.

Martín Pliego, Fco. Javier (1994). *Introducción a la estadística económica y empresarial. Teoría y práctica.* Editorial AC.

Montgomery, Douglas C. y Runger, George C. (2002). *Applied Statistics and Probability for Engineers.* 3ª ed. John Wiley & Sons.

Pepió Viñals, Montserrat (2002). *Series temporales.* Edicions UPC.

Prat, Albert; Tort-Martorell, Xavier; Grima, Pere y Pozueta, Lourdes (1997*). Métodos Estadísticos. Control y mejora de la calidad.* Edicions UPC.

Ribera, Jaime (1987). *Una introducción al MRP* (Nota Técnica PN-225). Universidad de Navarra, IESE Business School.

Ribera, Jaime (1993a). *Inventarios de anticipación: planificación de producción agregada* (Nota Técnica PN-326). Universidad de Navarra, IESE Business School.

Ribera, Jaime (1993b). *Planificación para la demanda dependiente: introducción a DRP y MRP* (Nota Técnica PN-324). Universidad de Navarra, IESE Business School.

Ribera, Jaime y Grasas, Alejandro (2002a). *Gestión de inventario – stock de seguridad* (Nota Técnica PN-428). Universidad de Navarra, IESE Business School.

Ribera, Jaime y Grasas, Alejandro (2002b). *Gestión de inventario – procesamiento por lotes* (Nota Técnica PN-426). Universidad de Navarra, IESE Business School.

Ribera, Jaime y Grasas, Alejandro (2002c). *Políticas de inventario. La contabilidad de stocks* (Nota Técnica PN-430). Universidad de Navarra, IESE Business School.

Riverola, José (2002). *Stocks en la cadena de suministro* (Nota Técnica PN-419). Universidad de Navarra, IESE Business School.

Schroeder, Larry D. (1989). *Understanding regression analysis: an introductory guide.* Sage Publications.

Uriel, Ezequiel (1995). *Análisis de datos: series temporales y análisis multivariante.* Ediciones AC.

Vollmann, Thomas E.; Berry, William L. y Whyback, D. Clay (1997). *Manufacturing Planning and Control Systems. Fourth edition.* McGraw-Hill.

R.2 Referencias más extensas

Box, George E. P.; Jenkins, Gwilym M. y Reinsel, Gregory C. (1994). *Time Series Analysis: Forecasting and Control.* 3.ª ed. Prentice & Hall.

Caridad y Ocerín, José M.ª (1998). *Econometría: modelos econométricos y series temporales.* Tomo 2: *Modelos econométricos multiecuacionales. Predicción económica de series temporales.* Editorial Reverté.

Draper, Norman R. y Smith, Harry (1998). *Applied Regression Analysis.* 3.ª ed. John Wiley & Sons.

Ehrhardt, R. (1979). «The Power Approximation for Computing *(s,S)* Inventory Policies». *Management Science,* n.º 25, págs. 777-786.

Ehrhardt, R. y Mosier, C. (1984). «A Revision of the Power Approximation for Computing *(s,S)* Policies». *Management Science,* n.º 30, págs. 618-622.

Evans, Merran; Hastings, Nicholas y Peacock, Brian (2000). Statistical Distribution. 3.ª ed. John Wiley & Sons.

Fox, John (1997). *Applied Regression Analysis, Linear Models and Related Methods.* Sage Publications.

Hamilton, James D. (1994). *Time Series Analysis.* Princeton University Press.

Montgomery, Douglas C.; Peck, Elizabeth A. y Vining, G. Geoffrey (2001). *Introduction to Linear Regression Analysis.* 3.ª ed. John Wiley & Sons.

Neter, John; Kutner, Michael H.; Nachtsheim, Christopher J. y Wasserman, William (1996). *Applied Linear Statistical Models.* 4.ª ed. Mc Graw-Hill.

Otero, José Mª (1993). *Econometría. Series temporales y predicción.* Editorial AC.

Pankratz, Alan (1983). *Forecasting with Univariate Box-Jenkins Models: Concepts and Cases.* John Wiley & Sons.

Peña Sánchez de Rivera, Daniel (1989). *Estadística: Modelos y Métodos. Volumen 2: Modelos Lineales y Series Temporales.* 2.ª ed. Alianza Editorial.

Peña Sánchez de Rivera, Daniel (2002). *Regresión y Diseño de Experimentos.* Alianza Editorial.

Riverola, José (2000), *Métodos heurísticos para la generación de rutas de reparto.* (Nota Técnica PN-400). Universidad de Navarra, IESE Business School.

Uriel, Ezequiel y Peiró, Amado (2000). *Introducción al análisis de series temporales.* Ediciones AC.

Wagner, H. M.; O'Hagan, M. y Lundth, B. (1965). «An Empirical Study of Exactly and Approximately Optimally Inventory Policies». *Management Science,* n.º 11, págs. 690-723.

Weisberg, Sanford (1985). *Applied Linear Regression.* 2.ª ed. John Wiley & Son.

Biblioteca de Logística

Manual del transporte marítimo
Agustín Montori Díez, Carlos Escribano Muñoz,
Jesús Martínez Marín

Manual del transporte de mercancías
Jaime Mira, David Soler

Unidades de carga en el transporte
David Soler

**Carretilla frontal contrapesada. Normas
de uso y seguridad**
VVAA

**Seguridad marítima. Teoría general
del riesgo**
Jaime Rodrigo de Larrucea

Manual técnico de carretillas elevadoras
Vicenç Ripoll

**Estiba y trincaje de las mercancías
en contenedor**
Francisco Fernández Sasiaín

Transporte ferroviario de mercancías
Miguel Ángel Dombriz

Transporte en contenedor
Jaime Rodrigo de Larrucea, Ricard Marí, Álvaro Librán

El transporte por carretera
José Manuel Ruiz Rodríguez

Logística hospitalaria
Borja Ozores

La seguridad en los puertos
Ricard Marí, Jaime Rodrigo de Larrucea, Álvaro Librán

Centros logísticos
Ignasi Ragàs

El Convenio CMR
Francisco Sánchez-Gamborino, Alfonso Cabrera Cánovas

**Transporte de mercancías por carretera.
Manual de competencia profesional**
José Manuel Ruiz Rodríguez

**Soluciones logísticas para optimizar la
cadena de suministro**
Francisco Álvarez Ochoa

El transporte internacional por carretera
Alfonso Cabrera Cánovas

El contrato de transporte por carretera
(Ley 15/2009)
Alfonso Cabrera Cánovas

El seguro de las mercancías en el transporte
Albert Badia

Diccionario de logística
David Soler

Logística urbana. Ciudad y mercancías
Institut Cerdà

Abandono de buques y tripulaciones
Domingo González Joyanes

Almacenamiento de materiales
Mariano Pérez

Operadores logísticos
Andrés Mira

Calidad total y logística
José Presencia

Logística del automóvil
Federico Sabrià

El transporte marítimo
Rosa Romero

Logística de la carga aérea
Carlos Vila López

La cadena de suministro
IESE-CIIL; Coordinador: Federico Sabrià

Subcontratación de servicios logísticos
Josep A. Aguilar

Transporte internacional
Josep Baena

Logística e intermodalidad
Luis Montero

Logística y marketing geográfico
Fernando S. Amago

e-Logistics (II)
Miguel Ángel Pesquera

e-Logistics (I)
Ángel Ibeas

Avda. Alcalde Moix, 28 – 08207 Sabadell (Barcelona) – Tel. +34-931 429 486 – marge@margebooks.es – www.margebooks.es